吉首大学“十二五”精品教材
湖南省教育厅优秀青年项目（编号：14B144）
湖南省科技计划课题（编号：2014ZK3074）

主 编◎许 建
副主编◎何治明 叶庆华

饭店康乐经营管理

FANDIAN KANGLE JINGYING GUANLI

西南交通大学出版社
·成都·

图书在版编目（C I P）数据

饭店康乐经营管理 / 许建主编. —成都：西南交通大学出版社，2015.5（2018.7 重印）
ISBN 978-7-5643-3869-5

Ⅰ. ①饭… Ⅱ. ①许… Ⅲ. ①饭店－文娱活动－商业服务－高等学校－教材 Ⅳ. ①F719.5

中国版本图书馆 CIP 数据核字（2015）第 091725 号

饭店康乐经营管理

主编　许　建

责任编辑　罗爱林
特邀编辑　罗　旋
封面设计　严春艳

出版发行　西南交通大学出版社
（四川省成都市二环路北一段 111 号
西南交通大学创新大厦 21 楼）
发行部电话　028-87600564　028-87600533
邮政编码　610031
网　　址　http://www.xnjdcbs.com

印　　刷　四川森林印务有限责任公司
成品尺寸　185 mm × 260 mm
印　　张　14.75
字　　数　368 千
版　　次　2015 年 5 月第 1 版
印　　次　2018 年 7 月第 2 次
书　　号　ISBN 978-7-5643-3869-5
定　　价　34.00 元

课件咨询电话：028-87600533
图书如有印装质量问题　本社负责退换

前　言

改革开放30多年来，我国饭店业得到了长足发展，并已成为国民经济的一个重要组成部分。随着居民可支配收入和闲暇时间的增加，人们对健身、娱乐、休闲等更高层次的精神需求也随之增加，康乐消费意识也在不断提高。饭店康乐部已成为继餐饮部、客房部等部门之后，饭店的又一重要营业部门，其经营管理的好坏，将直接影响饭店的整体管理水平、服务质量、经济效益和市场形象。

“饭店康乐经营管理”是饭店管理者和康乐从业者的一门必修课，在饭店管理理论和实务中居于十分重要的地位。本书以现代饭店管理理论为指导，运用饭店实际工作中的实例来强化知识的应用性和可操作性，采用规范分析、系统分析、案例分析等方法，从全新的角度，全面、系统地阐述了现代康乐经营管理的理论、方法及其在实践中的应用。全书的主要内容包括：饭店康乐部组织机构与岗位职责、饭店康乐经营可行性分析、饭店主要康乐项目的经营与管理、饭店康乐服务质量管理、饭店康乐部人员管理、饭店康乐收入管理、饭店康乐设备与安全管理、饭店康乐营销、饭店康乐服务投诉、康乐服务英语等。全书融理论与实践于一体，既有定性的理论研究，又有实证性的案例分析，并在编写中突出了以下几个特点。

（1）体系完整，内容新颖。本书从饭店康乐部和康乐企业经营过程和管理的实际需要出发来安排章节内容，注重体系的完整性，吸纳了国内外有关康乐经营与管理的新知识、新技能。

（2）案例分析针对性强。在系统介绍饭店康乐经营管理基本理论和知识要点的基础上，重视案例分析，有针对性地精选和分析了国内外饭店康乐经营管理的十余个案例。

（3）可操作性和实用性强。编者参观走访了很多饭店康乐部和康乐企业，把一些成功企业的运作程序、服务规范、管理制度直接引用到本书中，使教学和实际工作（岗位）紧密结合，因而本书具有较强的可操作性和实用性。

（4）与时俱进，开拓创新。在立足现代饭店业发展的背景下，注意将新形势下饭店康乐经营管理发展的新思潮、新模式、新观点和新数据引入教材内容，从而使本书具有较强的理论性、科学性、生动性和时代性。

本书共十三章，由吉首大学旅游与管理工程学院许建副教授担任主编，确定本书的框架结构、内容体系与撰写原则，并进行调整、修改与统稿。吉首大学张家界学院何治民和池州学院叶庆华担任副主编。参加编写的人员及各自负责编写的章节如下：许建，第一章、第四章、第六章，第七章、第十一章；张家界航空职业技术学院薛定刚，第二章；吉首大学张家界学院何治民，第三章；池州学院叶庆华，第五章；吉首大学刘世雄，第八章；邵阳学院邓星炬，第九章；大连职工大学史晓爽，第十章；吉首大学廖任文，第十二章；北京理工大学珠海学院郭炎华，第十三章。

本书是吉首大学“十二五”精品教材，在编写过程中，诸多学者和专家的论述和阐释给了我们重要的启示和帮助；大量材料和表格的整理得益于许多著作和教材的成果；吉首大学旅游与管理工程学院尹华光教授、袁正新教授和田金霞教授对本书的编写给予了指导和支持；西南交通大学出版社编辑郭发仔亦对本书的编写和出版付出了辛勤的劳动。在此，我们一并表示深深的敬意和由衷的感谢！

由于作者水平有限，书中难免存在不妥之处，恳请专家与读者在使用本书后，对本书从内容到形式提出宝贵的意见，以便今后修改完善。

许　建

2015 年 1 月

目　录

第一章　饭店康乐概述

利用闲暇，通过趣味十足、轻松活泼的康乐形式，达到放松身心、减轻压力，使身体、心理更加健康已成为生活时尚。

“康乐”的定义可以从字面上得到直接的解答：健康、娱乐，即满足人们健康和娱乐的一系列活动。康乐的主要内容包括：健身体育活动、休闲消遣活动、娱乐活动、文艺活动、声像活动、美容活动等。它涉及时装、健美、卫生、审美趣味、心理、体育等方面的知识，因而成为一个内容十分广泛的涉及社会科学、自然科学有关领域的“边缘科学”。

早期的人们，在满足吃、住等基本生存需求的同时，自然地寻找舒适的生活娱乐方式，以调试心理，增进身心健康。早在奥林匹克运动会初期，人们就把体育健身活动确立为集会、庆典的方式，并逐渐将之列为当地文化盛事的重要范畴。随着经济、文化、社会的发展，康乐活动已成为人们生活的一个重要组成部分。

第一节　饭店康乐的产生与发展

一、康乐的产生与发展

康乐活动作为人类文化的重要组成部分，随着人类社会的发展而逐渐形成和发展起来。人类早在原始时代就进行走、跑、跳跃、投掷、攀登、爬越等活动，当时主要是为强身健体，并作为一种本领继承下来。这些人类早期生存活动，也是康乐活动的萌芽。康乐活动的发展与教育军事科学技术的发展，以及人们的宗教活动、休闲活动有着密切的关系。

国外的康乐活动也出现得很早。古埃及人创造了古老而灿烂的文明，康乐活动是古埃及文明的重要组成部分，主要包括皇室成员进行的皇室活动和普通人进行的民众康乐活动。随着生产力的发展，经济、文化、科学、社会等方面都有了长足的发展，康乐活动也得到迅速发展，康乐场所已逐渐成为文化交流场所。在很多国家，康乐产业已成为本国国民经济的新增长点。

目前，我国的康乐行业已经从早期的旅游业发达城市发展到一些中小城市，以满足人们日益增长的对精神享受的追求。

康乐活动主要经历了四个发展阶段：

1. 自发的简单发展阶段

19 世纪末，由于生产力落后，闲暇和娱乐都是少数贵族阶级的专利，广大劳动人民只能在非常有限的时间里，借助非常简陋的娱乐设施从事简单而原始的康乐活动。

2. 普及发展阶段

在西方资本主义国家实行 8 小时工作制以后，康乐活动得到了普及和发展。随着各种歌舞厅、酒吧、俱乐部的出现，大家开始广泛地参与康乐活动。

3. 档次发展阶段

第二次世界大战以后，许多国家致力发展经济，社会生产力迅速提高，闲暇时间和工资收入增加，随之大家的要求更高。这一时期，康乐设施转向多功能、自动化，对环境和服务的要求也更高。

4. 飞跃的发展阶段

随着社会的不断进步，人们更加注重生活质量。对自身健康、美好的生活更加关注。今后的康乐活动将会向专业化、个性化方向发展。各种新的元素将不断出现在康乐中，康乐将会更加快速地发展。

二、饭店康乐的产生与发展

饭店康乐是随着康乐的产生和发展而逐步从无到有的，如羽毛球起源于公元 73 年的英国伯明顿镇，刚兴起的时候没有人数和场地的限制，练习者只需要相互攻击，而从伯明顿庄园开始就有了限制。羽毛球运动设备也不断发展，从最初的硬纸板到木托用纸包起来，到现在的各种材料制作的羽毛球拍。随着世界羽毛球运动组织的不断建立，羽毛球在全球都得到推广，受到越来越多人的喜爱。

随着我国综合实力的增强和旅游事业的发展，国际知名饭店集团纷纷涉足中国市场，出现群雄逐鹿的局面。从国内来看，饭店增长速度过快，竞争越来越激烈，饭店行业的平均利润越来越低，饭店必须开发除了在住宿餐饮以外的其他收入来源。21 世纪以来，随着生活水平的提高，越来越多的人开始追求精神生活的享受，健康娱乐意识逐渐提高。饭店为迎合人们休闲生活的追求，将康乐设施、娱乐器材引入饭店娱乐营业项目，并以一种全新的方式即康乐部呈现给客人。康乐部就是满足客人娱乐、康体、健身需要的综合性营业部门，有的饭店的康乐部甚至已成为饭店投资、收益的重要一环。如何吸引客源，更好地挖掘非住店客人的娱乐消费意识，如何在自身健康娱乐设施上多下功夫是关键。可见，做好饭店康乐经营管理已成为整个饭店经营管理的重要环节。

第二节 饭店康乐部的经营性质与特征

一、康乐部的经营性质

（一）效益属性

饭店康乐部的设置以盈利为目。在饭店中，康乐部无论是独立的部门还是依附于其他部门都必须遵循经济规律。要注意投入与产出的关系，要注重与部门的协调关系等，以服务于饭店整体的发展，要始终把提高经济效益和服务质量放在经营管理的首位。

（二）文化属性

随着时代的发展，康乐项目不仅仅表现在设备先进、环境美观、布置典雅、服务周到，还要求具有强烈的文化氛围。如康体娱乐项目中的夜总会、卡拉 OK 厅、健身房等本身就属于文化娱乐服务的业务范围。为此，饭店在管理康乐设施时要充分体现其文化性质。具体表现为：一是要注重每个服务项目的环境设计；二是根据各个服务项目的经营内容、经营方式的不同，在管理中体现其文化特色。

（三）休闲属性

饭店的康乐项目是为满足客人的休闲、娱乐消遣、愉悦精神等需求而设置的。因此，饭店在确定经营方式、时间、价格水平时，应依据客人的休闲健身、娱乐消遣、心情愉悦等，从而使饭店获得良好的经济效益。

二、康乐部的经营特征

（一）对市场的依赖性强

任何一个康乐项目都有其相应的顾客群，饭店康乐项目必须针对这些顾客群体来经营，根据顾客的需要制定康乐服务的价格、服务标准、营销手段与规划。

（1）不同的康乐项目吸引不同的年龄、兴趣爱好的客源群体。大部分的康乐业还是作为其所属饭店的一个组成部分而存在，并不拥有稳定的客源。

（2）不同档次的饭店康乐业吸引不同收入、不同层次的客源。一般而言，只有拥有了一定数额的可自由支配的收入和必要的闲暇时间，才有消费康乐项目的可能，才能使消费欲望变成现实。

（3）康乐项目还依赖于人们一定时期的消费习惯，即消费主流。现今，人们的消费习惯处在不断地变化之中，如对时装、歌曲的流行追求。不同时期，人们所喜爱的康乐项目可能会不一样。

（二）康乐经营具有超前性

（1）饭店康乐项目的设备、技术的超前性。康乐项目是为了满足人们休闲娱乐的需要而产生和发展的，因此其设施与技术必须要超出平时生活的水平，以高质量、高标准、超前享受吸引客人。

（2）康乐内容的新颖超前性。随着康乐项目的发展，越来越多的竞争者分享市场上有限的客源，因此只有新颖的康乐内容才能吸引客人。

（三）康乐经营的风险性

（1）康乐项目受时尚潮流影响大。可能在饭店投入很多的人力、物力、财力到某一个康乐项目上时，潮流方向却改变了，此时饭店就必须承担相应的风险。因此，经营者必须从市场需求出发，并时刻关注市场变化，采取相应的措施，使风险最小化。

（2）康乐经营受政策性影响大。目前，针对康乐行业的法律法规尚不完善，或者滞后于现今康乐业发展的需要。经营者无法律可依，执法者随意惩罚，市场还不甚规范。

（3）康乐经营受社会经济因素影响。康乐项目的消费要以人们手中可自由支配的收入为前提，而社会经济发展制约个人或家庭的收入。例如，出现世界经济危机，旅游业就会受到一定程度的冲击，康乐行业亦如此。

（四）康乐经营的经济性和文化性的结合

康乐经营是随着人们对娱乐休闲需求的不断增长，经营者利用一定的设施设备，为客人提供休闲、健身、娱乐等多种服务项目，以盈利为目的的经济组织，因此康乐经营具有经济性。而康乐属于人们精神层面的享受，人们花钱消费的目的是获得一种精神上的愉悦或者身体的舒适，因此也具有文化性。

第三节　康乐部在饭店中的作用和任务

一、康乐部的主要作用

（一）康乐项目能够提高饭店的等级

饭店等级对饭店经营中的市场定位有重要的影响，它是顾客评价饭店的重要条件，而等级又取决于饭店综合服务项目数量、质量和服务管理水平。在 20 世纪 80 年代之前，我国大多数四星级以下的饭店都没有康乐设施，即使有也没有充分发挥作用。

随着社会的不断发展，客人的要求与需求越来越高，饭店的康乐设施也在不断变化。国家旅游局在 1993 年 9 月颁布的《旅游涉外饭店星级评定标准》中规定了四星级以上的饭店必须设立康乐设施和康乐项目。也就是说，如果没有符合条件的康乐设施，就不能成为高档饭店。事实上，很多饭店特别是一些度假型饭店，在康乐设施的设置上都超前了一步，从而使饭店档次进一步提高。

（二）新颖的康乐项目是吸引客源的重要手段

目前，饭店的竞争优势在于自己具有的特色，饭店设置康乐部已不单单是为了评定星级，而是为了吸引客源，从而提升营业收入。不少旅游者在选择饭店时，往往很注意饭店是否具有较完善的康乐设施；也有的顾客是由于对某饭店的康乐活动有较浓厚兴趣而选择入住。

饭店康乐设施的完善与否、康乐器材的现代化程度，能够在很大程度上影响饭店客房出租率。有较完善的康乐设施的饭店的客源比较稳定；反之则客源往往不够稳定，特别是到了营业淡季，出租率的下降就非常明显。所以，饭店有必要依靠康乐设施，通过改善康乐设施设备条件，不断开发新颖的、独特的康乐活动项目，以吸引游客的注意力，达到增加客源的目的，最终在竞争中取胜。

（三）康乐服务项目扩大了饭店的服务范围

现代饭店的服务中，游客体验的是各种各样的服务，除了住宿，还需要其他多种服务。饭店在满足顾客一般消费需求的基础上还应满足他们在康体、娱乐和自我实现、提高生活质量等方面的精神需求。康乐项目就是为满足这些需求、扩大服务范围而设置的服务项目。

随着社会和经济的发展，人们的需求在不断扩大，对饭店服务范围也有了新的需求。同时，饭店的经营者也不断改进服务，以满足顾客的需求。以前，饭店的服务项目比较单一，主要是住宿和餐饮。改革开放以后，逐渐增加了康乐项目。现在三星级以上的饭店都设置了与客房部、餐饮部平行的康乐部。

（四）康乐服务是现代饭店增加经济收入的重要来源

饭店的主要收入来源是客房与餐饮的收入，在规模和价格既定的条件下，收入比较固定。而康乐产品由于体验性强，本身存在休闲娱乐性质，项目具有多样性、趣味性，能较大程度地满足客人的不同需求，可改变性强，具有很强的适应性。

此外，康乐服务种类多，涉及范围广，流动资本少、成本低，能获得良好的经济效益。而且康乐是一种新的生活观念，目前客人对康乐的需求比较强烈，康乐业已成为高级饭店中必不可少的项目，成了饭店中巨大的利润中心。

（五）完善的康乐设施和服务是现代饭店发展的必然趋势

在现代饭店尤其是高星级饭店，康乐部充当了很重要的角色。饭店是一个既有分工，又有相互协调、相互联系、互为条件的有机整体，任何一个环节出现差错，都会影响饭店的服务质量，以致影响饭店的声誉。因此，现代饭店要强调各项服务的统一协调，要使饭店的各个方面都能有效地运转，并充分发挥作用。

二、康乐部的主要任务

随着社会的不断进步，人们对康乐的需求越来越多。很多人甚至把康乐活动作为生活中不可少的内容，特别是那些经常住饭店的顾客，非常重视康乐活动。康乐部作为饭店的重要配套部门，除了承担接待好住店客人的娱乐服务工作外，还需为饭店争取最大的经济和社会效益。

康乐部的任务是为满足顾客达到新的要求体验而制定的，主要有：第一，根据饭店的类型和客源的主要构成，设置提供具有特色的康体娱乐休闲项目，从而使住店客人在住店期间的生活得到完整体验。第二，与餐饮、客房、商场等部门共同开发具有本地特色的组合产品，积极地参与到社会化竞争中去，为饭店带来更多的客源。第三，在业务运转过程中，根据客人的需求和饭店的营业计划，不断地修正、调整在运营中出现的新要求，加强同各营业和职能部门间的协调与沟通，为饭店创造更多的利润。此外，在接待过程中，还要将客人的投诉事件和对饭店的各种建议及时反馈给有关部门，以提高饭店的总体服务质量。

第四节 饭店康乐项目的设置原则及种类

一、饭店康乐项目的设置原则

饭店设置康乐部，可以起到满足客人需求、稳定和增加客源、增加经济效益等作用。因此，康乐项目设置应遵循以下基本原则：

（一）经济效益原则

康乐项目的经济效益是从两方面取得的：一方面是直接经济效益，另一方面是间接经济效益。目前，大部分康乐项目是单独收费的，如保龄球、台球、美容美发等。这些项目的经济效益比较容易统计，通常是由经营直接产生的。

有些消费档次较低的客人，也希望得到康乐享受，但他们希望住店之后不再另行收费。即便是消费档次较高的消费者，也不希望在住店费用之外另行收费。因此，很多饭店的康乐项目采用少收费或不收费的经营方式。

（二）社会效益原则

许多饭店响应有关部门“加强全民健身运动、提倡文明康乐活动”的号召，尽量满足社会对康乐活动的需求，将康乐部对外开放，在对住店客人提供服务的同时，又对非住店客人提供服务，而且取得了很好的经济效益和社会效益。这样既得到了门票收入，又提高了饭店的知名度，并为稳定饭店的客源做出贡献。

（三）满足客人的正当需求原则

客人对康乐的正当需求包括：趣味性、健身性、高雅性、新奇性及刺激性等。其中，刺激性这个词比较敏感，要注意掌握好度。例如，竞争是一种刺激，惊险（娱乐项目应该有惊无险）也是一种刺激，新奇的项目也具有刺激性，赌博和色情也会产生刺激，但这些是不健康的刺激，是少部分客人的不正当要求。因此，后两种刺激性项目就不得为客人提供。

（四）因地、因店制宜原则

由于饭店康乐项目的选择与设置会很大程度影响饭店的盈利能力，因此，饭店的经营者对于康乐项目的选择也异常谨慎与慎重。除了社会的经济、政治、文化以及自然环境会对康乐项目的选择与设置有重要影响之外，同行业的竞争环境也会对其产生重要的影响。所以饭店经营者在选康乐项目时，要注意有自己独特的风格与特色，不要一味地赶潮流，因地、因店制宜才最重要。

饭店实施差异化经营战略的关键在于推出不同于竞争对手的特色产品，为顾客创造更多的价值，而康乐项目正是饭店彰显个性和突出风格，体现饭店的事业性和独特性的重要内容，有利于形成具有特色的饭店品牌，并最终赢得市场的认可。这样将引导饭店在提供基本康乐服务项目的同时，因地、因店、因时的不同而选择服务项目，从而形成特色经营。

因地：对于温度较高的地方，如三亚，这种气候温暖并且具有自身特色的城市，康乐项目的设置就应该体现城市的特色。三亚的水上康乐项目很多，如潜水或冲浪、游艇竞赛等。而对于寒冷的地方，饭店一般不宜在室外建造游泳池，这是因为受气候和季节的影响，室外游泳池一年只能在六月到八月这三个月开放，利用率较低，不会带来更多的利润，很容易在饭店竞争中失败。

因店：对于商务型饭店，由于客源大多为商务客人，其地理位置多在市中心、交通比较便利的位置，这也就决定了这种饭店没有过大的空间。因而，商务型饭店的康乐项目只能选择占地较少的种类，如健身房、保龄球馆、乒乓球室、游泳池；为了满足日益增长的高尔夫爱好者的需要，可以建造室内的模拟高尔夫球场。而对于度假型饭店以及主题饭店来说，客源多为旅游度假的客人，因此其地理位置通常选择在市郊比较偏僻、安静的地方，以保障客人的休息质量。康乐设施的选择与设置通常以高尔夫练习场、射击场或射箭场、溜冰场等为主。

（五）康乐项目合理配套原则

康乐项目的市场定位应该以市场细分为基础，在细分过程中，通过对市场各个层面的分析比较来选择适合自己进入的市场层面。

首先，选择主营项目。根据饭店优势和市场前景，将市场潜力最大的项目确定为主营项目，并应具有一定的规模和一定的特色。例如，主营项目为室外游乐项目或室内康乐项目，其中室外游乐项目又分为水上项目、陆地项目、夏季项目、冬季项目等；室内项目又分为康体项目、娱乐项目、保健项目等。主营项目必须占有较强的优势，这样才能有较高的市场占有率。

其次，确定配套项目。配套项目是主营项目的补充和完善。确定配套项目时，既要考虑为客人提供服务的完整性，又要考虑配套与主营项目的一致性。

最后，要利用综合优势。绝大部分饭店都能发掘出自己的优势，有的体现在项目规模上，有的体现在项目种类上，有的体现在服务特色上，有的体现在经济环境或地理环境上，有的体现在质量档次上，有的体现在价格优势上。不同的饭店，其优势的表现也不同。康乐企业的决策者在选择项目时，不应一味追随潮流，而应扬长避短、发挥自己的优势。

康乐事业作为饭店经营的新型武器，已经被越来越多的饭店经营者所重视，并得到了大跨步的进步。在日本和欧美的一些经济发达的国家，康乐行业已经发展的相当成熟了，康乐场所也逐渐形成了文化交流之地，并出现了“康乐文化”；在有些特殊城市或地区，康乐行业已经成为当地经济发展的支柱产业，形成了康乐经济。因此，经济发达的国家和地区成为带动康乐行业的“领头兵”，这些地区康乐项目的选择和设置通常都比较先进。在我国，康乐项目也随着人们收入水平的增加而不断改善，相信我国饭店的康乐项目设置会越来越合理，饭店行业会发展得越来越好。

二、饭店康乐项目的种类

任何一家饭店在规划康乐项目时，均应根据自身的情况和发展的要求，妥善选择项目，使饭店的利益最大化。饭店康乐服务常见的必备项目类型及活动方式，主要可分为三种类型：康体项目、娱乐项目、健身休闲项目。

（一）康体项目的种类

1. 健身

随着社会对健康的重视程度不断提高，健身已经普遍存在于人们的生活中，也是最适合饭店宾馆开设的运动项目之一。

它有很多优点，第一，综合性强，集多项运动于一体。第二，占地面积小，有利于节约场地、提高场地利用率。第三，适应性强，能满足大众的多种需求。

健身房是国内外星级饭店尤其是以接待欧美客人为主的饭店必备的配套设施，其服务质量直接影响客人对饭店的整体评价。饭店健身房中使用比较多的器械主要有以下几种：跑步机、举重器架、划船模拟机、自行车练习器、健骑机、多功能组合练习器、其他器材等。

2. 游泳

游泳是一种水上运动。它是运用人体头部、躯干、手臂、腿的动作，使身体在水中活动或游进。游泳已成为许多人所钟爱的一项健身娱乐项目。

游泳池是高档饭店宾馆不可缺少的康体设施。由于游泳有诸多益处，因而热衷于这项运动的人越来越多。饭店根据自身的条件和经营需要设计建造游泳池，主要有室内游泳池、室外游泳池、室内外综合型游泳池三类。

3. 球类运动

各式各样的球类运动，如保龄球、壁球、网球、桌球、乒乓球、高尔夫球及模拟高尔夫球等都是可以选择的，饭店可以根据自身的状况及需要选择适合自己的项目。此外，饭店可以根据自身的性质、类型、规模，设置如射击场、骑马场、溜冰场等康乐设施；靠近海边的饭店还可规划水上运动，划船、帆板、钓鱼等，这都是很好的选择。

（二）娱乐项目的种类

1. 夜总会

夜总会娱乐的前身是酒楼、茶肆的曲艺表演。在大饭店时期，西方人将歌舞、乐器、魔术杂技等综合在一起，在饭店中演出。20 世纪初，这种娱乐形式传入中国，之后又融入了时装表演、民俗风情展示等表演项目，成为人们夜间娱乐休闲的场所。

目前，有条件的饭店都愿意开办夜总会，它对吸引客人、提高饭店知名度、增加营业收入都有积极的作用。

饭店的夜总会可根据当地的风俗民情邀请组织富有当地民族特色的歌舞表演队，为住店客人或夜总会里的客人提供一个轻松、愉快、热烈、难忘之夜。此外，夜总会的环境较为高雅，气氛较为活跃。

2. 卡拉 OK 厅

卡拉 OK 这种娱乐形式起源于日本，它的娱乐性、参与性很强，很快就被中国人接受了。许多宾馆饭店都设置了卡拉 OK 厅。卡拉 OK 的种类多样：

第一种是“卡拉 OK”录音带。这里又分几类：一类是最常用也是最早为我国歌迷熟悉和采用的一种游戏带，它采用两轨双声道制成，一声道为伴奏音乐，另一声道为人声演唱。

这类录音带的立体声效果比较好，是演唱会和比赛中常用的一种伴奏形式。它携带方便，适用于普通卡座式录音机。另一类是音声多重盒式卡带，即采用四声轨制成，两轨为立体声卡拉 OK 伴奏曲，另两轨为有人声演唱和伴奏音乐的歌曲。这种盒式卡带专门有为之相配套使用的音声多重的录音机，不仅可以让初学者很好地模仿原唱的技法，还可以欣赏到原唱的水平与风采。

第二种是“卡拉 OK”录像带。这种“卡拉 OK”录像带是配合放像机使用的游戏带，可以放出音乐伴奏和与之相吻合的画面及变色字幕，以便随时提示演唱者歌词。

第三种是“卡拉 OK”激光唱片（简称 CD）。它是通过激光及电子技术的精密组合制成的一种超高保真数字立体声伴奏唱片，其立体声效果比录音带更好。

第四种为“卡拉 OK”激光影碟（简称 LD）。这是一种利用激光技术和电子技术制作的声像组合“卡拉 OK”伴奏软件，它的超高保真音响和高清晰度画面，创造了一个声像相谐的整体。它的音乐和画面将磁信号转为光信号，不但能保持原有的清晰度，而且几乎永不磨损，永不衰减。

3. 游戏

（1）电子游戏。

电子游戏是在现代化的电子游戏机上由人控制的，运用智力及反应能力达到阶段目标的游戏活动。设置电子游戏室，投资少，周期短，占地少而且经济效益高。

（2）棋牌游戏。

饭店给客人提供单独的房间，设有麻将桌或自动麻将洗牌机，提供诸如扑克牌、麻将、象棋（国际）、军棋、围棋等一系列棋牌类服务；同时，根据客人的要求，提供茶水、烟酒服务，还可提供送餐服务等。

（三）保健休闲项目的种类

1. 桑拿浴

桑拿浴是一种特殊的洗澡方法，兼有清洁皮肤和治疗疾病两种作用。接连几次的冷热交替可缓解疼痛、松弛关节。对皮肤来说，在蒸气浴过程中，皮肤血管明显扩张，大量出汗，血液循环得到改善，汗液排泄有助于体内废物的排除，使皮肤里各种组织获得更多的营养，对许多皮肤病诸如鱼鳞病、银屑痛、皮肤瘙痒症等都有不同程度的治疗作用。

2. 按摩

按摩又称“推拿”，是以中医的脏腑、经络学说为理论基础，并结合西医的解剖和病理诊断，用手法作用于人体体表的特定部位以调节机体生理、病理状况，达到理疗目的的方法。从性质上来说，它是一种物理的治疗方法。从按摩的治疗上，可分为保健按摩、运动按摩和医疗按摩。

保健按摩是指医者运用按摩手法，在人体的适当部位进行操作所产生的刺激信息通过反射方式对人体的神经体液调整功能施以影响，从而达到消除疲劳、调节体内信息、增强体质、健美防衰、延年益寿的目的。

保健按摩施术手法有很多，如常用的表面按摩法、揉捏法、棉布摩擦法、拍打法、四肢抽抖法等。保健按摩的动作轻柔，运用灵活，便于操作，使用范围甚广，不论男女老幼、体质强弱、有无病症，均可采用不同的施术手法进行保健。

运动按摩以调整和保护运动员良好的竞技状态，增进和发展运动员潜在体能，以提高运动成绩为目的。根据运动员在各项比赛前后所出现的各种变化，我们采用按摩帮助他们克服赛前发生的一些机能失调，消除赛后出现的疲劳，加速体能恢复，以利再战。

通过近几年的实践证实，按摩能够大量消耗和祛除血管壁的脂类物质，扩张毛细血管，增加血液流量，改善微循环，不仅可以减轻心脏负担，而且有利于增强机体的抗病能力。故按摩减肥术能达到减肥目的，增强体质，能帮助肥胖者早日摆脱痛苦，恢复健美身材。

3. 美容美发

（1）美容护理中心。

现代美容的审美性、科学性远远胜过传统的审美观。新一代美容师需头脑灵活、掌握好现代美容的审美观和新技艺，因为外国人尤其是女性客人对美容的喜爱胜于一切，所以大饭店的美容室必须具备现代化的美容设备，如奥桑蒸汽机、高频率仪、文眉机、综合美容仪，同时必须具备品质和质量较高的各式护肤用品。

（2）发型设计中心。

康乐部的发型设计中心应不同于一般理发室，它应拥有最现代的理发设备（通常有焗油机、大风机、多功能综合仪），拥有最丰富的染、护发用品，拥有最清洁的理发工具和最出色的理发师。因为它的对象是来自世界各地的旅游者，他们的发型各异，要求也很高。因此，理发师应以高超的技艺，新颖的发式和热情的服务，让客人称心满意。

三、饭店的星级与康乐项目

我国《旅游饭店星级的划分及评定》规定，三星级以上饭店（含三星级）要有康乐设施设备，并提供相应服务，星级越高，要求的特色项目也就越多。

（一）星级饭店可选择的康乐项目

星级饭店可选择的康乐项目包括：歌舞厅；卡拉 OK 厅或 KTV 房（至少 4 间）；游戏机室；棋牌室；影剧场；定期歌舞表演；多功能厅，能提供会议、餐会等服务及兼作歌厅、舞厅；健身房；按摩室；桑拿浴；蒸汽浴；冲浪浴；日光浴室；室内游泳池（水面面积至少 40 平方米）；室外游泳池（水面面积至少 100 平方米）；网球场；保龄球室（至少 4 道）；攀岩练习室；壁球室；桌球室；多功能综合健身按摩器；电子模拟高尔夫球场；高尔夫球练习场；高尔夫球场（至少 9 洞）；赛车场；公园；跑马场；射击场；射箭场；实战模拟游艺场；乒乓球室；溜冰场；室外滑雪场；自用海滨浴场；潜水；海上冲浪；钓鱼；美容美发室；精品店；独立的书店；独立的鲜花店；婴儿看护及儿童娱乐室。

（二）饭店选择康乐项目的基本要求

饭店根据要求保证基本康乐项目的同时，可以根据不同的星级选择集中在某个项目上实现特色经营。

1. 项目选择应遵守的条件

（1）具有现代化的经营场地和洁净、高雅、温馨的环境。

（2）康乐设施完善，主营设施和配套设施设计合理。

（3）康乐项目能代表社会潮流，不仅具有超前性，而且还具有持久性。

（4）康乐服务要求规范化、标准化，同时提供个性化服务。

（5）康乐场所同时具有社交场所的功能。

（6）饭店对项目的可选择性可以促进项目实现特色经营、专业化经营和规模化经营。

2. 不同星级标准对康乐项目的要求

饭店是为顾客提供住宿、饮食、康乐、商务活动服务性场所。饭店不仅可让旅游者住宿休息，充实体力，恢复精力，而且其康乐区还能为顾客提供康乐设施及相应服务。

（1）二星级饭店必须有能提供酒吧服务的设施。

（2）三星级饭店必须有独立封闭式的酒吧、舞厅、游艺厅、咖啡厅、美容院、健身室、闭路电视等。

（3）四星级饭店除拥有三星级饭店的设施外，还需有背景音乐系统、健身房、桑拿房、桑拿浴室、游泳池、鲜花店、装饰高级的理发室与美容室（两者可兼用）、小书亭或小书店。

（4）五星级饭店必须具备舞厅、健身房、按摩室、桑拿浴室、游泳池、网球场、理发（美发）室及多功能康乐厅和一年内不少于一半时间可以使用的室外游泳池等。

【案例分析】

位于东莞的某饭店硬件设施一流，为使该饭店在众多设施豪华的星级饭店中独树一帜，饭店领导决定开辟一条新的经营之路——在饭店顶层开设具有 300 多个席位的现代化歌舞厅，并请来高水准的演出团体。于是，该饭店负责人同歌舞团洽谈，双方很快达成协议：一年合同期内，歌舞团每晚在该饭店演出有品位的、上档次的歌舞节目，饭店方面负责歌舞团驻店演员及工作人员的吃、住、行，并付给歌舞团一定的劳务费。

歌舞节目推出后，饭店取得了明显的经济效益，接踵而至的会议应接不暇，餐厅生意明显好转。每到周末，200 多间客房全部爆满，香港、深圳来的一些商务代表指定要下榻该饭店。广东省一位副省长和新华社香港分社的一位副社长看完演出后，称赞节目高雅。一位来自惠州的客人成了该饭店的常客，还介绍了很多朋友前来观看演出……

分析思考：

（1）该饭店取得良好经济效益的原因是什么？

（2）你认为康乐部在经营项目上应注意什么？

【思考与练习】

1. 简述康乐部与饭店其他部门的关系。
2. 康乐部的主要任务有哪些？
3. 饭店康乐的经营具有哪些特征？
4. 不同的星级饭店对康乐设施设备的具体要求分别有哪些？

第二章　饭店康乐部的组织机构与岗位职责

饭店康乐部的管理通过运用适当的管理方法和技术手段，发挥康乐部组织中各种人员的作用，把投入到饭店中的有限资金、物资以及信息资源转化为可供出售的康乐产品。

第一节　饭店康乐部组织机构的设置原则及其依据

在旅游管理中，康乐管理相对较为复杂，这是因为饭店康乐项目较多，品种各异、消费方式、计价方式、服务方式差别较大，从而形成康乐服务的多样性和管理的复杂性。合理的组织机构设置、明确的岗位责任、健全的规章制度、完善的服务程序与规范，是保证饭店康乐经营管理处于良性循环的先决条件。

一、饭店康乐部组织机构的设置原则

（1）按照组织机构和岗位适合经营任务需要的原则。

（2）按照决策执行机构适合管理能力和环境需要的原则。

（3）按照各分部、各岗位专权分配时，要遵循权责一致的原则。

（4）按照上级对下属领导做到命令统一或协调的原则。

（5）按照管理层次多少取决于管理幅度的原则。

（6）按照专业化分工划分机构的原则。

（7）遵循直线职能制来处理各岗位分工合作关系的原则。

康乐部集娱乐、休息、健身于一体，是饭店中除客房、餐饮之外的一个重要而又必不可少的配套服务设施。随着旅游业的不断发展和旅游观念的不断更新，康乐设施作为竞争手段越来越被各饭店重视。与餐饮部经营相类似，康乐部在经营业务上有一定的独立性，在组织机构设置上应给予康乐部一定的经营自主权，理顺部门之间的管理体制，以调动康乐部管理者的经营积极性。

二、饭店康乐部组织机构的设置依据

（一）市场需求

从市场总体来看，消费者的需求不可能完全得到满足，总会有一些未被满足的需求。另外，消费者的需求也会随着市场的发展、环境的变化、时间的推移而不断增加。市场需求会随着人口、经济收入、文化、竞争规模、商品供应量和价格、资源开发等因素的变化而变化。

（二）资金能力

康乐项目的设置应该依据投资者投入的资金情况量力而行。建设一个综合娱乐项目所需要的资金可能与建一座相当规模的饭店所投入的资金差不多，但建一个饭店附设的适度规模的康乐部门则用不了那么多资金。因此，投资者、设计者要心中有数，这是康乐设施设置的依据之一。

（三）客源消费层次

饭店康乐设施的设置，要在调查研究的基础上根据客源层次及其相应的需求来决定。也就是说，市场定位要准确。要注意工薪阶层与商务阶层需求的不同，还要注意商务客人与纯度假旅游客人需求的不同，要根据不同客人的不同需求设置相应的康乐设施。

（四）客房接待能力

一般情况下，从饭店客房接待能力可以推算出饭店康乐部需要的接待能力，从而决定了康乐设施的大致规模。这种情况是针对只接待住店客人的饭店而言的。但也有的饭店康乐部同时接待店外散客，这时就要考虑市场半径之内的客流量，并以这个客流量为依据决定饭店康乐部的规模。

（五）饭店康乐项目的发展趋势

在旅游饭店中，起初康乐设施项目很少。随着现代旅游需求的发展和客人对康体和娱乐活动需求量的扩大，饭店康乐设施已经从可有可无的从属地位逐渐发展成为不可缺少的重要地位，饭店康乐部也就应运而生。

第二节　饭店康乐部组织机构的一般模式

一、依附型康乐项目管理组织模式

康乐部归属于饭店的某个部门，下面以餐饮部为例（见图 2-1）。

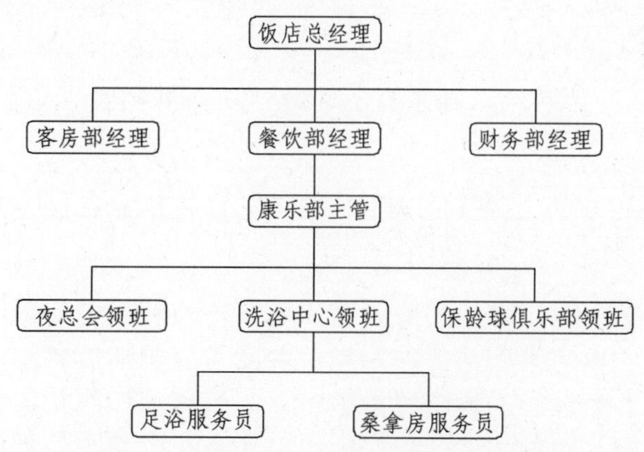

图 2-1　依附型康乐项目管理组织模式

二、康乐部独立项目管理组织模式

康乐部独立项目管理在组织结构上只表现本康乐部内部经营管理层次，从组织机构和管理层次上有四个部分和层次：一是高层管理者，包括总经理、副总经理；二是中层管理者，包括各部门经理；三是基层管理者，包括各康乐项目主管和领班；四是一般工作人员，包括各项目的服务人员及勤杂人员。康乐部独立项目管理组织模式如图 2-2 所示。

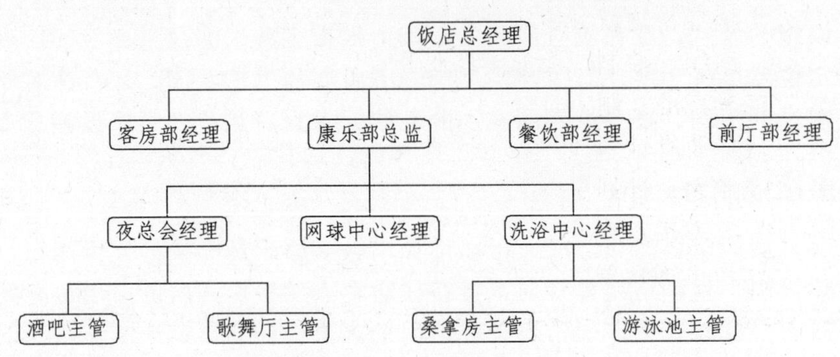

图 2-2 康乐部独立项目管理组织模式

三、康乐部分类中心管理组织模式

康乐部的项目活动主要包括康体项目、娱乐项目、保健项目和休闲项目，根据其自身的特点可设置如图 2-3 所示的组织机构。

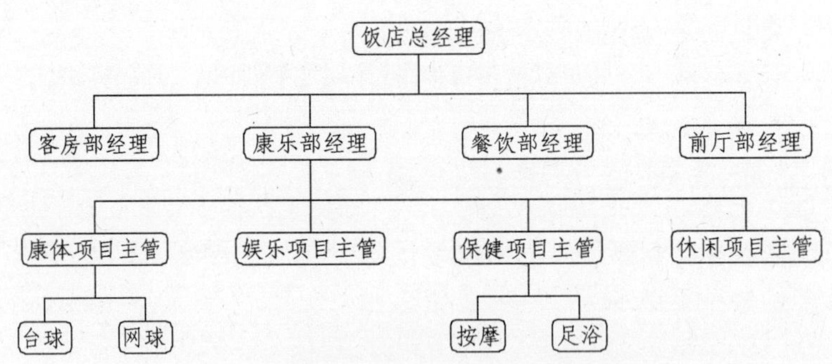

图 2-3 康乐部分类中心管理组织模式

第三节 饭店康乐部各工作岗位职责

在激烈的市场竞争中，饭店康乐部要想在强手如林的同行中占据一席之地，就必须有一套行之有效的管理制度。饭店康乐部管理的规章制度主要包括饭店基本制度、专业管理制度和责任制度。以责任制度为核心的饭店规章制度，即饭店责任制是指饭店康乐部内部各级组织、各类人员的工作范围、应负责任、相应的权限、利益以及工作秩序的制度。饭店规章制度之所以以责任制为核心，是因为规章制度是靠责任制来落实的。

一、饭店康乐部的职能

饭店康乐部是负责整个饭店康乐设施运营管理的职能部门，是高星级饭店的重要标志之一，在饭店经营中具有十分重要的意义。现今，随着市场竞争的加剧，饭店不断更新康乐设备，完善其服务设施，康乐部应达到的管理标准和职能要求也越来越高。为了提高饭店的经济收益，康乐部必须在保证饭店各种康乐设备和系统正常运行的同时，尽可能地降低能源、原材料、配件和人力消耗，这就对饭店康乐部的职能提出了更高的要求。一般而言，康乐部的基本职能有计划、组织、控制、决策和激励五种。

计划：确定目标和标准，制定规则和程序，拟订计划以及进行预测、估计或设想将来可能发生什么事情。比如要有计划地对饭店康乐项目进行增建、改造和更新，使之发展适应社会发展形势的需要。总之，计划是饭店康乐部的首要管理职能。

组织：指康乐部对康乐设施设备进行科学的管理，保证饭店康乐项目正常运转的手段。饭店康乐部基层管理者执行管理职能的侧重点是组织和指挥。

控制：指在执行计划的过程中，找出并纠正偏差，保证计划实施和目标的实现。具体来说，控制就是用标准来检查康乐部各项工作的进展情况，看其是否与计划相符，是否与原定的指标和既定的原则相符，及时发现差异和存在的问题，采取矫正措施，使工作按原定计划进行，或适当调整计划，使之更符合客观实际的管理活动。

决策：指选择实施行动方案的过程。饭店能否做出科学的决策，取决于以下一些因素：优秀的决策者；合理的决策标准；正确的决策原则；科学的决策程序。常见的决策类型有：确定型决策、风险型决策和不确定决策三种。

激励：指满足康乐部员工的需求，激发其工作的积极性，为实现组织目标而努力。正面奖励和负面惩罚是奖励的两种措施，是古今中外激励理论的核心。

二、饭店康乐部工作人员的素质要求

饭店康乐部是专门为客人提供消闲、健身、娱乐服务的场所。客人来此的目的就是放松身心、消除疲劳、恢复活力。为此，康乐部的工作人员必须具备较高的文化修养和一定的身体素质，只有这样才能为客人提供及时、优质、高效的服务，让客人达到预期的消费目的。

现代康乐部工作人员素质，直接决定着康乐部的市场竞争能力和经营成就，因此必须严把人员素质，严格按要求招聘工作人员，确保工作人员具有较高素质，为康乐部经营成功奠定坚实基础。

现代康乐属于饭店业的一部分，所以现代康乐人员必须首先具备饭店业工作人员的基本要求。

1. 道德要求

树立正确的人生观和世界观，全心全意为客人服务；树立牢固的专业思想，热爱并努力干好本职工作；树立高尚的职业道德，遵守饭店规章制度，了解并遵守涉外工作人员纪律。如：热情友好，宾客至上；真诚公道，信誉第一；文明礼貌，优质服务；不卑不亢，一视同仁；团结协作，顾全大局；遵纪守法，廉洁奉公；钻研业务，提高技能。

2. 业务要求

必须具有高中以上文化程度，具有一定专业外语的会话能力；熟悉掌握本岗位技能与工作程序，了解相关工作知识，并依程序运用技能与知识，认真工作；有积极向上、努力进取的精神，工作中努力钻研业务，扩大知识面。

3. 身体要求

无传染病及病史；五官端正；气质端庄；精力充沛；有良好的仪容与仪表。

4. 知识结构

（1）经济理论知识。掌握经济理论知识和管理心理学知识，了解饭店康乐部的特性，懂得与饭店管理有关的理论知识。

（2）专业知识。了解康乐设施和设备的基本特性，懂得与之有关的专业知识。

（3）管理知识。了解饭店管理的基本知识，懂得康乐部管理的性质、职能、特点、任务、制度和组织机构等一般原则。

5. 能力结构

（1）分析判断能力。善于观察，对比和分析康乐部内外的各种事物发展情况，能透过现象看本质。

（2）组织协调能力。能根据本康乐部的目标和人员、设备、建筑等客观条件，协调康乐部内部和外部的各种关系，发挥康乐部组织群体的积极作用。

（3）创新研究能力。善于接受新思想、新技术、新知识和新方法，不满足于现状，不断改进工作方法和思想方法。

（4）文字、图表、口头表达能力。善于用文字和图表反映康乐部的维修保养、质量等方面的情况，并具备一定的汇报和总结工作的能力。

三、饭店康乐部各岗位的职责

（一）康乐部经理的职责

（1）对娱乐总监负责，全面管理康乐部的经营管理工作、严格执行饭店各项管理制度及上级下达的各项指令，对部门的经营管理及经营效益负责。

（2）协助总监制定部门的经营策略、营销方案，并落实执行。

（3）规范部门各项服务标准及工作流程，督导员工落实执行。

（4）落实执行部门年、季、月经营计划、预算和成本费用方案，确保完成各项营业指标。

（5）带领部门员工开创并稳定消费客源，强化推销技能、争创生意业绩。

（6）控制部门经营成本，降低物品损耗率，抓好设备设施管理，执行开源节流措施。

（7）确保部门日常经营有序有效运作，合理编排员工岗位，提高各区域、各环节的工作效益。

（8）掌握员工思想动态、积极开展多方面沟通、解决员工日常工作生活各方面的问题，抓好员工队伍思想工作。

（9）制订部门员工培训计划，积极推动部门员工各项培训及考核工作，提高员工综合素质，抓好员工队伍建设。

（10）贯彻执行饭店行业饮食卫生制度，督导部门卫生工作落实。

（11）抓好部门日常防火、防盗、及防事故工作，发现问题需及时解决，对部门安全负责。

（12）严格管理编外员工日常工作及培训考核工作，杜绝一切对饭店不利的隐患。

（13）制定并主持部门各级例会，跟进并检查部门日常营业最后的一切结束工作。

（二）台球厅服务员的职责

（1）服务人员应熟悉台球厅工作内容和服务程序，掌握台球比赛的规则和记分方法，有一定的示范指导能力。

（2）服务员能准确使用礼貌用语，能区别不同服务对象，对常客能称呼冠以姓氏的尊称或职衔；对新顾客能主动介绍本球厅的特色和服务内容。

（3）门口迎宾服务员应面带微笑，上身稍微向前倾，立在门口迎接并主动问候后，引导顾客进入球厅。

（4）柜台服务员为顾客登记、开单、开计时器等要准确快捷，要在两分钟内完成。

（5）厅里服务员应根据服务台的安排引导顾客到指定的球台，协助顾客挑选球杆，为顾客码球。当顾客开始打球后，服务员应站在不影响打球的位置上，随时注意顾客的其他需求。

（6）当顾客打球结束后，服务员应将球杆摆在杆架上，将球码放整齐，将台面清理干净。

（7）顾客需要示范或陪打时，陪打员应认真服务，动作应符合规范，并根据顾客的心理要求掌握输赢尺度。

（三）舞厅及音乐厅岗位的职责

1. 岗位职责

（1）音乐厅、舞厅因灯光暗（一般点蜡烛或酒精灯），服务员要勤巡视、勤观察，勤为客人服务，多推销饮品。

（2）音乐厅、舞厅的客人较复杂，要细心注意客人和设备的安全，若发生情况要沉着冷静，妥善处理。自己处理不了的要及时报告值班经理及保安部来处理。

（3）准备好各种酒水、炸薯片、炸花生米、炸腰果仁或虾片等小食和饮料，周到地为客人服务。

（4）保持空气清新，使舞厅有一个舒适幽雅的环境。

2. 操作细则

（1）引领客人入厅，拉椅请坐，征询客人要何种饮品，并向客人介绍当天供应的饮品种类。若同一桌有多人时要记清每个人点的饮品。

（2）酒吧凭客人票的尾单领取饮品、纸巾、花生或其他小食，上饮品时先放杯垫后放饮品，然后放小食。

（3）客人需购买饮品时，要热情主动地上前站在客人的右边，问清客人需购饮品的名称、数量，然后到酒吧帮客人买。上饮品的程序同上。

（4）上饮品、食品从客人的右边上，左边撤。

（5）音乐会、舞会结束时要即刻开灯，客人走后要及时清场。注意检查有无烟头，收好杯具、食品盛器，收整好酒吧，搞好卫生，待经理或领班检查合格关好灯后方可离开。

（四）棋牌室服务员的职责

1．岗前准备工作

（1）上岗前做自我检查，做到仪容仪表端庄、整洁、符合要求。

（2）开窗或打开换气扇通风，清洁室内环境及设备。

（3）检查客人用品，发现破损要及时更换。

（4）补齐各类营业用品和服务用品，整理好营业所需的桌椅。

（5）查阅值班日志，了解宾客预订情况和其他需要继续完成的工作。

（6）最后检查一次服务工作准备情况，站在规定工作位置，做好迎客准备。

2．迎宾

（1）服务员要面带微笑，主动问候客人，并询问客人是否有预订。如有预订将客人引领至预订位置，如无预订将客人引领至客人选择位置，并主动询问客人是否需要酒水，并请客人在场地使用登记表上签字。

（2）如客人需要脱衣摘帽，服务员要主动为客服务，并将衣帽挂在衣架上。

3．室内服务

（1）为客人办好活动手续，引领客人至选定桌台，送上面巾，为宾客准备好所需的棋或牌，如客人要求可为客人兑换适量筹码。

（2）根据客人活动单上的服务要求，为客人提供饮品服务。

（3）客人娱乐时，服务员应退出房间，随时听候客人吩咐。

（4）当客人示意结账时，服务员要主动上前将账单递送给客人。

（5）客人离别时要主动提醒客人不要忘记随身物品。

4．送别客人

（1）服务员将客人送至门口，并向客人道别。

（2）迅速清洁桌面，整理好桌椅，准备迎接下一批客人的到来。

（五）游泳池服务员的职责

1．救生员的职责

（1）负责客人游泳的绝对安全、勤巡视池内泳者的动态，克服麻痹思想，落实安全措施，发现溺水者要迅速冷静处理，做好抢救工作并及时向有关领导报告。

（2）认真做好每天的清场工作。

（3）负责游泳池水质的测验、保养及游泳场地的环境卫生。

（4）上班集中精神，不得与无关人员闲谈，救生台不得空岗，无关人员不得进入池面。

（5）由于游泳池深浅不一，来的有大人、小孩，有会游泳的和不会游泳的，对此一定要注意，要勤在泳池边观察。注意游泳者的动向，防止发生意外，保证客人的安全。对不会游泳者可做技术指导。

（6）定时检查更衣室，杜绝隐患。

（7）如遇雷雨天气，要迅速安排客人上岸，确保客人安全。

2. 服务岗操作细则

（1）住店客人进入游泳池一般凭房间钥匙或饭店发的证件免费游泳，服务员带领客人到更衣室更衣。客人的衣服用衣架托好挂在衣柜里，鞋袜放在柜下，贵重物品要客人自己保管好，需要加锁的要为客人锁好，钥匙由客人自己保管。

（2）发给客人三巾，即浴巾、长巾、方巾。方便客人游泳和游完后使用。

（3）若客人未带泳衣裤，则要卖客人游泳衣裤，服务一定要周到、细致。

（4）客人离开泳池时，要注意提醒客人带齐自己的东西。

3. 池水净化与卫生打扫程序

（1）晚上停止开放后，向泳池中投放净化及消毒药物，进行池水净化和消毒。

（2）每天早晨，对宾客开放前要进行池水净化，即吸尘，去掉水面杂物和池边污渍，搞好泳池周围的环境卫生。

（3）净化池水要先投放茨氯酸钠，过两小时后再投放碱式氯化铝。

（4）注意若投放茨氯酸钠消毒就不能投放硫酸铜，避免因化学作用而引起游泳池水面变色。

（5）药物控制：根据泳池的大小，将茨氯酸钠的量控制在 0.5 ~ 1 公斤。PH 控制在 7 ~ 7.8。一般以当天水清澈透明，呈浅蓝色为准。

（6）泳池环境卫生必须在每天开放前和停止开放后，用自来水冲洗地面。在开放过程中，如发现有客人遗弃的纸巾、烟盒、火柴盒、食物包装纸或其他杂物要随时拣放在垃圾桶里集中处理，以保持泳池的环境卫生，使其整洁美观。

（7）将泳池四周的咖啡台、椅、躺椅、茶几等抹干净，整理整齐，若是露天泳池，有遮阳伞的，要马上收起来集中存放在器具室。

【案例分析】

某康乐企业因规模扩大出现管理人力紧缺，并急需某部门经理马上上任，同时为下一步确立管理制度奠定基础。负责招聘的人力资源部经理在进行了一系列的对外招聘及筛选后，最后确定了两名候选人：一位有着多年的工作经验，业务水平高，但年纪偏大，文化程度为高中文化；另一位工作经验较少，但工作热情高，大学本科毕业。

分析思考：

如果你是这个企业的人力资源部经理，根据康乐企业经营管理的特点和本岗位的设置，如何进行抉择并后续跟进?（提示：可以根据本企业现有情况和发展趋势进行综合考虑。）

【思考与练习】

1. 康乐部组织机构设置的原则是什么?

2. 康乐部台球厅服务人员的基本职责是什么?

3. 康乐部从业人员应具备哪些基本素质?

4. 实践活动：利用课余时间分组走访两家不同星级的饭店，提交一份饭店康乐部组织机构的设置模式比较表，并说明康乐部在各自饭店经营中所起的作用。

第三章　饭店康乐经营可行性分析

科学、准确的可行性分析，是康乐企业或饭店康乐中心经营成功的前提条件。如果不能科学、实事求是地进行可行性分析，那么可能将导致康乐企业或饭店康乐中心经营的失败。然而，也许有人说，有些经营是非常成功的康乐企业或饭店康乐中心，似乎开始时并未进行必要的可行性研究。有些颇有胆识的人似乎只凭自己的直觉，便断然决定在某地投资建立一家康乐企业或在饭店中建立一个康乐中心，而且其经营也比较成功。但是，我们可以肯定，尽管这位智慧的投资决定者没有写出正式的可行性报告，他所依赖的也绝不仅仅是他的直觉。一般来说，在他下决心之前，总是要对形势做一番估计。也就是说，他必然要凭借自己的知识和经验，主观地非正式地对各种相关因素进行分析，对投资成功的可能性做出估计。

事实证明，凡是没有经过可行性研究便开始经营的企业，其失败率是相当高的。失败表现在或者经营不善或者投资过大，给经营造成很大的压力。所以，除非你想用冒险来测试自己的才能或者用足够的财富来满足你奢侈的嗜好，否则你就必须进行可行性研究。

第一节　饭店康乐经营可行性分析概述

要对现代康乐企业或饭店康乐中心的可行性进行分析，首先必须掌握可行性分析的基本含义、基本原理。明确康乐经营可行性分析的目的和主要内容，只有这样才能使可行性分析有的放矢，达到预期的目的。

一、可行性分析的概念

康乐经营可行性分析是关于市场、资金和业务方面的全部分析。可行性分析是对是否值得投资建造一家康乐企业或在饭店中设立康乐中心做出决定。也可以说，可行性分析就是对投资成功的前景做定量分析和定性分析。任何投资者在选择一个方案前，都需要有足够的证据来证明这个方案确实可行，并能尽快收回投资。由此可见，可行性分析也就是对大量的相关信息和数据资料，运用科学的定性和定量方法来推断待选方案的可行性。

二、饭店康乐经营可行性分析的目的

（1）确定目标市场。
（2）选择经济可行的地点。
（3）确定康乐企业的类别。
（4）确定康乐经营项目。

（5）估算康乐经营销售收入。

（6）选择开业的日期和时间。

三、饭店康乐经营可行性分析的内容

饭店康乐项目的发展周期包括预投资、投资和运行三个时期。可行性分析在预投资期内进行，分为机会研究、初步可行性研究、技术经济可行性研究和评价报告四个阶段。

（一）机会研究

机会研究是指识别投资机会，形成一个大致的投资建议。根据研究时的目标，进行一般机会研究或特定项目的机会研究或两者同时进行。一般的机会研究有以下一些研究：

（1）地域研究。主要是依据饭店的地理位置而确定的。

（2）部门研究。主要研究康乐部里究竟要设哪些设施，不设哪些设施。

（3）以旅游资源为基础的研究。旅游资源是指自然界和人类社会中凡能对旅游者产生吸引力，可以为旅游业开发利用的各种事物和因素。比如迷人的温泉等自然界的风光，文化遗址等人类历史文化古迹，滑雪场、滑冰场等康乐场所。对资源进行研究，并以此为基础建设饭店康乐场所，才有可能取得成功。

机会研究比较粗略，是大概的估计，不是详细的分析。

（二）初步可行性研究

初步可行性研究是投资机会研究的继续和进一步深化，研究的主要内容有以下几方面：

（1）投资机会是否有希望。

（2）是否应进行最终可行性研究。

（3）有哪些关键问题需要做辅助研究，如市场调研等。

初步可行性研究阶段对基本建设投资估算的精确度一般可达到 20%。

（三）技术经济可行性研究

技术经济可行性研究是反映康乐项目技术先进性、经济合理性的一系列指标，是进行计算、对比、评价和分析等研究工作的总称。习惯上简称可行性研究，其主要内容有以下几方面：

（1）康乐项目的简要情况。

（2）市场需求和饭店对此满足的能力。

（3）康乐行业先进经验分析。

（4）地理位置和康乐项目地址的选择。

（5）康乐项目的设计。

（6）环境保护。

（7）康乐组织经营管理费用。

（8）员工的配备。

（9）实施进度计划的制订。

（10）投资与产品成本估算。

（四）评价报告

评价报告是进行技术经济可行性研究之后，对饭店康乐项目建设进行最终的评价，其主要内容有如下几方面：

（1）康乐项目建设必要性评估。

（2）康乐项目建设目标、规模和功能的评估。

（3）康乐项目建设条件评估。

（4）康乐项目建设技术评估。

（5）组织管理、实施进度及招标方案的评估。

（6）投资估算的评估。

（7）康乐项目资金来源及筹措方案评估。

（8）康乐项目建设的效益评估。

四、饭店康乐经营可行性分析的必要性

（1）科学、准确的可行性分析，是康乐企业或饭店康乐中心经营成功的前提条件。如果忽视可行性分析，或者不能科学、实事求是地进行可行性分析，那么都将导致康乐企业或饭店康乐中心经营的失败。

（2）可行性分析有助于确定经营管理方式。

例如，设置哪些服务项目，采用何种服务形式。

（3）可行性分析有助于资金的筹集。

可行性分析能够表明企业的利润水平和偿债能力。较高的利润率和偿债能力，有利于增强企业筹集资金能力。

第二节　饭店康乐经营市场调查

美国学者哈浦尔曾说过：只有能预测未来的人才算得上懂得管理的人。管理依靠预测，预测需要信息，信息是源于数据，数据只有通过调查才能获得。调查是市场预测的基础，一切预测源于调查，离开了调查，预测无法实现。为保证康乐企业经营可行性分析的准确性，必须做大量的基础工作，首先要进行的就是市场调查和预测。康乐经营市场调查是一个为特定目的收集资料、获取信息的过程。调查工作能否取得可靠成果，很大程度上要看有无一套系统、严谨的调查程序、调查内容和调查方法。

一、康乐经营市场调查的程序

（一）确定调查目标

康乐经营市场调查的第一阶段，是分析和明确所要调查的问题、目的和要求。那种漫无边际、缺乏目标的调查，只会费力费时，徒劳无功。因此，必须根据实际需要，确定调查目标，选择调查课题。

确定调查目标的工作说似简单，实非易事。根据一些康乐企业的经验，调查人员可以遵循以下思路：

（1）为什么进行调查？即调查的原因。

（2）通过调查想要知道什么？即调查的内容。

（3）掌握这些有什么用处？即调查的目的。

（二）制订调查计划

调查的第二阶段，是制订一个能够有效地收集资料的调查计划。一般来说，调查计划应予考虑以下几个方面：

（1）调查任务。

调查任务是对调查目标做出具体表述和明确的规定。

（2）调查范围、资料来源和调查方法。

调查范围是根据调查任务，确定所需资料的内容和数量。资料来源和调查方法，则是获取这些资料的途径和方式。通常，调查工作不仅需要收集利用第二手资料，也要掌握第一手资料。第二手资料又叫间接资料，是在某处已经存在并为某种目的而收集起来的信息，可以通过调查获得。第一手资料也叫原始资料，是为当前的某种目的收集的情报，一般可通过各处实地调查获得，如通过观察法、实验法能够获得。

（3）调查手段。

调查手段是依据所调查方法，收集资料所必要的各种工具或条件。调查方法不同，所用的调查手段也会不同。

（4）抽样方案。

抽样方案就是抽样调查方案。抽样调查是科学地选择调查对象的一种调查方法。也就是在调查对象中，按照随机原则，抽取一部分单位进行调查，借以推算全部调查单位数据的一种调查方法。随机原则，就是使调查对象中的第一个单位，都有同等被抽取的机会，而不受抽样调查人任何主观愿望的影响。抽样方案应考虑三个问题：一是抽样单位，即向什么人调查。合适的抽样单位，有时很难确定。比如，某康乐企业做调查时，其抽样单位有青年、成人、老人、男性、女性、职业、文化层次差别，等等。抽样单位的决定，直接关系到所得资料的有用性。二是样本大小，即对多少人进行调查。一般来说，在其他条件相同的前提下，样本越大越有代表性。以 1 000 个调查对象作样本，自然比向 20 个调查对象调查误差要小，调查结果更接近总体平均值。但是无论样本多大，超过一定限度以后，其准确度便会递减，而且要多花时间、费用和精力。所以，没有必要把全体或大部分调查对象都作为样本。只要抽样方法可靠，从总体中抽取少于 1% 的样本，同样也能得到可靠的资料。三是抽样方法，即如何选择调查对象。可根据具体情况，决定采用概率抽样或非概率抽样等各种方法。

（5）实施步骤、费用预算和人力安排。

（三）组织调查实施

制订调查计划以后，调查人员必须收集资料，或将这项工作委托出去。资料是否准确，与调查人员素质和被调查者有关。所以应选派有责任心，懂业务，又有一定调查经验的人员参加。必要时，可对他们进行短期培训。

（四）分析调查结果

调查的最后一个阶段，是对所得资料进行处理，根据分析编写调查报告，并将调查结果提供给决策部门参考。

1. 处理所得资料

处理所得资料主要包括三项基本工作：一是整理，即对所得资料进行筛选，剔除谬误、不实和含糊之处。如调查人员的偏见，被调查者的敷衍了事，争执矛盾的回答等。二是分类，即对所得资料，根据调查目标，按一定标准归类，统一编号。三是列表，即依据所得资料，编制成各种图表，以便进一步分析。

2. 编写调查报告

调查报告是调查工作的最终成果。调查报告的编写要客观完整，突出重点，紧扣主题，简明扼要，层次分明。

调查报告应包括以下内容：

（1）前言部分。概述调查宗旨、经过、调查目标和调查方法，以及必要的谢辞等。

（2）正文部分。包括调查目标、调查任务的详细说明，调查结果的阐述、结论和对策建议等。

（3）附件部分。有关的图表、附录等。

必须指出，编写调查报告，并不意味着调查工作的终结，因为情况还会发展变化。调查人员应当继续监测，以便在执行过程中发现问题，进一步修改、补充和完善。

二、康乐经营市场调查的内容

（一）康乐项目消费主体状况

康乐经营目标的确定取决于康乐项目消费主体状况的调查。由于康乐项目的消费者来自不同的地区，在职业、性别、年龄及目的都不相同，为了制定出切实可行的企业经营目标，无论是独立的康乐企业，还是饭店康乐中心，都有必要对康乐项目的消费主体状况进行全面、系统的调查。其主要内容至少应包括如下几个方面：

（1）康乐消费主体的消费期望。

① 消费主体希望建立什么样的康乐企业或饭店应设立什么样的康乐中心。

② 康乐企业或饭店康乐中心的环境。

③ 康乐企业或饭店康乐中心的服务类型。

④ 康乐企业或饭店康乐中心的服务方式。

（2）康乐企业或饭店康乐中心的康乐项目。

① 以健身为主，还是以娱乐为主。

② 以大型设施为主，还是以中小型设施为主。

③ 以室内设施为主，还是以室外设施为主。

④ 以水上项目为主，还是以陆地项目为主。

（3）康乐项目的营业时间。

① 消费者最佳消费时间即一天中的高峰期。

② 一年中的淡季和旺季等。

这关系到销售收入估算和康乐设施的开放时间，以及开放前清洁卫生等准备工作的安排。

（4）康乐消费主体希望建立的康乐企业或康乐中心的类型。

① 单一的、专业性的。

② 多项的、综合性的。

③ 大运动量的。

④ 中小运动量的。

（5）康乐消费主体期望的价格高低。这关系到康乐项目的选择、康乐设施的档次及康乐设施的成本投入。

（6）康乐消费主体偏爱的室内装潢和室外环境。

（7）女士们和男士们对于康乐的偏爱。

① 对康乐项目的偏爱。

② 对服务方式的偏爱。

③ 对康乐设施的具体情况的偏爱。

（8）康乐消费主体的具体情况。

① 年龄情况。

② 生活水平。

③ 生活情趣。

④ 生活基调。

（9）康乐消费主体对其他方面的要求。

① 希望配备什么档次的服务项目和服务设施。

② 配备什么样的背景。

（二）康乐经营目标市场调查

每个消费个体或不同层次的消费群体，都有各自需求的侧重点，需求千差万别。任何康乐企业或饭店康乐中心，都不能满足整个康乐市场的需求，必须稳固现有市场并挖掘潜在市场，寻求适合自己经营的目标市场。

在调查、掌握了康乐消费主体的基本情况以后，就可根据不同消费者的特征对相应的康乐消费市场进行划分，划分的依据有以下几种。

（1）地理特征，如国家、行政区域、人口密度、相隔距离、气候条件等。

（2）人文特征，如性别、年龄、婚姻状况、家庭大小、收入、教育程度、职业、民族血统和风俗习惯。

（3）心理特征，如个性、观念、生活方式、意见态度、兴趣等。

（4）消费特征，如经济型、享受型等。

将市场细分后，康乐企业或饭店康乐中心就要实事求是地分析自己从各个细分市场获取的利润，分析各细市场需求的变化趋势、竞争情况及本企业或中心的实力，以决定取舍，选择最有利的经营目标市场。

（三）康乐经营市场的竞争状态调查

对康乐市场竞争形势的分析，是调查研究康乐市场必不可少的环节。对康乐市场状态的调查要了解以下几方面的内容。

1. 康乐市场竞争的方式

市场竞争的方式无外乎两种：一种是直接竞争；另一种是间接竞争。

（1）直接竞争。直接竞争是指欲筹建的康乐企业或饭店康乐中心与现有的康乐企业及饭店康乐中心提供同样的经营项目，同样档次的康乐设施，各自以其优质的服务占领市场。直接竞争对于新建的康乐企业或饭店康乐中心来说，是极为不利的。新建的康乐企业或饭店康乐中心若没有十足的把握，一般来说不宜采取这种方法。

（2）间接竞争。间接竞争就是指新建的康乐企业或饭店康乐中心，提供不同于市场对手的康乐项目、康乐设施及服务，通过另辟新径，选择适合自己的目标市场。这种竞争方式对新建康乐企业或饭店康乐中心来说，是十分有利的，只有办出自己的特色，才能开辟新的市场。

竞争方式与康乐企业及饭店康乐中心的位置选择、经营项目、经营规模、设施档次和服务水平等都是相关的。因此，竞争方式是康乐企业或饭店康乐中心进行可行性研究必须考虑的一个重要因素。

2. 康乐市场竞争调查的对象

（1）调查该地区方圆几公里之内的所有康乐企业、饭店康乐中心。

（2）调查正在筹建和打算在该地区开设康乐企业的有关情况。因为一个地区现有康乐企业或康乐中心的成功经营并不能说明该地区还需要更多的同类康乐企业及服务设施。

3. 康乐市场竞争状态调查的内容

（1）正在营业中和正在筹建中的康乐企业或饭店康乐中心类型、规模、档次、位置。

（2）正在营业中和正在筹建中的康乐企业或饭店康乐中心的经营项目、设施设备及其价格。

（3）正在营业中和正在筹建中的康乐企业或饭店康乐中心的服务方式和服务水平。

（4）正在营业中和正在筹建中的康乐企业或饭店康乐中心的员工增减和盈利水平。

4. 康乐市场竞争状态调查的方法

（1）亲自到其他康乐企业或饭店康乐中心进行消费。

（2）搜集其他康乐企业或饭店康乐中心服务项目的价格表。

（3）了解其他康乐企业或饭店康乐中心的经营状况。

（4）观察康乐企业或饭店康乐中心销售量的变化。

对康乐竞争市场进行分析研究，能了解竞争对手的详细情况，从而便于确定企业的位置和目标市场。

（四）康乐经营潜在市场的调查

康乐经营的范围和档次随着社会经济的发展而不断拓展和提高。经济越发展，社会越进步，人们的闲暇时间越多，人们对康乐经营项目的需求也将越来越多，对康乐设施和服务水准的要求也越来越高。因此，为了在日益激烈的康乐竞争市场中立于不败之地，就必须不断开拓新的服务项目，提高服务档次以不断满足人们日益提高的多层次的康乐需求。

为了有计划、有步骤地开发新的康乐项目，扩大康乐经营领域和服务范围，就有必要对该地区的康乐经营的潜在市场进行详细调研和预测，以便对在该地区投资康乐经营的前景做出明确的估计。

一般来说，康乐经营潜在市场的调查，至少应考虑以下几个方面的因素。

1. 该地区经济发展规模、速度及发展潜力

如果该地区经济发展规模大、速度快、发展潜力大，那就意味着该地区的经济活动会日益活跃，经贸商务活动会越来越频繁，外来经商、洽谈、投资的人会愈来愈多。这就必然导致对康乐项目的需求增加，对康乐设施档次和服务水准的要求也随之提高。这就预示着康乐经营在该地区具有广阔的前景。反之，如果该地区经济发展规模和速度都不是很快，而且发展后劲不足，那就表明在该地区投资康乐经营的前景不容乐观，在相当长的一段时期内，只能维持现状运行。

2. 该地区人们收入水平提高速度

如果该地区人们的实际收入水平提高很快，那就意味着人们将会有越来越多的余钱用于满足衣、食、住、行，用以提高身体素质、保持身心健康的康乐消费。反之，如果该地区人们的实际收入水平提高缓慢，或者名义收入有所增长，而实际收入没有较大增长或增长缓慢，那就说明该地区人们只能勉强维持现有消费水平，除了满足衣、食、住、行等日常的必要消费外，几乎没有多余的钱用于保健康乐项目消费。

3. 该地区整体文化层次和生活质量提高速度

人们实际收入的增长，只意味着人们手头的余钱越来越多，这笔钱的投向则取决于该地区人们的整体文化层次和人们对生活质量的追求。如果该地区的人们仅仅对衣、食、住、行等物质需求情有独钟，人们都热心于将金钱投向这些方面，那就意味着该地区的人们并不会迅速增加康乐消费支出，康乐的潜在市场就不是很大。而如果该地区人们的整体文化层次较高，人们的生活追求不仅仅停留于衣、食、住、行等物质方面，对文化、娱乐、保健、健身、美容等精神享受有较强烈的需求，那么人们则会将余钱主要用于康乐消费，康乐市场随之也会活跃起来。

4. 该地区人口结构的变化

不同性质的康乐项目、不同档次的康乐设施、不同水准的康乐服务，所对应的消费主体是不一样的。高尔夫球消费者以中老年为主，网球消费者以中青年为多。因此，一个地区的人口结构及其变化，将决定在这一地区经营的康乐企业或饭店康乐中心对康乐项目、设施及服务方式的选择。值得一提的是，人口老龄化趋势必然预示着高尔夫球等适合老年人健身、娱乐的项目具有远大的发展前景。

5. 该地区人们工作时间和工作方式的变化

工作时间和工作方式，直接决定着人们进行康乐消费的可能性。如果一个地区工作时间长，休闲时间少，那么人们就不可能有很多时间用于康乐消费。这样，即使人们有足够的金钱可以用于康乐消费，也无法实现其康乐消费行为。这种康乐市场只能是一种虚无缥缈的市场。如果一个地区的人们习惯于在轻松愉快的环境中工作，而不是习惯于在呆板的办公室或气氛庄重的特定环境中工作（当然，呆板的办公室或气氛庄重的特定工作环境也是必要的），或者是人们在紧张的工作一天或一段时间之后，就习惯痛痛快快地进行一场康乐消费，以求迅速恢复体力和精神，准备迎接第二天或另一场紧张的工作或竞争。那么，该地区的康乐经营前景则是乐观的。

此外，康乐经营潜在市场的调查还应考虑其他因素，如人们消费观念的变化、政策的变化等，都应予考虑。

三、康乐经营市场调查的方法

准确的市场调查是建立于科学的方法基础之上的。康乐经营市场调查的方法很多，下面介绍几种被实践证明是行之有效的方法。

（一）观察调查法

观察调查法就是在不要当事人提问的条件下，亲临现场通过对调查对象的直接观察，在被调查者不知不觉中，观察和记录其行为，从而了解有关康乐经营的信息。例如，客人在享受服务中的表情神态，享受服务后的心态反应，康乐项目的使用率及使用频率，服务员的仪表仪容等。对其他康乐企业或饭店康乐中心来说，主要是观察其经营的主要项目、项目的设施水平，每一项目的标价，室内装潢及室外环境、室内灯光设计，康乐设施的使用率及使用频率，服务水平和服务质量等，以观察竞争对手的优劣势，进行全面系统的比较和分析，从而确定自己的经营方针和策略。

观察调查法的特点是调查人员以旁观的形式代替被调查对象的询问，避免与被调查者直接接触，往往能够获得更加客观的调查结果。比较常用的观察调查法有非参与观察法和参与观察调查法两种。

（1）非参与观察调查法是指调查人员以独立于被观察对象的身份进行观察。

（2）参与观察调查法是指调查人员也参与被观察者的康乐消费行为的过程，与其一同进行各种消费活动，并从中观察其消费活动情况的方法。

（二）询问调查法

询问调查法是指调查人员将事先拟定好的调查问题向被调查者提出询问，通过其回答获取所需资料的调查方法。同观察调查法相比较，询问调查法在很大程度上克服了观察法只观察现象并从中推测结果的不足。一般而言，观察法比较适用于探测性调查，而询问法更适合于描述性调查。依据调查人员接触被调查者方式的不同，询问调查法可以分为面谈法、电话询问法、邮寄调查表法、留置问卷调查法。

1. 面谈法

面谈法就是调查人员直接访问被调查者，以递送问卷或面对面交谈方式搜集第一手资料的方法。其优点是：访问人员能够提出较多的问题，以补充个人观察的不足；交谈时比较灵活，并且可以相互启发。调查人员当面听取被调查者意见的同时可以观察其反应，以判断资料的可信度，面谈法取得的资料往往比较真实可靠。面谈法的缺点是：调查成本较高，调查过程难以控制，而且调查结果的准确性在很大程度上受调查人员询问技术水平的影响。

面谈法可以分为个别访谈和分组面谈。从访谈频率上可分为一次面谈与多次面谈。

2. 电话询问法

电话询问法是指调查人员用电话向被调查者征询意见的方法。这种方法的优点是：可以在短时间内调查多数样本，而且调查成本很低，资料获得方便迅速。它的缺点是：调查人员不容易获得对方的合作；并且由于受时间限制，很难询问比较复杂的问题；有时调查人员往往难以判定被调查者回答问题的真实程度。

3. 邮寄调查表法

邮寄调查表的调查方法，常用于被调查者不愿面谈或者容易受调查人员在场内影响的调查方法。采用这种方法时，调查人员将事先拟定的调查表邮寄到被调查者家中或工作单位，请其回答调查表中的问题，并按时寄回。这种方法的优点是：调查成本低；抽样时可以完全依据随机抽样法抽取样本，抽样误差小；被调查者可以完全不受调查者在场的影响回答问题，而且回答时间比较充裕。其缺点是：被调查者容易对问卷中的问题发生误解，而且问卷回收率低、周期长；有时被调查人可能请他人代替回答。

4. 留置问卷调查法

留置问卷调查法是指调查人员将问卷当面交给被调查者，说明回答方法及注意事项后，将问卷留置在被调查处，请其自行填写，再由调查人员定期收回的调查方法。这种方法是邮寄调查表和面询法的结合，其优缺点也介于两者之间。

（三）实验调查法

实验调查法是把调查对象置于特定的控制环境下，通过控制外来变量的检查结果差异来发现变量间的因果关系的调查方法。观察法最适合于探索性调查，询问法最适合于描述性调查，而实验法最适合于因果性调查。例如，测定在其他因素不变时，康乐项目消费价格对客人购买行为的影响；项目、设施不变的情况下，服务质量对客人消费行为的影响。采用调查方法所花费的时间较长，费用较高。

（四）资料调查法

资料调查法是调查人员依据第二手资料，在室内进行分析和研究的方法。这种方法收集资料，花费时间不多，费用较小。虽然所得资料的内容与调研目标可能不合拍，原有资料的分类方式与调查要求也不尽一致，准确性和时效性较差，数据对解决问题也不完全适用。但是，它可以为收集第一手资料的各种调查方法提供背景，有时还可以完全替代实验调查。因此，大多数的市场调查都起始于资料调查。只有第二手资料无法为解决问题提供充分依据时，才着手收集第一手资料。

第二手资料的收集，主要通过调查人员向有关方面索取，或剪报、摘录等方式获得。常用第二手资料的康乐市场调查如下：

（1）国家机关公布的统计资料、政策、法令规定等，以及一些内部文件。

（2）公开出版物如报纸、杂志、图书刊登的新闻、报道、消息、评议、调查报告等。

（3）情报咨询机构提供的市场情报。

（4）康乐企业、旅游机构之间交流的有关材料。

（5）企业内部积累的各种资料，如业务记录、工作总结和统计资料等。

四、康乐经营市场调查的技术

进行康乐经营市场调查，不仅要遵循科学的程序，明确调查的目的、内容，选择适当的方法，还必须掌握一定的调查技术。

（一）调查表的设计

调查表又称问卷，是为了市场调查的目的而专门设计印刷有一组问题（或指标体系）的表格，它是市场调查中最常用的工具。

1. 调查表的结构

（1）开场白。表明对被调查者的合作、支持和希望，或予以酬谢的允诺；调查表的说明和填写要求。开场白应言简意赅，强调调查工作的重要性，消除被调查者的疑虑，以引起共鸣，提起被调查者的兴趣。

（2）调查的问题。这是调查表的主体，其具体内容视调研目标、任务而定。

（3）被调查者的情况。如年龄、性别、职业、住地、受教育程度等，以备分类研究之用。

（4）编号。

2. 调查表的设计过程

（1）确定所要收集的资料，资料的具体内容和提出的问题。

（2）确定提问的方式。

（3）确定每个问题的措辞。

（4）确定每个问题的顺序。

（5）从总体上设计调查表的结构。

（6）试查。将设计出的调查表复制 20 至 30 份，发放到一定范围。然后回收，看能否获得所需的资料，是否还有错误和问题，了解试查对象的态度和反应。

（7）定稿和复制。试查后，经修改便可定稿，复制正式使用。

3. 注意事项

（1）调查内容应易于为被调查者记忆。如："您今年以来看过几次我们的广告？"这一类问题，不是难倒被调查者，就是促使对方胡乱回答。

（2）具体内容的设计，要言简意赅，含义清晰。如果一题有两个以上问号，最好分题提问。

（3）措辞要形象生动，通俗易懂，不要有暗示或引导性语句，以免影响被调查者回答问题的客观性。

（4）问题顺序宜先简后繁，不要第一个问题就把人难倒。核心问题应放在调查表的前半部分。全部问题最好能在 15 分钟内回答，以免让调查者产生厌烦情绪。

（二）提问方式

在调查中，提问方式有两种类型。一种是封闭式，调查人员事先备好所有可能的答案，被调查者从中选择回答，这种方式对资料整理工作提供了方便。另一种是开放式，由被调查者用自己的话回答。这种方式有可能提示更多的信息。

1. 封闭式提问

（1）是否法。是指对提出的问题提供两种答案，被调查者只能选择一种答案。

例如：您对某康乐企业或饭店康乐中心的环境满意吗？

是（　　　）　　　　否（　　　）

（2）顺位法。是指对提出的问题给予若干个不同等级的评估答案，由被调查者进行等级评定。

例如：您喜欢哪些康乐项目？（请按您的喜好程度，分别标上顺序号）

康乐项目甲（　　　）

康乐项目乙（　　　）

康乐项目丙（　　　）

康乐项目丁（　　　）

……（　　　）

（3）对照法。对提出的问题提供多种答案，由被调查者对照后选择其中若干项。

例如：您光临某康乐企业或饭店康乐中心的原因是：

环境优雅（　　　）　　　服务周到（　　　）

设施一流（　　　）　　　交通方便（　　　）

价格合理（　　　）　　　配套齐全（　　　）

（4）多项选择法。是指对提出的问题提供多种答案，由被调查者回答其中的一项或多项。

例如：您来某城市旅行的目的是什么？

度假（　　　）　商务（　　　）　开会（　　　）

观光（　　　）　探亲（　　　）　其他（　　　）

（5）量度答案法。是指对提出的问题提供若干个不同程度表达意见的答案，由被调查者选择其中的一种答案。

例如：某康乐企业或饭店康乐中心的服务质量有所提高。

非常同意（　　　）　　　比较同意（　　　）

同　　意（　　　）　　　不太同意（　　　）

反　　对（　　　）

此外，对多个问题的调查还可以通过制定相应的表格来进行调查。例如，对某康乐企业或饭店康乐中心的康乐设施情况进行调查，就可以制定如表 3-1 所示的调查表格。

表 3-1 康乐设施调查表

设施名称	优	良	中	低
设施 1				
设施 2				
设施 3				
…				
设施 *N*				

2. 开放式提问

调查人员提出问题后，由调查对象自由回答，调查人员做好详细记录，从中取舍自己所需要的信息。

例如：您喜欢某康乐企业或某饭店康乐中心哪些康乐项目和设施？不喜欢哪些康乐项目和设施？您对该康乐企业或该饭店康乐中心的服务有什么意见和要求？

在以上问题回答以后，还可以再追问其他问题。

例如：您还有别的方面的要求吗？

您对康乐企业的经营项目和设施有什么建设性建议？

您能举几个项目详细说明吗？等等。

开放式回答的优点是：拟定问题不受限制，不规定标准答案，有助于获得真实的意见，并可深入了解被调查人的态度和建设性意见。康乐企业或饭店康乐中心可依此做出定性判断。其缺点是：无法对调查对象的答案进行具体定量统计分析，不易对含糊的回答做出解释。因此，这种提问不适用于大规模样本调查。

五、康乐经营市场预测

康乐经营市场预测，是在市场调查的基础上，运用科学的方法和手段，对影响市场变化的诸因素进行研究、分析、判断和推测，以掌握市场发展变化的趋势和规律。例如，康乐市场客源倾向预测，康乐经营量预测，人均消费额预测，价格和利润预测，康乐市场前景预测等。

（一）预测的类型

预测可根据不同角度分为以下几种：

1. 根据预测范围划分

（1）宏观预测。宏观预测是粗线条的、综合性的预测，包括整个康乐市场供求变化，发展趋势以及与之相关的各种因素的变化，如对整个康乐行业前景的预测，就属于宏观预测。

（2）微观预测。微观预测是比较细致的专项性预测，指对一个康乐企业所经营的康乐项目的未来供应情况和发展趋势以及经营状况的预测。

2. 根据时间的长短划分

（1）长期预测。长期预测是指时间通常在五年以上的预测。例如，康乐项目和设施的增加，室内环境的重新装修，室外环境的改善等预测都属长期预测。

（2）中期预测。中期预测是指时间在一至五年之间的预测。如未来康乐市场发展趋势及客源市场变化的预测，则属中期预测。

（3）短期预测。短期预测是指时间在一季度至一年的预测。如康乐市场一年内供求情况的预测就属短期预测。

（4）近期预测。近期预测是指时间在三个月以下的预测。特色项目和设施的推出与受欢迎的程度预测就属近期预测。

一般来说，预测的时间越短，精确度就越高，而到底采取何种预测形式，则根据决策的需要来决定。

3. 根据预测对象划分

（1）国际市场预测。

（2）国内市场预测。

（3）某区域市场预测和某系统市场预测等。

4. 根据预测的方式划分

（1）判断预测。判断预测主要靠专家意见或者决策人员积累的经验进行直觉判断、主观的预测，这种预测误差可能较大。

（2）统计预测。统计预测是用数字方法进行预测，较为精确和客观。

（二）预测的基本方法

预测方法一般可以分为两大类：定性预测和定量预测。

1. 定性预测

定性预测就是根据预测者的直觉、经验、意见进行预测的方法。定性预测方法很多，这里只介绍如下几种：

（1）专家意见法。专家意见法即得尔菲法。它是由康乐企业向一批专家进行一系列有针对性的调查方法。企业在进行调查之前，要精心设计出科学合理的调查表格，将这些表格用通信的方式直接送给有关专家，然后康乐企业再根据专家们对第一次问询表的回答情况，设计新的问询表，再向他们做调查，直到意见基本一致为止。由于专家各抒己见，各自为政，因此可以避免权威人士的意见影响。这种方法，费用不高，节省时间，便于深思熟虑，具有连续性的长期观察特点，一般适用于长期预测。

（2）经营人员意见法。这种方法是最简单，也是最常用的一种预测方法。此法是由营销、生产、服务、财务等几个部门主要经营人员根据自己的经验和实践，对于预测期的营业收入等方面做出估计，然后取平均数作为预计数。尤其对新的康乐企业来说，这种方法往往是唯一可供选择的预测方法。但是，这些主观判断往往受心理因素的影响，具有一定的风险性和片面性。

（3）消费者意见法。通常在现有的和潜在的消费者中进行民意测验，了解被调查者是否已经形成购买意图或是否计划购买，从而及时掌握销售动向。

（4）服务人员估计法。康乐服务人员是最接近客人的，因而对市场供需情况、客人动向比较了解，其预测较有价值，往往能反映多数消费者的意见和销售的实际情况。所以，可以用服务人员估计法估计市场情况。

2. 定量预测

定量预测就是将预测因素数据化，运用数学分析的方法和现代计算手段做出预测的方法。随着现代计算方法和计算机的应用，对市场进行预测的定量方法逐渐增多，计算结果日趋精通。如一元线性回归法、多元线性回归法等都是目前常用的几种简单的定量预测方法，限于篇幅，这里就不做详细介绍。

第三节 饭店康乐经营收益分析

康乐市场的调查最终是为了分析投资收益的大小，所以，任何饭店康乐中心都要进行严密、科学、合理的投资收益分析，为投资决策提供准确依据。

一、营业量与销售额分析

做好康乐投资效益分析，其中难度最大的就是营业量与销售额的分析，因为其中包含着设施设备利用率这个不确定因素。如果能将营业量与销售额分析的合理，接近实际情况，那么，则可以做出准确的投资报告分析，为投资决策提供参考。

营业量与销售额分析，首先要把握如下几个项目：

（一）营业项目

营业项目是指本企业可为客人提供哪些设施和服务项目。也就是说，本企业有哪些收入来源渠道。例如，某康乐企业主要经营保龄球、康体消闲项目，附设桑拿、电子激光枪、KTV包房、舞厅、酒吧、屋顶休闲式快餐等服务项目，那么这个企业的收入来源渠道就是这些项目。

（二）营业项目的接待能力

营业项目的接待能力是指各个营业项目所占有面积的大小，拥有设备的数量和质量以及服务的效率，即每个营业项目同时最多可接待多少人次。例如，上例中保龄球项目球厅占地面积 1 500 平方米，20 个世界一流设施的球道，平均每条球道最多同时接待 30 人，则每天最多可同时接待人数为：球道数 × 每条球道平均最多同时接待人数 = 20 × 30 = 600（人）。

（三）项目使用率

项目使用率是估计每个服务项目的营业时间、营业高峰期平均消费时间以及项目每天使用次数。例如，某桑拿浴项目同时接待 20 人，人均消费时间为 1 小时，营业时间为 16 小时。营业高峰期为早 8:00—10:00、15:00—17:00、22:00—24:00 三个高峰期，每个高峰期设备均全部使用，即使用率为 100%。其他时间合计使用率为 80%，则桑拿浴设备每天使用率为 380%。

（四）人均消费价格

人均消费价格是指客人每次使用某服务项目的平均消费额。如客人打一次高尔夫球消费额为：打一局高尔夫球 80 元，或打一小时 260 元，客人平均每次打三局，则人均消费额 240 元，或每次打一小时，则人均消费额为 260 元。

了解以上各项目之后，我们就可以根据企业初步确定经营项目的营业量和销售额分析。下面以表格形式举例说明分析方法，见表 3-2。

表 3-2　营业量与销售额分析　　单位：万元

营业项目	接待能力	人均消费额（元）	预计正常使用率（%）	正常接待人数	正常营业收入	最大接待率（%）	最大接待人数	最大营业收入
保龄球	80	37.5	400	320	1.200	1 200	960	3.600
桑拿浴	20	58	300	60	0.348	600	120	0.696
电子游戏	40	28	600	240	0.672	1 800	720	2.016
KTV 包房	100	500	100	100	5.000	200	200	10.000
歌舞厅	180	50	150	270	1.350	300	540	2.700
酒吧	50	20	160	80	0.160	280	140	0.280
休闲快餐	300	20	200	600	1.200	600	1 800	3.600
合计	770	826		1 670	9.930		4 480	22.890

以此表格计算出本企业可同时一次接待 770 人，正常每天接待 1 670 人，正常营业额为 9.93 万元，最大收入可达 22.89 万元。

企业也可以估计每日客人数与人均总消费额做粗略的销售分析。如每天接待客人为 1 400 人，人均消费额为 80 元，则每日营业额为：$80 \times 1\,400 = 11.2$（万元）。

根据表 3-2 的数据与项目，又可以估算出每日销售额及年销售额（见表 3-3）。

表 3-3　营业量与销售额分析　　单位：万元

营业项目	正常使用天数	每日正常收入	正常销售额	最大使用天数	最大日销售额	最大使用率销售额	合计	备注
保龄球	20	1.200	24.00	8	3.600	28.800	52.800	
桑拿浴	16	0.348	5.56	1	0.696	8.352	13.920	
电子游戏	20	0.672	13.44	8	2.016	16.128	29.568	
KTV 包房	22	5.000	110.00	6	10.000	60.000	70.000	
歌舞厅	20	1.350	27.00	8	2.700	21.600	48.600	
酒吧	20	0.160	3.20	8	0.280	2.240	5.440	
休闲快餐	24	1.200	28.80	4	3.600	14.400	43.200	
合计		9.930	212.00		22.890	151.520	363.000	

从此表分析可以看出本企业每月营业收入可达 363 万元。

二、营业成本与费用分析

康乐项目营业销售量确定后，需对成本进行合理分析，得出投资收益的多少，从而决定投资与否。这里所说的成本和费用，是指预计企业开业后进入正常运转发生的各项营业支出。从投资收益的角度看，我们可把营业费用分成两大类。

（一）固定营业费用

固定营业费用是指康乐企业在一定时期内所发生的固定不变的营业费用额。它包括以下几项：

1. 工资与福利

康乐企业每天每月都有员工工作，而且要支付员工工资，还要有适当的福利项目，如基础工资、保险金、医疗费、工作餐费等。

2. 管理费

企业开业前后都要有管理工作，产生相应的管理费用。管理费用是指企业管理部门为组织和管理企业经营活动而发生的各种费用，包括企业行政管理部门、企业经营管理中发生的或者应由企业统一负担的公共经费（指行政管理部门人员工资、福利费、工作餐费、服装费、办公费、差旅费、会议费、物料消耗、低值易耗品摊销、燃料费、水电费、折旧费、修理费及其他行政经费等）、工会经费、职工教育经费、劳动保险费、待业保险费、外事费、咨询费、审计费、诉讼费、排污费、绿化费、土地使用费、土地损失补偿费、技术转让费、研究开发费、聘请注册会计师费、应从成本中开支的房产税、车船使用税、土地使用税、印花税、燃料费、折旧费、无形资产摊销、低值易耗品摊销、办公费摊销、交际应酬费等。

3. 财务费用

财务费用是用于核算企业筹集经营所需资金而发生的费用，包括利息支出、汇兑损失、金融机构手续费等。

（二）变动成本费用

变动成本的特点就是它们每月发生额的多少与企业完成的接待量、取得的收入有直接关系。完成的接待量大、取得营业收入多，这些成本费用的发生额就大；完成的接待量小、取得的营业收入少，这些成本费用的发生额就少。

变动成本费用包括饮食成本、燃料、材料、物料用品的费用、水电费、奖金、办公费、广告宣传费、修理费。这些项目在营业额中都占有一定的比例。这里提供的比例，仅供康乐界同仁参考（见表 3-4）。

表 3-4　变动费用项目比例表

费用项目	比例（%）
食品和饮料的总费用	20
工资奖金	6
员工福利	1
广告	5
保险	1
管理费	2
水电费	3
修理费	4
燃料费	2
物料用品	1
其他	1
合计	46

任何康乐企业都附设餐饮服务项目，所以就有餐饮成本，餐饮成本可以独立核算，也可以作为整体成本费用的一部分来核算，但最高不超过 20%。

工资奖金和员工福利是企业在营业额达到一定程度时提取一定比例的奖金作为营业绩效的鼓励加在职工基础工资上。

广告宣传费用是康乐企业必须发生的费用，而且是直接影响营业额的费用。康乐企业广告宣传费比较高，一般在 5% 左右。

管理费，康乐企业的营业额与管理费有直接关系，如加强员工培训，调动员工积极性，增加管理人员工资等都会对营业额产生影响。

水电费和燃料费，康乐企业许多服务项目设施需要消耗大量的水电、燃料。所以营业额增加，水电费必然增加。

修理费，康乐企业是设施设备技术密集型企业，营业额增加的同时，需要维护和修理，所以产生相应的修理费用。

物料用品消耗费用，康乐企业提供的服务项目借助一定设备设施环境的同时，需要消耗物料用品，如各种布草、单据、卫生用品等。

三、投资收益分析

投资者最关心的莫过于投资收益多少。投资收益包括多长时间收回投资，收回投资后的盈利有多少。当然，投资收益还要考虑最保守的情况，即保本情况。所以我们分保本经营状况、正常经营状况、最佳经营状况来分析投资收益。

（一）保本经营状况

保本经营状况指企业在某时期的营业额扣除各项费用（包括可变费用和不变费用）后，

没有盈利。

根据变动费用比例表（见表 3-4）我们知道，变动费用占整个营业额的 46%，固定成本占营业额的 54%。

假如某企业固定费用为 45 万元，则保本经营额为 45/54% = 83.3（万元）。

如果企业总是如此经营状况，则投资收益为 0，投资收回期为无限期。

（二）正常经营状况

投资收益额 = 营业额 − 各项变动费用 − 固定费用

假如康乐企业在正常经营情况下月营业收入为 250 万元，月投资收益应该是：

$$250\times(1-46\%)-45=90\text{（万元）}$$

企业总投资 = 1 800（万元）

投资收回期 = 1 800÷90 = 20（个月）

即本企业如果在正常营业情况下，两年内即可收回全部投资。

（三）最佳经营状况

如果经营状况处于最佳状态，月营业收入为 575 万元，则投资收益为：

$$575\times(1-46\%)-45=265\text{（万元）}$$

投资收回期 = 1 800÷265 = 6.79≈7（个月）

即如果企业处于最佳营业状态，则 7 个月即可收回总投资。

（四）桑拿项目投资决策分析案例

假如某五星级饭店康乐部的桑拿浴项目设计总容量是容纳 100 人，每人的容纳面积是 12 平方米，设计标准是每人消费标准为每平方米 30 元，每平方米造价是 1 200 元，如果按正常接待率 80%，营业费用（包括固定与变动营业费用）20 元 /（人 · 平方米）计算，请问某五星级饭店康乐部中的桑拿项目多长时间能收回投资？

【案例分析】

潘先生是台湾省人，受聘于一家外资企业，常住饭店。繁忙的工作之余，他总喜欢到饭店的台球室与服务人员打上两三个小时的台球。他和服务员们都很熟。在这里，除了能像老朋友似的聊天之外，他总感觉自己的台球技艺在不断长进，每次都与对手不相上下。在他看来，唯有在此，才没有拘束感，方能体会斯诺克的绅士风度，体会不相上下的竞技。

某日，接待他的是一名刚来不久的年轻实习生，小伙子热情地接待了潘先生，并答应陪练服务。但是，不到一个小时，小伙子干净利落地以大比分赢了潘先生两局，让潘先生觉得自己与他根本不在一个级别上，只有初学者的笨拙感与尴尬。他沮丧地提早买了单，并索然无味地离开了台球室。

以后潘先生再没来这家台球馆，而经常出入另一台球馆。

分析思考：

（1）问题的症结在哪里？

（2）潘先生有哪些心理需求？应如何对其提供有针对性的服务？

【思考与练习】

1. 什么是饭店康乐经营可行性分析？
2. 饭店康乐经营可行性分析有哪些阶段？
3. 为什么要以旅游资源为基础进行可行性研究？

第四章 饭店康体项目的服务与管理

第一节 饭店康体项目服务管理概述

一、现代人健康新标准

人们可支配的收入稳定增长。在基本生存需求得到满足以后，生活质量就成为人们关心的问题,从而标志着健康向上的体育健身运动已经成为人们最乐于关注的社会生活内容之一。因此，在经济发达和体育健身意识先进的地区，提倡全民健身运动由政府行为向个人行为转化，是市场经济发展的必然要求。随着生活水平的提高，人们对身体健康越来越重视，科学健身和良好的健身习惯，正成为都市人生活中的重要组成部分。无论在日常工作、生活中，还是在出差旅行中，人们常有计划地开展适量的体能运动，促进健康。世界卫生组织制定的现代人健康标准包括身体和心理两部分。

1. 身体健康标准

（1）有良好的胃口，不挑剔食物。

（2）行走自如，活动灵敏，精力充沛，心肺功能正常。

（3）语言表达准确，说话流利，头脑敏捷。

（4）入睡快，睡得好，精神饱满，头脑清醒。

（5）胃、肠、肾功能良好。

2. 心理健康表现

（1）良好的个性：情绪稳定，性情温和，意志坚强，感情丰富，胸怀坦荡，豁达乐观。

（2）良好的处世能力：洞察问题，具有良好的自控能力，能适应复杂的社会环境。

（3）良好的人际关系：助人为乐，与人为善，与他人的关系良好。

二、康乐健身的身心效应

健康的心理是健身之本。康乐健身不仅为人们提供了进行健身锻炼、塑造身体形态和提高身体机能的条件，又为保持心理健康提供了物质基础。

（1）康体健身为健身锻炼者提供享受自由和乐趣的空间。康乐部成为一种自我实现的新基点，一种良好行为宣泄的场所。现代健身涉及广泛的知识和领域。例如，人体科学、运动学、医学、养生学、心理学、社会学、服饰文化和饮食文化等。这种多学科、多层次、多角度所形成的焦点都可以在“饭店康乐部文化”中体现出来。这就是“康乐部”特有的魅力。

（2）参加健身运动，可以使人精神高度集中，是控制精神紧张和心理失衡的有效途径。

它有助于消除过度紧张和疏导被压抑的情绪，也有利于形成健康的性格特征，尤其对情绪的稳定有很大的帮助。同时，对于保持心理的平衡也很有益处。所以，健身运动是现代社会人所需要的一种积极而有效的心理卫生措施。

（3）健身运动能使人获得不同的享受和所需要的刺激。例如，在健身锻炼过程中，身体通过拉、举、推、绕、摆、振、踢、跳、蹬、伸、屈等动作来刺激人的神经系统和感觉器官，从而引起特殊的兴奋和快感。利用健身运动优美的动作造型及美妙的音乐等视觉与听觉的刺激因素，来激发健身运动的美感，启迪思维，陶冶情操，使人有机会切身感受到这些适宜的刺激所带来的情感体验。并且，还可以让人有机会显示自己的运动素质，如力量、耐力、灵敏、协调和速度等方面。

（4）健身运动会使人感受到一种平日感觉不到的“快乐”和“身体之爱”。身体之爱是感情、态度和行为的融合体。到康乐部参加健身锻炼而取得健美的肌肉和健壮的体格，带给我们一种成功的感觉，补偿其他方面的自卑感，它会带给人一种人格的骄傲，树立自信心。在康乐部参加健身锻炼所培养的优良情绪和情感品质，对学习、工作以及整个生活有积极的影响。通过参加健身锻炼，使自己的身体成为自己忠实的朋友，并带来强大的力量，让人尽情地享受自身的魅力。

（5）现代社会人与人之间关系的协调处理，往往是影响心理正常发展的一个主要原因。到康乐部去参加健身锻炼可以调整人际关系，使人与人之间产生亲近感。在康乐部内，人们通过相互帮助，并以自身感受和锻炼经验进行相互切磋与交流，让每个人都能心情开朗，解除戒心，进而增进彼此的了解，人与人可以很快地熟悉起来，互相产生亲近感，并能比较容易地成为朋友。由于这个特点，在参加健身锻炼中能使人建立起融洽的关系，培养团结互助的品质。所以说，到康乐部参加健身运动可以促进人们形成诚实、公正、合作、礼貌等风格和积极进取、勇敢果断的态度与行为，这也正是康乐运动对人际关系发挥调节作用的显著功效。

（6）康乐健身的目的是培养耐力，而不仅仅是增强体力。在康乐部不仅可以锻炼肌肉，而且可以锻炼心肺功能的承受能力。健身运动是以对皮肤、肌肉和心灵的磨炼为特征的特殊活动。坚持到康乐部参加健身活动，锻炼的时间越长耐力就越强，自我忍耐的心理品质也就越强。这种品质又会促进肌肉运动能力的发展，让人的意志、品质得到强有力的锻炼。

三、饭店康体项目的服务特点

（一）普及性

运动健身具有大众化趋向，健身集预防、保健、康复、医疗等于一体，具有雄厚的大众基础，市场需求越来越强。康体项目的主要目的还是为大多数住店客人和当地居民服务。因此，选择康体项目首先要着眼它的普及性，即选择时尚、新颖、受欢迎的健身产品和服务项目。健身项目选择方面，一般是人们喜闻乐见的比较普及的项目，如羽毛球、乒乓球、保龄球、游泳、篮球等，新兴项目高尔夫球、健身操、滑冰、攀岩等。饭店康体项目是非常轻松的一些室内外运动，不会受时间、气候等条件的影响，项目的运动强度不大，不受年龄、性别以及身体强弱的限制。另外，项目的规则简单，易于入门，运动起来也简便安全，是人人都能参加的运动。但体育休闲在人们闲暇时间支配中所占比例普遍较低，这就要求饭店的康体项目具有吸引力，引导人们积极参与。

（二）娱乐性

经济发达地区，随着人们的经济实力的增强，他们对生活的追求通过满足身体健康的过程达到个人价值的实现。因此，康体项目的乐趣在于自娱自乐，各得其所，既是一项健身的运动，还是一种交际的手段。运动具有娱乐性，人们踏着音乐的节拍，用身体、心灵、特定的运动技巧和音乐构建起自己的欢乐天地。饭店运动健身所营造出来的快乐融洽的氛围，对于顾客来说很有吸引力。

（三）技巧性

任何项目都有一定的技巧性和难度，但饭店所选的项目应该让客人容易入门；同时，推广和普及科学健身知识、锻炼方法和运动技巧，让客人有兴趣不断地练习，以提高技术和技巧。

（四）科学性

科学健身应做到运动前热身。只有当人的身体变热，血液循环加速时，肌肉才能在锻炼中达到更大的扩张界线，减少受伤的机会。在激烈运动后进行一些舒缓的伸展运动，以此缓慢有序地排散体热，让心跳回到每分钟 120 次或更低。人在运动时是要不断地消耗水分，因此，运动过程中应多喝水，及时补充水分，否则人体很容易出现脱水。要注意选择适当的运动，运动时要保持心静。

（五）健身性

康体项目对人的心肺、四肢功能的健身功效也是比较显著的，这些对于需要和喜爱健身的人来说都有一种不可抗拒的魅力。根据美国运动医学会“适当运动”的定义，每周运动 3 次以上，每次运动 20 分钟以上，且运动强度为最大心率的 60%～98%，不仅可以增进健康，增强体质，还可以锻炼人的意志，提高人的心理素质，培养健康积极的生活态度。体验运动中的生命快乐，运动伸展的是肢体，强健壮实的是身躯，欢快愉悦的是精神。

（六）装备必备性

无论室内还是户外的运动项目，都需要一定的装备。一是基本的装备，运动的器具如球拍等；二是配套装备，如服装、鞋、帽、手套、毛巾和太阳镜等。

（七）多功能性

运动不仅给人们带来快感，还带来身体的全面发展。人们参与康体运动，志在参与，乐在运动，重在体验，追求身心的完善与发展，培养个人的意力、团队之间的合作精神，实现现代人的文化享受和文化追求。

运动只是一种健身手段，健康的体魄还需要注意全面均衡的营养、良好的卫生习惯和保持心理的健康。

四、饭店康体项目的管理要求

饭店康体项目分为室内运动和室外运动。室内运动有：健身器械运动，室内球类运动（保龄球、壁球、乒乓球、羽毛球、台球等）、室内游泳运动等。饭店康体的室外运动主要有：球类运动（高尔夫球、网球等）和室外游泳运动等。管理要求如下：

第一，建立健全安全管理制度，依法配备安全保护设施、人员，确保使用者安全。

第二，建立健全服务规范，开展与康体设施功能、特点相适应的服务，并完善服务条件。

第三，对于专业性强，技术要求高的康体项目，应该符合国家规定的安全服务技术要求。必须在服务过程中多提示，提醒注意安全，努力防止意外的发生。

第四，应当向顾客公示其服务内容和开放时间。

第五，体育设施的设计，应当符合实用、安全、科学、美观等要求，并采取无障碍措施，方便残疾人使用。

第六，体育设施的经营管理必须符合国家和地方的相关政策法规。如建设部，国家体育总局发布的行业标准《公共文化体育设施条例》《中华人民共和国体育法》，以及各地方的体育设施管理条例。

第二节　饭店室内康体项目的服务管理

饭店室内康体项目能提供多元化的服务，包括有氧舞蹈、健身操及各种项目新颖的健康设施和学习指导，它不受天气和时间的影响，使顾客能随时享受运动的乐趣。

一、饭店常见室内运动项目及特点（见表 4–1）

表 4-1　饭店常见室内运动项目

项　目	特　点
飞镖	飞镖运动起源于 15 世纪的英格兰，是由一群在战斗间隙向树墩投掷标枪作为游戏的士兵发明的，后来逐渐演变成小型室内运动流行于皇室贵族中。许多人喜欢飞镖运动的原因是它可锻炼臂肘关节，同时又对颈椎，手腕和腰部大有裨益，而且飞镖运动有竞争而无对抗，没有身体接触，重技巧而轻体力，是一项优雅的运动，十分适合现代都市人的运动特点。在欧美和澳洲广泛流行
壁球	壁球起源于 19 世纪的英国监狱，是囚于斗室的犯人们用来满足人类游戏天性和锻炼的一种运动项目。由英国皇室加以改进后，发展成体现上流社会优雅气质的“贵族运动”。它集网球、羽毛球、乒乓球等多项运动特点于一身，对耐力和协调性的锻炼效果非常之好，娱乐性强。壁球馆占地面积小，运动环境舒适，竞技规则设计合理，已成为都市休闲健身的一个新去处。由于场地小，球速快，人员的跑动大，因此对培养人的快速反应、灵敏、协调能力极有益处。常打壁球的人，一般身手敏捷，耐力和爆发力强，体型匀称

续表 4-1

项　目	特　点
室内高尔夫球模拟系统	室内高尔夫球模拟系统，使人仿佛置身于绿草茵茵的高尔夫球球场，让人没有寒冬，没有烈日，没有狂风暴雨，只有高雅清新和自然健康的感受。球员击球后，大屏幕上动态显示出球在球场中的实际运动状况，球落地停止运动后自动将场景推进到球的落点处。这时电脑会向顾客报告高尔夫球的飞行距离、偏角、仰角、到球洞距离等一系列信息，供顾客打球时参考，球员可以继续击球。室内高尔夫球模拟系统杆数计算和击球顺序以及罚杆规则等完全按照国家高尔夫球比赛规则设计，可以培养球友遵守规则和球场礼仪的习惯
羽毛球	羽毛球运动要在场地上不停地进行脚步移动、跳跃、转体、挥拍，合理地运用各种击球技术和步法将球在原地上往返对击，从而增大了上肢、下肢和腰部肌肉的力量，加快了锻炼者全身的血液循环，增强了心血管系统和呼吸系统的功能。据统计，大强度羽毛球运动者的心率可达到每分钟 140～180 次，中强度心跳可达到每分钟 140～150 次，低强度也可达到每分钟 100～130 次。长期进行羽毛球锻炼，可使心跳强而有力，肺活量加大，耐力提高
沙弧球	英文名“shuffleboard”，译音沙弧球，是一项集运动竞技和休闲娱乐于一体的时尚运动，在欧美很流行。沙弧球有 500 多年的历史，起源于 15 世纪的英国宫廷，当时是一种休闲消遣游戏。随着这项运动的发展，硬币被专用的桌掷球所取代，制造出专门的桌掷球桌，并使用各种工艺，使之更趋精美，逐渐地形成一种特有的高贵、典雅、庄重的独特风格
藤球	藤球运动是一项富于技巧性的运动项目，它结合了排球的整体配合、足球的灵巧传递和羽毛球长抽短吊等特点。藤球运动源于 15 世纪的苏丹国统治下的马六甲一带。现代藤球的产生仅有 40 多年的历史
其他室内运动	保龄球、台球、乒乓球、有氧健身等项目

二、保龄球运动项目管理

（一）保龄球运动的特征

保龄球运动是一项文明而高雅的室内运动，集娱乐、休闲、健身、训练和竞技于一体。球道是用枫树或松树等硬质木料铺成的细长水平滑道，在球道终端置 10 个木瓶柱，摆成三角形，参加比赛的人在投掷线上轮流用球滚投撞击瓶柱。球场有自动记分装置和机械传送装置。保龄球球道由犯规线到 30 英尺（1 英尺 = 0.304 8 米）左右涂有薄厚不均的油，球在油区中基本保持滚动状态，到了薄油或是无油区（临近球瓶处），球才会出现变向运动。知道了球道和球区的这个基本点后，掷球时只要按自己习惯调整走位和出手点就可以了。保龄球在中国的发展充分显示了现代人休闲观念上的变化，即人们正向体育文化性质的身心健康锻炼转向。

保龄球运动对人体的心、肺、四肢功能的健身功效是显而易见的。它拥有休闲娱乐的品位，不受天气影响，具有随时娱乐的特性，对喜爱健身运动的人有一种不可抗拒的魅力。

打保龄球时只有姿势正确，才能获得一种竞技的快感。球道从右到左排列着 1～7 号箭头，用以提示球的落点和方向。高手打球只瞄箭头而不看球瓶。投直线球时，让球通过中间的目标箭头（4）号，要求落点准、球路直。球直击 1 号瓶，球瓶之间发生连锁反应基本可以达到“八九不离十”的效果。保龄球运动不分年龄性别，男女老少均能参与，充分体现了人与人之间的平等竞争；不管身体强弱，只要通过努力均可获得高分的好成绩，以增强人的自信心，弥补日常生活和工作的重负下的运动不足。同时，还能缓解消除工作和生活的压力。

（1）保龄球运动是以球击倒柱子的数目记分，以其得分来决定胜负。比赛中，每人连续滚 2 次球为一轮，每比完 10 轮为一局，比赛一局的最高分为 300 分。

（2）以局计分。球击倒一个柱子就记为一分，以计算一局中的总分数作为得分。

（3）一次投球而击倒全部柱子时，叫作好球“全中球”，而得好球时，这一轮就算完了，进入下一轮；其得分是以该轮固有的得分 10 分外加下两次投球的分数计算，若连续 3 次都有好球，第一轮中的好球得 30 分。连续出两回好球时叫做“双倍打”，连续出 3 回好球，叫作“三倍打”。

（4）以两次投球而击倒了 10 个柱子，就叫作“两球投完法”，也称“补中球”，即得 10 分，则该轮的总分为 10 分外加算下一轮中最初一球的分数。所以，若是次一回中得到好球时，那次两球滚完的得分就是 20 分。

（5）在一轮的运动中，最初的球未击倒一个柱子，而等到第二次才把 10 个柱子一起击倒时也叫作“两次滚完”。

（6）若是第二球仍未能把 10 个柱子全部击倒，就叫作“错打”。保龄球在起点线（犯规线）之后投球为有效球；如果接触或超越起点线进行投球，则为无效投球，判为违例，失掉一次机会。投球动作规定下手前送的方法为合理有效的投球，若采用其他方法，则判为违例。

保龄球项目见图 4-1。

图 4-1 保龄球项目

（二）保龄球设备的日常养护

保龄球设备的日常护养需制定规章，建立制度化、规范化的管理机制，尽量减低设施设备的故障率。

1. 保龄球设备的养护范围

（1）自动化机械系统。它是由程序控制箱控制的扫瓶、送瓶、竖瓶、夹瓶、升球、回球、瓶位信号、补中信号显示和犯规器等装置组成。

（2）球道和助跑道。

（3）记分台。包括双人座位、投影装置、球员座位等设备。最现代化的球场装有电脑记分系统和选瓶装置。

（4）附加设备。主要有清洁打磨机、上油机、球箱和球架。

（5）保龄球瓶。

（6）装置和其他用品。

（7）保龄球。

2. 保龄球设备的日常护养

（1）对保龄球设施制订定期清洁计划。所有用品、用具清洁卫生，无汗迹、污迹，球道表面光洁、无灰尘、无污迹。

（2）设备操作人员对设备进行日常保养。每天检查设备的运作情况，保险装备。对螺丝有松动的应坚固，对漏电情况应及时处理。

3. 保龄球场配套设施

（1）球场入口设有服务接待柜台，要配齐相应数量，各种型号的保龄专用鞋及电脑记分和结账设备。

（2）球场旁边要有与接待能力相应档次与数量的男女更衣室、淋浴室、卫生间。

① 更衣室配有带锁更衣柜、挂衣钩、衣架、鞋架与长凳。

② 淋浴室各间互相隔离，配冷热双温水喷头、浴帘。

③ 卫生间配隔离式抽水马桶、挂斗式便池、洗梳台、大镜及固定式吹风机等卫生设备。

④ 各配套设施墙面、地面均满铺瓷砖或大理石，有防滑措施。

（3）球场内设吧台及休息区。有些保龄球馆为节省空间将吧台和服务台设在一处。

（4）设有保龄球架。

（5）球场门口设营业时间、客人须知、价格表等标志标牌。标志标牌设计美观、大方、设置位置合理，有中英文对照、字迹清楚。

（6）球场内部的通道、过道、球道、记分显示、球路显示等设施布局合理，整体协调、美观。

（7）各种器材摆放整齐，适当位置有大型盆景美化环境，以调节气氛。

（8）室内场地平整光洁，墙面、地面无灰尘、污物、废纸、杂物。

（三）保龄球服务管理

服务质量对于康乐项目经营来说是非常重要的。

1. 保龄球项目的服务程序

根据客人要求制定保龄球场馆营业时间，保龄球项目的服务程序具体如下：

（1）热情、礼貌地向客人打招呼，并询问客人有何要求。

（2）请客人出示住房卡或房间钥匙。

（3）请客人在登记本上签字。

（4）检查客人的住房登记，看房间号是否与客人姓名相符。

（5）问清是否有预订，向有预订的客人介绍保龄球场设施、租金、收费标准以及为客人提供的服务。

（6）对无预订的客人，如果场地已经占满，应礼貌地告知客人打保龄球需要提前预约，以免与其他客人在时间上发生冲突。

（7）如果客人需要陪打员或教练，则应做出相应安排。

（8）弄清结算方式，并在保龄球登记本上记清开始和结束时间，然后由服务员带领客人去保龄球场。

（9）到结束时服务员年应礼貌地征求客人的意见，是否需要延长使用场地时间；如客人结束租用，最后检查有无遗失物品，客人是否归还租用球鞋和球等。

（10）向客人致谢，欢迎客人再次光临。

2. 保龄球室服务员职责

（1）服务人员要熟悉保龄球的打法和规则，掌握投掷方法、要领、规则和记分方法。

（2）备齐所需物品和其他客用品，引导客人换上专用的运动鞋。严禁客人穿皮鞋运动，以保护球道。

（3）在客人需要时进行保龄球的咨询和科学的指导，帮助初学者掌握投掷保龄球的要领和记分方法，及时纠正违反球场规则和妨碍他人的行为，迅速排解客人纠纷。始终保持球场次序井然，在整个服务过程中要做到耐心周到。

（4）为客人记分，统计客人所打保龄球局数。

（5）在对客人服务过程中，要热情、礼貌、一视同仁，并注重在服务过程中积极向客人推荐饮品，满足客人需要，以增加收入。

（6）保龄球场设急救药箱药品，配氧气袋和急救器材。如客人发生意外事故，应及时采取措施并向主管汇报，确保客人安全。

（7）做好保龄球室、休息区、更衣室、淋浴室与卫生间的清洁卫生，定期检查，使机器设备处于最佳状态，延长机器寿命。

（8）保管好保龄球室的所有运动器具，以免造成不必要的损失。

三、台球游戏服务管理

台球运动起源于欧洲，是贵族专享的娱乐活动。台球、高尔夫球、网球被认为是贵族球。直到现在，正式的台球球赛中，选手们仍穿着西装、皮鞋，打着领结出场竞技。至今，台球是唯一穿着西装比赛的球类运动。台球是一种脑力与体力相结合的室内球类运动项目。大多数饭店都设有台球厅，是人们消磨时间和交际的场所。

（一）台球游戏的种类及特点

台球游戏的种类很多，大体上来说可分为两大类：一类是无球袋台球，另一类是有球袋台球。如果将游戏种类再分类的话，台球有 10 余种玩法。下面介绍几种较常见的玩法。

1. 司诺克台球（snooker）

司诺克台球所使用的球台较一般球台高大，球较小。为了击球时能选择更精确的击球点，所以球杆击球端的横截面积也较小，司诺克台球也称为“22 制台球”。

球台上共有 22 颗球，包括 6 颗色球，15 颗红球及 1 颗白色母球。6 颗色球分别代表不同的分数，黄色 2 分、绿色 3 分、棕色 4 分、蓝色 5 分、粉红色 6 分、黑色 7 分，每一颗红球 1 分。

游戏的基本方法并不复杂，将目标球入袋内就算得分，但每一杆球，必须先打进一颗红球后才能再打色球。色球进袋计分后，需再捡拾起来，放在开球的定点；红球则不需捡拾。待 15 颗红球都进袋后，球台只剩下色球及母球，再依色球的分数高低，由黄球开始，由小到大（黄球、绿球、棕球、蓝球、粉球、黑球）顺次将色球打进袋中，这时候色球不必再拿起，一直到所有色球打完为止。在游戏进行当中，一方打球失误或是球没有进袋，就换对方击球。

2. 花式台球（American pocket billiards）

花式台球是近年来国内台球运动的主流。主要因为花式台球易学有趣，竞争方式简单，使用的球台小，球的直径大，球进袋的几率高，参与者容易得到成就感。花式台球有数种玩法。

3. 开仑台球（carom）

开仑台球是最早出现的台球运动，可以说是台球运动的鼻祖，规则虽然简单，却需要相当的技巧，不像司诺克台球那般容易入门。

开仑台球最大的特点是：球台上没有球袋，参赛者只是以母球撞击两颗目标球就算得分。开仑台球的游戏种类很多，而且目前在国际赛中最常见。最受欢迎的开仑球是三台边游戏（three cushions），它的规则虽简单，但即使是高手也需要一番思索和仔细打量后才能出杆得分。正因为它的难度高，因此观众在观赏高手对阵时，常觉得紧张、刺激。

在三台边游戏的球台上，共有两颗白色母球及一颗红色子球，两颗母球分属比赛双方所有。在打球时，以子球和对方的母球为目标。三台边游戏的最重要规则是：打球必须碰撞球台球边三次才算得分，也就是说当母球在撞击两颗目标球之前或是母球撞击了第一颗目标球后，再去撞击另一颗目标球前，都必须碰撞球台边 3 次，完成上述撞球程序后才算得分。得分后，可继续击球，直到犯规或没有得分才换对方击球。胜负的判定为设定一个分数，谁先达到分数标准才算获胜。

三台边游戏中，讲究的是母球的控制和准确球路估算，这些是一切台球技术的基础。只有适当地控制母球并掌握好球的运动方向，那么在球台上才能运用自如，所向披靡。所以，很多人认为，只要能将开仑台球练好，玩其他台球游戏，便如探囊取物。

（二）台球装备

1. 球杆

球杆是台球运动的灵魂，好球技要配合好球杆，才能发挥得淋漓尽致。选择球杆最重要的条件是要全杆笔直，另外接头部分也要密合。此外，适合自己的长度和重量也是要考虑的因素。

2. 球台

球台外框以橡木之类的硬木所制造，台面的底板由三块或四块平坦而钢硬的石板接合而成（多半是用意大利黑石或大理石），石板上面绷紧铺制一层球台专用的呢绒，以提供一定的摩擦力。在边缘及台面的交界处，还接有一层富有弹力的胶垫，胶垫上也绷贴着一层呢绒，这层软垫称为“cushion”，俗称“颗星”，所以，打撞击台边的球就称“打颗星球”。球台的优劣判断，主要依据桌面的石板是否平坦、接缝是否严密、台面绒布摩擦力是否均匀（劣质台布的绒毛长短不均，会影响球的滚动）、胶垫反弹力是否正常等因素。

3. 台球

过去的球以象牙磨制而成，现在都以硬质塑胶为质材。塑胶制的球不会因温度、湿度的改变而产生变化，具有耐撞、耐冲击、球体质量均匀等优点。目前，市面上最常见的是比利时制的球。

4. 其他设备

（1）粉块。粉块用来摩擦球杆的撞锤部分。粉块的粉附着在撞锤皮革上，可以增加其摩擦力，避免击球时打滑，造成滑杆，产生失误。

（2）手套。手套戴在架杆的手上，以减少球杆和手之间的摩擦力。

（3）台球的长杆和架杆。遇到距击球者较远的球，则需要借助一根长杆和一个长柄的架杆，代替人手做支架。每张大型球台都应备有长杆和架杆。

（4）台球的杆架。每张球台旁都应有摆放球杆的杆架，球杆用完后，要顶朝上，柄朝下，整齐地排放在杆架上。

（5）台球的记分牌。每张球台旁都要配备记分牌，常见的记分牌有三种：一种是横拨珠算式的，每得 1 分拨 1 个子；另一种是同乒乓球记分牌一样的翻牌式；有条件的还可以安上电子记分表。

（6）球台的助滑粉。与防滑粉相反，为了防止手上有汗发涩，每张球台旁应备有滑石粉袋，以便击球者随时擦抹在做支架的手上。

（7）台球的球台灯罩。为了省电，也为聚光，每张球台上，应吊两个距台面 1 米多高的梯形灯罩。

（8）台球定位器。如果在比赛进行中发现球台面有脏物或台球停留处有杂物，需要把球拿起擦揩或清扫，这时就要用台球定位器放在球的停留处，然后把球拿起来清扫，扫完后再把球放回原处，以免错位。

四、健身房管理

拥有专门健身器材的健身运动中心在我国的星级饭店中较为普及。健身房是满足人们从事健身、健心和健智等一系列活动所必需的场所。可以说，健身房是现代人类物质文明和精神文明高度发展的产物，也是人们精神文化生活水平提高的必然需求。

健身房不仅是设备齐全、安全、隐秘性高的场所，而且能使人在汗水的释放中，舒畅身心，解除工作疲劳和精神压力（见图 4-2）。

图 4-2 健身房

(一) 健身房的活动区域

健身房的面积设计应根据健身设备的多少以及各配套设施的实际需要而定。健身器械之间要有足够的供客人活动空间。健身房的室温应保持在 18 ~ 20 °C。室内相对湿度应保持在 50% ~ 60%。健身房内照明应充足，通风换气应好。健身房宾客的活动线路必须清晰并且有足够的空间。一般而言，健身房应分隔成下列几个不同区域：

1. 伸展区

在健身中心入口处设伸展区，让来宾做健身前的体能舒展之用。

2. 器材健身室

各种运动器材本身具有增进体能，激发意志的牵引力，凭着各种不同的器材，训练身体各部分的肌肉，使之得到均衡的锻炼。健身器材又分为心肺训练和肌力训练两大类。

（1）心肺训练器材包括脚踏机、跑步机、划船器及阶梯器等，用来做加强心肺功能的训练。

（2）肌力训练器材很多，包括手臂推举机、屈腿重力机、仰卧起坐器、蝴螺机、哑铃、胸颈推举机、腰部旋转机、肩背训练机等。运动方式较强。

3. 健身活动室

健身活动室也称有氧韵律室。室内宽敞明亮，地板有弹性，周围墙身装有玻璃镜，活动包括有氧舞蹈、地板运动、伸展运动、韵律操等，活动设计以增进柔软度为主，使人在音乐的节奏中，运动身体各部位。

4. 休息活动室

一般健身中心除提供器材健身和健身活动外，还提供桑拿室、日光浴室、按摩室、护肤室、健康吧、冷饮店，有些还设有健康咨询室等休息活动场所。

5. 体能测试中心

一个完善的健身中心，都必须有体能测试设备，以便客人在运动前，检验一下自己的体格，并编排适合的运动程序及难度，体能测试中心的仪器有：身体成分测试仪、肺功能测试仪、心脏功能测试仪、身体柔软度测试仪、肌肉力量测试仪、血压测量器和身高及体重量度器等，并应设小型电脑记录客人的活动及编印报告表。

（二）健身房配套设施

健身房尽可能地与其他康乐设施，如桑拿浴室、游泳池、按摩室、美容中心设计在一起，以相互配套，促进销售。

（1）配有配套体重秤。

（2）四周墙面适当位置挂立镜，最好配有山水风光画，使运动者置身于自然环境中，并配有使用健身器材的文字说明和录像带。

（3）健身房旁边要有与接待能力、档次与数量相关的男、女更衣室、淋浴室和卫生间。

① 更鞋衣室配带锁更衣柜、挂衣钩、衣架、鞋架与长凳。

② 淋浴室各间互相间隔，配冷热双温水喷头、浴帘。

③ 卫生间配隔离式抽水马桶、挂斗式便池、洗盥台、大镜及固定式吹风机等卫生设备。

④ 各配套设施墙面、地面均满铺瓷砖或大理石，有防滑措施。

⑤ 做到布局美观、整洁、舒适、合理、空气新鲜。

（4）健身房内设饮水处。饮水应符合国家卫生标准。

（三）健身设备

健身房是饭店康乐中心的重要组成部分，也是客人经常光顾的地方，其设备的优劣直接影响企业在客人心目中的形象和企业经营目标的实现。健身房的设备较多，健身房的五个功能区域都有自己相应的设施设备，而且其设备的品种、规格、型号、档次等各不相同。因此，应根据客人健身的需要配备心肺功能训练、体能训练、体能测试项目等方面的设备。

1. 心肺功能训练项目的设备

心肺功能训练设备是以锻炼、提高心肺功能为目的，依据力量训练同等严格标准测试制成的。心肺功能训练设施一般有自行车、跑步机两大类。

2. 力量训练设备

力量训练设备的主要功能是帮助训练者减少脂肪，锻炼体形，使身体变得更加健壮、体形变得更加优美。力量训练是任何标准健身房不可缺少的运动，它与心肺功能相互配合，相辅相成。

力量训练设备种类很多，有独立式和综合式。综合功能设备有超时空力量训练设备、功能综合力量训练设备、体能博士力量训练设备、量子力量训练设备等。单一力量训练设备的种类、规格和型号有很多，常见的有：卧式奥林匹克举重椅、背肌伸展练习器、蝴蝶式胸肌练习器、坐式胸肌推举练习器、高拉力背肌练习器、蹬腿练习器、坐式腹肌练习器、可调校高低拉力练习器、肩头推举练习器、前腿伸展器、可调校腹肌练习椅、后退练习器、二头肌练习器、背肌伸展练习器、三头肌练习器、多功能上斜练习器、坐式后腿部练习器、力量辅助上身练习器、卧式胸肌推举练习器、背部肌练习器等。

3. 体能测试设备

体能测试仪器是任何标准健康中心都不可缺少的配套设备。任何运动训练前，都应该进行系统体能测试，以便更有效率地制订运动训练计划，避免不必要的受伤。高科技体能测试仪器，能准确地评估体能，使运动训练安全而准确。体能测试仪器主要包括：

（1）血压仪。电子血压量度器。

（2）体能量度尺。量度体型的标准板，提供专业准确的分析。

（3）身体柔软度量器。量度人体的柔软弹性，运动前测试，可避免运动训练时意外受伤。

（4）肺功能分析仪。测量各种肺排气量，配合电脑科技设计而成，准确可靠。

（5）皮层脂肪度量仪。测量人体表皮下层脂肪量。

（6）心率、血压及重量仪器组合。测试心率血压及重量。

（7）电脑脂肪测量仪。利用先进的激光科技，快而准确地分析体内脂肪、水分及肌肉分布，可印制健身报告表。

（8）电子心率显示仪。独立的胸部感应带能传送心率至显示仪，并备有警号通知，显示清晰。

（四）健身房服务

1. 服务人员的素质要求

（1）熟练掌握健身房的工作内容、工作秩序。

（2）熟悉各种健身器材的性能、作用和使用方法。

（3）健身房门口应设立客人须知、营业时间、价目表等标志标牌。

（4）每日营业前整理好健身房、休息区、更衣室、淋浴室与卫生间的清洁卫生。

（5）正式营业前准备好为客人服务的各种用品，整理好个人卫生，准备迎接客人。

（6）准确登记客人姓名，房号（饭店客人需登记房号）或健身俱乐部会员号码及到达时间。

（7）及时为客人提供更衣柜号码、钥匙、毛巾等用品。

（8）对不够熟悉器材的客人，能够详细讲解器材名称、基本性能、使用效果、使用方法，并为客人提供示范服务，指导和帮助客人进行健身活动。

（9）客人使用健身器材时，保证随时提供服务。

（10）健身房必须配急需救药箱，氧气袋和急救药品。客人有身体不适情况时，及时照顾，采取有效措施。

2. 健身者运动注意事项

（1）运动前要准备舒适且吸汗的运动服装，合脚的运动鞋，擦汗的毛巾和换洗衣物等。必须穿着运动服装及运动鞋入场。

（2）运动前 1 小时不要进食，以免出现腹痛，体力不支。为保护肌肉，一定要先做准备运动，将肌肉纤维拉长，避免运动时受伤。

（3）运动时要视个人健康状况及体质对运动量进行调整，千万不要运动过度。

（4）运动后要休息 10 分钟再进行洗浴，运动后 1 小时可进少量水，不要进食、喝酒。

（5）场内不得高声喧哗及随地吐痰，乱扔果皮纸屑，以保持场内清洁。
（6）禁止在场内吸烟，不得携入食物或饮料，以保持场内整洁卫生。
（7）使用各项器材后，请擦拭流下来的汗水。
（8）随时准备将器材分享给其他的运动者使用。
（9）必须服从服务人员管理，避免因使用器材设备不当而发生意外。

第三节　饭店户外康体项目的服务管理

户外运动项目成为人们消费的一种趋势，饭店为了适应这种变化总是不断开发新的深受顾客欢迎的户外运动项目。下面仅对饭店常见的几种户外项目的管理进行介绍。

一、网球管理

网球，已经成为现代人的主要休闲活动之一。奔跑、挥拍、扭腰、跳跃时，全身上下的肢体都得到了适当的活动，在球来球往之际，也能训练打球者的判断力和反应力。不论男女老少，都能轻松享受到其中的乐趣。

网球运动的起源可以追溯到 12 ~ 13 世纪的法国传教士在教堂回廊里用手掌击球的游戏。此后，这种游戏逐步演变成用拍子击球，成为宫廷内贵族们消遣的一种室内活动。到 14 世纪中叶，这种活动从法国传入英国。16 ~ 17 世纪是英法两国宫廷内网球运动的兴盛时期。

网球的起源于法国，在英国发展起来。1874 年，网球成为一项大众化的球类运动。同年，英国军官韦恩费尔德少校出版了第一本草地网球规则，将网球由室内移到室外，改良成今日的模式，他也因此被尊称为“现代网球之父”。

网球场见图 4-3。

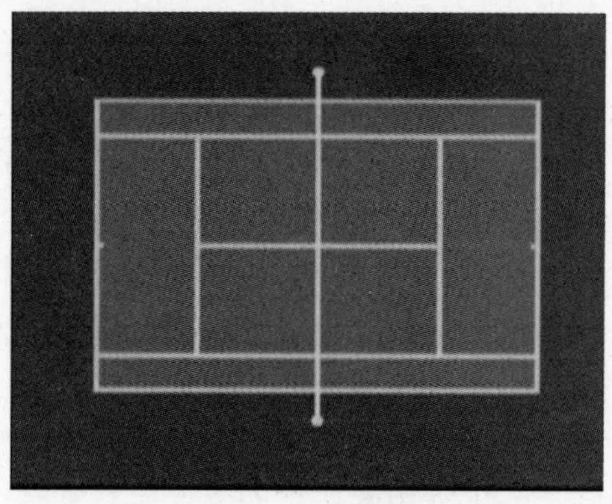

图 4-3　网球场

（一）球场种类

网球场因铺设材料的不同而分为砂质、水泥、砖粉、地板、草地及合成材质等。

1. 砂质球场

砂质球场多以黏土和石沙混合铺设而成，反弹力小，双脚不易疲倦，适合初学者及年长者使用。

2. 水泥球场

水泥球场以水泥铺制而成，反弹力佳，保养容易，在国内有流行趋势，容易使双脚疲劳是其最大的缺点。

3. 砖粉球场

砖粉球场又称为红土球场，表面以砖铺制而成，吸水性强，不怕雨淋，但过分干燥会尘沙飞扬，必须经常泼水。

4. 草地球场

草场球场设在平整草地上，在国际上被列为最标准也是最正式的比赛场地，像英国温布尔顿大赛、美国公开赛、欧洲公开赛等国际大赛都是在草地球场上举行。

5. 合成材质球场

合成材质球场的种类很多，如 PU、富丽克、速维龙等都属于合成材质球场。这种球场弹性稳定，维护简单，相当受欢迎。

（二）球具与服装租售

网球运动中，球具和服装都相当重要，好的球具可以让打球者更好地发挥球技，而适当的服装更能使球员在上场时舒适轻松地发挥。球具和服装的租售是网球场的基本服务内容。

（三）网球场服务管理

（1）熟悉网球运动规则，有一定运动水平，能够熟练提供陪练服务。

（2）场地照明充足，光线柔和，灯下设反射罩。

（3）网球场场地平整清洁，无废纸、杂物、垃圾。每日营业前整理好网球场、休息区、更衣室、淋浴室与卫生间的清洁卫生。

（4）将设备、设施摆放整齐。

（5）正式营业前准备好为客人服务的各种用品，整理好个人卫生，准备迎接客人。

（6）客人前来打网球时，要向客人介绍球场设施，开放时间、服务项目，并准确记录客人的姓名、运动时间。

（7）及时提供更衣柜钥匙、毛巾等用品，帮助客人保管好衣物。

（8）客人要求租用或修理球拍，应及时、周到地提供服务。

（9）客人休息时应主动、及时询问是否需要饮料、小吃，做好记录，迅速提供服务。

（10）网球场设急救药箱药品，配氧气袋和急救器材。客人不适或发生意外时，能够及时采取急救措施。

（11）加强对网球场的各种器械设施的保养，对破损或不能正常使用的设施要及时报请工程部进行维修。

二、游泳池管理

（一）游泳池种类

游泳运动是所有休闲体育活动中最受人喜爱的运动之一。游泳池主要分为室内游泳池和室外游泳池，室外游泳池应日照充分，不受风袭扰，树木较少，地面平坦；室内游泳池应坐落在远离客房及公用场所的地方，以防游泳池周围空气的温度及所含的废气给不游泳的客人造成不良影响。

游泳池有长方形、圆环形、泪珠形、肾形和自由形状。游泳池分深水区和儿童嬉水区。深水区水深不少于 1.8 米，儿童嬉水区深度不超过 0.18 米，游泳池的池壁和地面要用装饰性图案和鲜艳的色彩装修而成。在较大的游泳池中，常常包括有对水及光线的要求。游泳池的室温和水温，一般控制在 25 °C 左右。游泳池周围通常放置圆桌凳和躺椅，供游泳客人休息和喝饮料用。饮料杯必须用一次性纸杯或塑料杯，以保证客人安全。

（二）游泳池的设施管理

1. 游泳池水的净化与管理

（1）晚上停止开放后，向泳池水中投放净化物及消毒药物，进行池水净化和消毒。细菌总数每升不超过 1 000 个。

（2）每天早晨，在对宾客开放前要进行池水净化及吸尘，去掉水面杂物、池水污渍，搞好游泳池周围的环境卫生。

（3）净化池水先投放次氯酸钠，过两小时后再投放碱式氯化铝。

（4）若投放次氯酸钠消毒就不能放硫酸铜。避免因化学作用而引起游泳池水面变色。

（5）药物控制：次氯酸钠为 0.5 ~ 1 单位，PH 值控制在 7 ~ 7.8。一般以当天池水化验的数据来控制和掌握药物的用量。

（6）要注意池水的变化，若发现水质变化要及时采取措施进行处理。保证池水清澈透明，呈浅蓝色。

2. 游泳池设施及物资的使用与管理

（1）过滤机每天开机不得超过 16 小时。开机前要进行设备检查，检查阀门是否关住；如果发现问题要及时向领班或经理报告，及时进行处理。

（2）使用设施要注意爱惜，要定期请工程部进行维修保养。

（3）保持机房、工具房的整洁卫生，延长使用寿命。

3. 药物的采购、存放与管理

（1）药物的采购要有计划，要提前告诉有关部门及时采购，保证游泳池的药物供应。

（2）药物的存放要根据药物的化学特性分开存放，如次氯酸钠，碱式氯化铝和硝碱、硫酸铜等应分开存放，要加盖，避免挥发或起化学反应。

（三）游泳池的环境卫生管理

（1）游泳池环境卫生必须每天在开放前和停止开放后，用自来水冲洗。在开始过程中如发现有客人遗弃的纸巾、烟盒、食物包装纸或其他杂物要随时拣放在垃圾桶里集中处理，以保持游泳池的环境卫生，使其整洁美观。

（2）将游泳池四周的咖啡台、椅、躺椅、茶几等抹擦干净，整理整齐。若是露天游泳池也有遮阳伞的，晚上要收起来集中存放在器具室。

（3）设有自动池水消毒循环系统和加热设施。

（4）进入游泳池设专用出入通道，入口处设浸脚消毒池。

（5）游泳池旁边有与接待能力相应档次与数量的男女更衣室、淋浴室和卫生间。更衣室配带锁的更衣柜、挂衣钩、衣架、鞋架与长凳。各间淋浴室互相隔离，配冷热双温水喷头、浴帘。

（6）室内游泳池、休息区、配套设施整体布局合理协调，空气新鲜，通风良好，光照充足。

（7）室外游泳池边上铺不浸水绿色地毯，设躺椅、坐椅、餐桌，大型盆栽盆景点缀其间。

（8）配备一定数量的遮阳伞。

（四）游泳池服务

（1）游泳池是饭店或休闲场所不可缺少的一项健身运动设施，因为许多客人都喜爱游泳这项运动。一般来说，饭店游泳池免费提供给本饭店的住客使用，一些饭店也向非住客开放。

（2）对有皮肤病、急性结膜炎、艾滋病等传染病患者，心脏病、癫痫病、精神病、酗酒者及过饥过饱者，应谢绝其进入游泳池。

（3）进入游泳池前应先淋浴，擦太阳油者必须淋浴后方可入池游泳。

（4）客人进入游泳池一般凭房间钥匙或饭店发的证件，由服务员带领客人到更衣室更衣。客人来到游泳池，要准确记录客人姓名、房号（饭店宾客应登记房号）、到过时间、更衣柜号码。客人的衣服用架托好挂在衣柜里，鞋袜放在柜下，贵重物品要客人自己保管好，需要加锁的要为客人锁好，钥匙由客人自己保管。

（5）发给客人“三巾”，即浴巾、长巾、方巾，以方便客人游泳时和游泳完后洗澡用。

（6）若客人未自带游泳衣裤，要卖给客人游泳衣裤，服务一定要周到细致。

（7）由于游泳池水深浅不一，游泳者中有大人、有小孩，有会游泳的、有不会游泳的。对此一定要注意，要勤在游泳池边观察，注意游泳者的动向，防止发生意外，保证客人的安全。对不会游泳者可给予技术指导。

（8）客人休息时要主动、及时询问其需求，做好记录，并迅速提供服务。

（9）客人离开游泳池时，要注意提醒客人带齐自己的东西，不要遗留在游泳池场地或更衣室。

（五）游泳池安全

（1）游泳池“客人须知”中应明确公告：“饮酒过量者谢绝入内”“本池无救生员”。

（2）服务过程中发现客人中有饮酒过量者，婉言谢绝入内。

（3）服务人员须受过救生训练，注意水中客人情况，发现异常情况，及时采取有效措施。

（4）池边备有救生圈，配有2倍于池宽的长绳和长竿救生钩。

（5）对带小孩的客人，提醒其注意安全。

（6）整个服务过程中，保证无客人丢失衣物和溺水等安全责任事故发生。

（六）游泳自救

1. 抽筋时的自救

游泳时，抽筋部位不同，其自救方法也有差别。

（1）手指抽筋时，应立即连续做握拳张开的动作，直到恢复正常的松弛状态。

（2）大腿抽筋时，深吸一口气，头部采取和水面垂直的方向，然后深埋水中，双脚也同时向下伸直；当氧气不足时，可抬头换气，直到肌肉松软，需立刻离开水面。

2. 溺水时的自救

溺水时，绝对不可以惊慌，保持镇静并大声呼救或挥动手臂以引起注意。

（1）先充分吸气后，使身体静静向前弯曲。

（2）双手沿着脚外侧滑动，再移到脚踝附近浮立。

（3）双手向下压水后，即向横侧张开，此时双膝要靠拢，头慢慢抬起，身体呈垂直状，然后等待救援。

康体项目的经营符合现代人对健康追求的需要。饭店康体经营可从三个方面加强管理：一是加强对设备设施的管理；二是安全管理；三是运动技能的指导管理。

【案例分析】

在泰国DF大饭店，到处都充满了优雅和谐的气氛，一事一物都无懈可击。然而，客人的要求是永无止境的。商务客户的增多也带来了新的要求。这年夏天，天气格外闷热，人们一有空闲，便不约而同地来到游泳池，一时间，池内池外，人山人海，客人在池里一不小心就碰到了别人，十分尴尬。这样，增扩游泳池的计划被提上了议事日程。是扩大现有的游泳池还是增设一个游泳池呢？

饭店高层为此召开了专门会议，专题讨论增设游泳池的问题。会议刚一开始，全体与会人员达成共识，即不管付出多大代价，也要增设游泳池，彻底满足客人的需要，维持最佳饭店的形象。

然而，在所有方案中，效果最理想而代价最高昂的方案就是拆掉使用时间不到10年的四号楼，在四号楼原址上修建游泳池。

四号楼一共有60间客房。在几乎天天客满的世界一流的饭店里，60间客房，无疑意味着一笔可观的收入；相比之下，游泳池对住店客人则是免费享用的。几经讨论之后，DF忍痛割爱，毅然做出了舍“客房”而取“泳池”的决定。理由明确也简单：最佳饭店的一切都应该是最好的——设置在最好的位置，有足够宽敞的面积，有最豪华的设施和最好的服务。

就这样，60 间不满 10 年的客房消失了，取而代之的却是免费使用的公用游泳池。

在饭店建设规划中，可以看出饭店的康体项目已经在饭店的投资管理中占有越来越大的比重，康体项目的发展将会成为衡量饭店档次的标准之一。

分析思考：

你认为舍“客房”取“泳池”的决定是否合理，谈谈你的看法。

【思考与练习】

1. 饭店康体项目主要有哪些？
2. 简述饭店康体项目的经营特点。
3. 简述饭店康体项目的管理要求。

第五章　饭店娱乐项目的服务与管理

第一节　饭店娱乐场所概述

一、饭店娱乐场所的类型

随着人们休闲意识的高涨，夜生活逐渐普及，歌舞厅已成为都市人主要的娱乐场所。人们在一流的灯光、音响空间里，既可以热情地狂舞，又可随着音乐款款摆动，享受心灵解放的欢愉。

1. 迪斯科舞厅

迪斯科舞厅的规模有大有小，是年轻人流连忘返的乐园。迪斯科舞厅非常强调舞场的风格，需要有专业的 DJ 主控全场气氛，领舞者引导顾客随节奏跳舞，有时还聘请摇滚乐队现场表演。迪斯科是英文“disco”的音译，它的动作特点是：胯部、膝部带全身随节奏摆动、扭动或转动，动作自由，活动量大；伴奏音乐为摇滚曲，节奏鲜明强烈，速度较快。

2. 交际舞厅

交际舞厅多采用 U 型的坐台区，中间为开放式的舞池，灯光幽暗，舞曲则以抒情歌曲为主，舞步多为舒缓的交际舞，以吸引各种年龄层的消费群。

3. 歌舞厅

歌舞厅既能满足客人随伴奏音乐演唱歌曲的需要，又能让客人随着音乐起舞。舞池、灯光和音响需要经特殊设计，让消费者能随着舞曲起舞。歌舞厅最大的特色在于，在墙上设一大型投影荧幕，给人全新的视觉及听觉享受，客人跳起舞来既兴奋又刺激。

4. 夜总会

夜总会为奔波劳顿的商界人士和白领阶层提供了一个轻松娱乐的场所，夜总会服务项目较多，并设有贵宾包房，能全方位地满足人们的休闲娱乐需要。

5. 酒吧

酒吧是供人们夜间饮酒娱乐的场所。休闲吧、爵士吧等不同主题吧能满足各类人群的需要。

6. 影剧院

影剧院已不单纯是供放映电影和演戏之用，而是集电影、录像、游艺、舞会于一体。如今，影剧院的规模越来越小，更适合饭店的经营需要，它主要由舞台、观众厅、放映室、演员化妆室、道具布景室、美工室等组成。

二、饭店娱乐项目的选择

1. 选择具有民族风格和时代精神的文化娱乐活动

（1）娱乐项目的设计应与饭店的档次、类型相适应。
（2）娱乐项目设计要反映时代特色及流行趋势。
（3）娱乐项目设计应具有民族和地方特色。

2. 要符合娱乐场所管理条例的规定

禁止含有下列内容的活动：
（1）危害国家的统一、主权或者领土完整的。
（2）危害国家安全、利益或者社会稳定的。
（3）煽动民族分裂、侵害民族风俗习惯、破坏民族团结的。
（4）宣扬淫秽、色情、迷信，有害消费者身心健康的。
（5）违背社会公德或者诽谤、侮辱他人的。

三、饭店常见娱乐项目

饭店常见娱乐项目见表 5-1。

表 5-1 饭店常见娱乐项目

类型	项目	特点
音乐演奏	轻音乐（light music）	轻音乐是指一种结构短小、轻快活泼、抒情优美、通俗易懂和娱乐性较强的音乐形式，是最易为人们所理解和接受的一种音乐体裁。“轻音乐”名称的由来与兴起于19世纪的轻歌剧有关。优秀的轻音乐，常常充满生活气息，反映健康的娱乐生活和爱情生活，表现出朝气蓬勃的乐观情绪
	爵士音乐（jazz）	爵士音乐在19世纪末，20世纪初起源于美国新奥尔良的贫民区，是当地黑人文化和欧洲文化结合的产物，以即兴创作为标志，其节奏感强烈，爵士音乐既可以独奏，也可以以任何一种方式组合。乐器编制常由鼓、低音提琴或低音吉他、钢琴或吉他（常用扩音器）组成，充当其他乐器的节奏跳板。其他乐器绝大多数是管乐器，主要有小号、长号和萨克斯管
	民乐	民乐乐曲的类别大致可分为弦乐、鼓吹乐、丝竹乐、吹打乐、锣鼓乐，其中以吹打乐或锣鼓乐最为常见
	蓝调（blues）	蓝调出现于20世纪40年代的美国黑人区。蓝调节奏感强，调子节奏快，内容奔放。蓝调作品中加入了钢琴、鼓、电子吉他等乐器就形成了节奏感强的新派蓝调音乐。包括现在港台、内地流行的节奏蓝调
	乡村音乐	乡村音乐出现于20世纪20年代，它来源于美国南方农业地区的民间音乐，最早受到英国传统民谣的影响

续表 5-1

类　型	项　目	特　　点
音乐演奏	摇滚乐（rock & roll）	（1）硬式摇滚（hard rock），诞生于20世纪60年代末，其特色在于经常使用高音量乐器。在20世纪70年代初至70年代中期，“崇拜式的流行曲”（ten pop），“甜蜜”（sweet）合唱团，“大卫·艾塞克斯”（David Essex）等成为无数年轻人的偶像。 （2）朋克摇滚（punk explosion）。朋克摇滚是一种狂乱、有批判性、粗糙、原始的新摇滚。 （3）雷鬼音乐（raggae）。来自牙买加，20世纪70年代，中期美国本土乐队把这种节奏明朗又充满生命力的音乐集合发展，并加入管乐，更适合于伴舞。 （4）迪斯科舞曲，20世纪70年代末，美国流行音乐发展中的主流被黑人音乐取代。随后再发展为专业化黑人迪斯科舞曲（disco）。 （5）饶舌歌与室内舞曲。20世纪80年代中期及80年代末，黑人音乐的发展先是饶舌歌（rap）的出现，后来是室内舞曲（house）的盛行。饶舌歌是一种混合街头文化、DJ音乐及说唱技巧的新派黑人音乐
戏曲表演	说唱	说唱主要是以简单的乐器伴奏，交相采用说话和歌唱两种形式来讲唱故事。说唱是一种十分灵活、不受太多限制的艺术。说唱艺术主要是由歌唱和说话两者交错组成，一般以叙述为主，以唱为辅。有坐唱、立唱、走唱
	相声	相声，正如同日本的“落语”、美国的“脱口秀”（talk show）一样，都是以语言为工具，以逗笑为目的，相声是笑的艺术；笑是相声的灵魂。蓝色长衫是相声表演者的固定穿着，扇子则是必备道具，可以增加演出效果。表演的方式大致而言可分为单口相声、对口相声及群口相声。一般来说，相声表演的手法是说、学、逗、唱
歌舞表演	歌剧	歌剧是一种综合性艺术，其中包括诗歌、戏剧、声乐、器乐、舞蹈、美术、灯光等，近代西洋歌剧产生于“文艺复兴”时代的16世纪末的意大利，以后逐渐传遍世界各地
	话剧	话剧以直击人性、直击时代的思想性与集文学、表演、艺术、美术、歌舞等于一体的艺术性不断地征服一代又一代的观众。在不同的历史时期，精彩的话剧不仅为观众带来欣赏的愉悦，还带来了思想的快感
	爵士舞	爵士舞是自然的情绪表现，随着节拍手舞足蹈，将隐藏在心中的感情化为动作宣泄出来。爵士舞是世界上内容最丰富、最富变化的一种舞蹈。它的节奏急促又具动感，也是一种身体的运动，不但随时可能出现踮脚、跳跃等动作，同时也要求身体的每一部分如头、手臂、胸部、肩膀、骨盘等都能独立表现。 总括说来，爵士舞可分为三种类型：一种是具有强烈古典芭蕾味道的现代爵士舞；一种是受到黑人及拉丁舞蹈影响的非洲爵士舞；还有一种是掺杂了诙谐音乐与踢踏舞的混合爵士舞
	舞台剧	舞台剧是融合了舞台艺术、歌唱艺术、表演艺术、灯光艺术等于一体的戏剧表演。其形式多样，内容没有限制且用生活化的语言来表达，使舞台剧逐渐得到人们的喜爱

续表 5-1

类 型	项 目	特 点
歌舞表演	民族舞蹈	民族舞蹈代表了某一个国家和民族的特殊文化，具有强烈的地方色彩。民族舞蹈有一个广阔的空间，它可以和工作、生活、爱情、文化、社会、风俗习惯发生极密切的关系，既具有自娱性，又具有群众性。 民族舞蹈是指具有民族特征的艺术舞蹈，是每一个民族历经数百年甚至数千年才创造出来的
	现代舞	光脚，黑色的紧身衣，闪光的天幕，洁净的舞台，没有装饰性的动作，没有炫目的特技，却表达出人类最原始的情感，最炽烈的精神，这就是现代舞。现代舞的表现形式有独舞、二人舞、三人或多人舞、小组舞、群舞及团体舞多种，其中以三人或多人舞表现形式最常见。 演员着紧身衣是现代舞表演的一个特色。穿着贴身的松紧舞衣或裸露大部分的肢体，其主要目的在于使肢体动作更加明晰，但有时为了配合舞蹈中人物的性格与时代背景的特色，也会特别在服装上加以设计，工作服、运动衫、牛仔裤都可能会出现其中，有时甚至以裸体方式来取代传统的紧身衣。 现代舞的展示是自然的、自由的、开放的。因此，对布景和道具的要求简单。现代舞是主观意识的传达，观众在观赏时，也是以个人的观点来理解，理解得愈多，就愈能得到共鸣
	土风舞	土风舞是一种富有乡土风味的舞蹈，也是民族风俗习惯与传统的一部分，具有强烈的地方特性。从舞蹈的发展过程来看，土风舞的历史比宗教舞蹈或其他舞蹈的历史都要古老。它是经过长久的岁月，在地理、历史、文化、风俗、气候、思想等因素的孕育下自然形成的
	时装表演	时装表演源于法国，发起人是英国人沃思，通过表演把时装信息传达给公众以期引导潮流。时装表演带给人们综合性的美感享受；观赏者在欣赏服装的同时，也欣赏了体态的动作美，音乐的节奏美，雕塑的造型美，色彩的视觉美。时装表演研究时装气氛与舞台效果，可以分为三种类型： （1）流行趋势型表演，即时装综合表演，有高级时装表演和大众时装表演两种，目的在于推出时装。 （2）销售引导型表演，即宣传产品的时装表演。 （3）欣赏型表演，即设计师的专题表演，时装模特借助体态和动作传达服装的时代感和美感。时装模特是时装美的重要传播媒介。时装模特通过表演，把服装的时代感与美的魅力传达给观众，从而对人们产生诱惑，刺激购买欲望，强化消费心理，形成流行风潮

第二节　饭店歌舞厅规划设计

一、歌舞厅的空间规划

饭店夜总会、酒吧的歌舞厅是都市生活不可或缺的设施。歌舞厅首先应明确其主要功能，再进行空间规划，才能尽可能地使各项设施合理布置，使散座区和包房区协调，达到最大的接待能力。

1. 舞池

舞池是歌舞厅不可缺少的空间，是客人活动的中心，客人可以在舞池中随音乐起舞。歌舞池的舞池面积应根据实际需要来确定。舞池在整个歌舞厅中所占面积应为1/6～1/5。

2. 座位区

歌舞厅的座位区，主要是用来接待顾客的，也称散座区。散座区的空间规划要处理好两个方面的关系，一是散座区与舞池要配套。座位数量是卡拉OK接待能力最直接的衡量尺度，一般要尽量有效地扩大座位区。相应的散座区的座位数量越多，舞池就应越大。二是散座区要处理好与贵宾房的关系。贵宾房成为歌舞厅重要的消费场所，被越来越多的团体客人所接受，可以根据当地人的消费习惯来确定贵宾房的间数以及大小，总之是要合理规划最大的接待能力。散座区有火车座式、圆桌式或U形沙发式。不管怎样的座位形式都是围绕并面向舞池来布置的。散座区以台号来确定坐席，以便于服务和管理。

3. 贵宾房

贵宾房是具有卡拉OK功能的包厢，以用来满足那些不愿被人打扰的团体或为友人聚会提供场所。贵宾房可以根据接待人的需要设立小型、中型、大型房间。贵宾房内有隔音墙、沙发、环绕音响、大屏幕电视机、电子点歌台，有条件的应内设电话、舞池和卫生间。

4. 音控室

音控室是歌舞厅灯光音响的控制中心。音控室对舞池的灯光、音量的大小加以调节控制，以满足客人听觉、视觉上的需要，通过灯光、音响来营造大厅的气氛。音控室一般设在舞池区附近较为隐蔽的地方，一般能从音控室观察到舞池的情况。

5. 吧台

吧台是整个歌舞厅服务活动的中心，包括提供酒水、小食品、果盘、点歌单、结账以及为客人的其他需要服务等。

6. 卫生间

卫生间是歌舞厅不可缺少的辅助设施。卫生间的洁净程度、通风状况必须符合歌舞厅的档次，至少应符合卫生防疫部门规定的标准。

二、舞台与舞池设计

为了提高娱乐效果，很多提供表演的舞厅都设立了华丽的巨型舞台空间，立体豪华的灯光设备，并用电脑自动操控，以期演出精彩，吸引顾客。室内的设计以舞台为中心，座位呈前圆扇状的方式排列，全部面向舞台，座位前设有桌子可供餐饮用。

（一）舞台设计

舞台主要是演出或表演的区域，同时也是客人注意力的集中点，舞台的设计既要能增强娱乐效果，制造气氛，又要能吸引客人；同时，舞台设计也应当遵循既方便表演又能让客人可见的原则。

舞台设计有多种形式，为了使舞厅中每位客人都能清楚地看到舞台上的节目，可以把舞台设置在歌舞厅中央，四周安排餐桌；还可以将舞台设置在靠舞厅一侧，另外一侧安排座位，这种形式有利于后台的布置。不论何种形式，舞台前都应设有一个舞池，供客人即兴跳舞之用。总之，舞厅中舞台的设计要达到演员和顾客能相互直接交流并创造共同娱乐气氛的目的。

（二）舞池设计

舞池的设计既要能增强娱乐效果，制造气氛，又要能吸引客人；同时，舞池设计也应当遵循方便客人跳舞娱乐的原则。

舞池设计要与接待人数相一致。因舞厅的空间有限，舞池设计通常采用两种方法：

（1）概念性舞池。即在地面装修时，采用特定的方法制成概念性方型和圆形舞池，如用特殊的色彩或地板下面装有可变化的彩灯。

（2）采用特殊的材料，设计成专用的舞池，舞池或高于或低于舞厅平面。舞池的地面通常采用铜地板、玻璃地板或弹簧地板。

舞池的面积应与舞厅大小相协调；同时，要求通风良好，卫生设施要符合卫生防疫部门规定的标准。具有必备的安全设备，安全门的标志灯应清晰可见，并备有应急照明设备。

总之，舞池的设计要达到顾客能相互直接交流并创造共同娱乐气氛的目的。

（三）舞池的灯光效果

灯光设计作为舞池设计的一部分，是用来描绘、渲染舞台的，主要是运用灯光的明暗、色彩或光线的分布创造出种种组合光线，以增强舞池的效果。

舞池灯光应充分考虑特有的气氛以及音乐的和谐相配合，以期达到最理想的效果。用于不同舞池的灯光的种类很多，但作用各不相同。

（1）光束灯。光束灯是一种较新型的基本照明灯具，特点是体积小，光束感强，聚光效果好。使用时可以按需要调配好色彩，通过调光台的控制不断变化，以达到场地光色对比鲜明的效果。

（2）扫描灯。扫描灯分单头、多头等。它利用强烈的彩色光束轮番扫描全场，以造成一种激动而迷幻的感觉。

（3）宇宙旋转灯。宇宙旋转灯有圆形、多棱形、橄榄形等多种类型。这种灯光利用电机自动控制，将彩色的光点散向整个舞池，极为绚烂华丽。

（4）声控条状满天星。这种灯具设计新颖，机械结构合理，声控灵敏，灯光可以跟着音乐节奏变化、闪烁、转动。若以玻璃彩色胶代替涤纶色纸，则灯具有色彩鲜艳、透明度好、耐高温、不易老化、成本低等优点。

（5）彩色转盘灯。即在 2 000 瓦聚光灯前面装上可逆马达带动的转盘，转盘上可分别蒙上多种色彩的涤纶灯光色纸。用这种灯具时，场地中的光色不停变化，对渲染舞池气氛有很好的作用。

各种声控彩色灯可装饰在顶篷处，以增添舞池气氛。有的可以在舞池地面上装上各种图案的有机玻璃地板，地板下面装上声控彩灯。随着音乐节奏的变化闪烁，效果很好。有条件的地方，还可以装上霓虹灯、激光彩灯，等等。

总之，舞池灯光风格各异，应根据舞厅的大小及功能需求来选择。

三、歌舞厅的气氛营造

1. DJ 调音师的职责

DJ 是“disc jockey”的简称，意即驾驭唱片的人，大致分为迪斯科 DJ、舞厅 DJ 等。DJ 须以富有亲切感的声音，将音乐及话题串联一致，同时要能反应灵活，营造连贯和谐的气氛。

DJ 是负责播放歌曲及控制灯光的专职人员，主要有以下职责：

（1）熟悉一切灯光、音响设备的性能和使用技巧。

（2）有对本业务强烈的责任心，做到发现设备问题及时处理。

（3）遵守并执行舞厅内有关规章制度。

（4）熟悉影碟、唱片、录像带等音像设备，并能正确使用和保管。

（5）动作迅速，头脑敏捷，能尽快满足客人点歌的要求。

（6）善于根据不同情况选择唱片，调动和控制客人情绪，适时形成高潮。

2. 歌舞厅节目主持

主持人几乎等于舞厅节目的灵魂，其串场的灵活、临场的反应和机智，使整个节目得以顺畅进行。此外，为了配合节目，主持人还必须具备良好的口才、唱歌、演戏等才能，甚至还要参与节目的设计。不论在何种场合，节目主持人都需要有较高的音乐素质，具备歌、舞、说技能，并有丰富的实践经验。为了使节目热闹，表演场有时设有两个以上的主持人搭配合作。由于主持人在活动中的地位和作用对活动有很大影响，所以节目主持人应具备以下条件：

第一，仪表端庄，热情好客，性格开朗，具有社交技巧。

第二，要求知识面广，对自己职责范围内的情况了如指掌，对所用设备、歌手演唱特点和来宾大体情况有较全面的了解。

第三，有较强的语言表达能力和处理意外情况的能力，能主动协调和解决歌手、服务员和顾客之间出现的矛盾。

第四，懂得舞台常识并有一定的实际工作经验，懂得并能把握顾客的心理变化。

第五，较熟悉娱乐界的情况，自身具有一定的表演特长。

另外，节目主持人在舞厅娱乐中还负有一定职责：

（1）科学地利用时间，有计划地安排好每场演出。

（2）做好开场白及结束语的演讲，使客人尽兴娱乐。

（3）注意客人对麦克风的使用，并减少对麦克风的损伤。

（4）随时对客人的演唱进行适当的赞誉。

3. 歌舞厅的节目策划

竞争社会，每个人心里都多了一份危机感。越来越激烈的竞争使人的生存更加艰难，使人的精神总是处于紧张状态，精神压力更大。歌舞节目的策划要帮助人们缓解紧张的压力。

（1）节目策划首先讲究的是一种趣味性、娱乐性、消遣性。雅俗共赏，既要有嬉笑的成分，又要有一定格调的深层次审美。

（2）娱乐性节目应丰富多彩，融知识性、趣味性于一体。如内容丰富、新颖的歌舞、小品表演常成为歌舞厅吸引顾客、营造气氛必不可少的节目。

（3）不断拓展娱乐节目的表现形式。娱乐节目的设计要不间断地创新，让观众感觉耳目一新，让观众在轻松的气氛当中被吸引。

第三节 饭店娱乐项目服务与管理内容

一、娱乐项目的服务管理

（一）营业性演出的管理

1. 歌舞娱乐场必须遵守的原则

（1）营业期间，经理、技术员、服务员、保安员均佩戴工作标志。

（2）加强财务、票务管理，建立制票、售票、验票、回票的登记制度。

（3）严格执行《食品卫生法》和有关卫生标准。

（4）各种经营收费项目，必须明码标价。

（5）依法纳税。

2. 营业性歌舞娱乐场所的聘用人员应遵守的要求

（1）凡在营业性歌舞娱乐场所从事演奏的乐队和表演人员，必须经文化行政管理部门考核，办理演出证。

（2）专业艺术表演团体的演职员在营业性歌舞娱乐场所从事营业演出，须持所在单位开具的证明到演出地文化行政管理部门办理演出证。

（3）国外、境外演职员在营业性歌舞娱乐场所从事营业演出，须按文化部对外、对台文化交流的有关规定办理审批手续，并向所在省、自治区、直辖市文化厅（局）申领演出证。

3. 经营歌舞娱乐场所不得违反的规定

（1）不得聘用未经文化行政管理部门审核发证的乐队和表演人员。

（2）售票数和入场人数不得超过核准登记的定额。

（3）不得接待18岁以下未成年人。

（4）不得用色情或变相色情的方式服务，或用此方式招徕、陪随顾客。

（5）不得举办核准登记项目之外的营业性活动。

（6）不准播唱未经文化行政管理部门批准的音像制品或曲目。

（7）不准播放或演奏（唱）内容反动、淫秽的曲目。

（8）禁止携带枪支、弹药、管制刀具、易燃、易爆、剧毒腐蚀、放射性等危险物品入场。

此外，营业性歌舞娱乐场所的负责人，必须经过岗位培训，经考核合格，并持用资格证书方可上岗。考核标准和资格证书由各省、自治区、直辖市文化厅（局）统一制定、签发。

（二）舞厅服务

（1）舞厅经理、DJ 音响师、服务员和安全巡逻员有强烈的整体服务意识。

（2）服务过程中能够互相配合，密切合作。

（3）服务员视客人需要随时提供补充酒水饮料和小吃服务，并保证手续完善。

（4）DJ 音响师掌握好舞会节奏。

（5）各项服务无断档、脱节和互不协调等现象发生。

（6）客人来到门口，主动问好，询问人数，收取票据，引导客人进入舞厅。

（7）客人入座后 2 分钟内，服务员应提供桌面服务。

（8）及时递送饮料、小吃，摆放整齐。

（9）客人跳舞，安全巡视员加强巡视，维护舞厅纪律。

（10）婉言谢绝饮酒过量者入内。

（11）客人发生矛盾时，应主动调解；客人之间或服务员之间发生冲突，请双方迅速离场，在安静房间调解处理，并报告值班经理和有关部门。

（12）舞会进入高潮时，注意控制客人情绪，始终保持舞会气氛高雅。

（13）杜绝不文明和安全岗位责任事故发生。

（三）领舞与伴舞

领舞和伴舞是歌舞厅经营不可缺少的岗位，领舞多在迪斯科厅，能带动全场客人跳舞，营造良好的舞厅气氛。伴舞，即“陪舞”，是指伴舞小姐作为客人舞伴陪客人跳舞。

（四）点歌服务

点歌服务的服务技巧性强，服务程序要求严格，点歌服务的优劣直接对整个娱乐厅的形象造成影响。点歌服务是卡拉 OK 娱乐场所的核心，点歌服务的具体要求有如下几个方面：

（1）在客人入座安定之后，服务员应能够准确及时地递上点歌单，点歌纸与笔一齐送到客人面前，并退在一旁等待客人点歌；等客人点完歌招手后服务员应上前双手接过歌单，送至音控中心。

（2）点歌单传送应及时，并排好先后顺序。服务员接受了客人点歌后应注意按客人的先后顺序安排，并及时将点歌单交给音控中心，避免点歌曲目和顺序发生冲突，延误播放时间。

（3）在无客人点歌时，要避免冷场。除播放歌曲外，服务员应礼貌地提醒客人点歌。服务人员对歌单上的歌曲应有一定的了解并对歌曲进行推销。

（4）服务员应当具备一定的音乐知识和良好的音乐细胞。在客人需要帮助的时候，能提供伴唱服务，来歌舞厅消费的客人一般都有较好的音乐细胞，当他想唱某首歌而又有困难时，应顾客要求，服务员提供伴唱服务是至关重要的。这能在很大程度上使客人满意，进而也显示了歌舞厅的服务水平，能在一定程度上吸引更多的消费客人。但要注意，一定要在顾客提出邀请之后。

（5）点歌服务要求服务员具有一定的应变能力，能活跃气氛，把客人的积极性调动起来。不根据歌单点歌而是口头歌名，服务员应立即判断出是否有此歌，大约在哪个唱片上，编号是多少，并迅查找到歌曲为客人点歌。

（6）客人演唱时，礼貌地站在一旁并保持厅内活跃的氛围，避免因秩序较乱而使演唱的客人感到尴尬，进而影响客人情绪。当客人唱到投入时或唱完一曲后，应给予赞美和鼓掌，提高客人再次演唱的兴趣。适时有礼的鼓励行为也可使顾客对歌舞厅产生好感。

（7）对于客人点唱的歌曲数或点歌记录要保存好，并与音响控制中心保持联系，以便核对和最终结账。

（8）服务员在点歌服务时不应急躁，不能催促客人或在客人未做决定时一直等在客人身边，而应该具有准确的判断能力和一定的应变能力，能够在需要的时候协调气氛，推出更多的歌曲。

（五）VIP 房的服务管理

VIP 房是为特定的团体服务的。VIP 房门及内部装潢富丽堂皇，房内酒吧柜、卫生间、电话等设施都应具备。VIP 房的气派更能符合成功商人、明星等贵宾们形象的需要。

顾客消费目的明确，主题突出分明，这给 VIP 房服务提供了很多方便之处，也提出了很具体的要求。首先是要配备良好的音响，高清晰度的屏幕，以及集视、听、唱、玩于一体的隐秘空间。VIP 房适用的范围不同，各具特色，分别代表了一定的消费倾向。所以，VIP 房的服务既要求让顾客集体成群相聚尽兴娱乐，又不受别人干扰或者干扰别人。

1. VIP 房服务目的综合性

VIP 房是集食、饮、娱为一体的综合性服务场所，服务人员不仅要具备基本的餐饮服务技能以满足顾客的基本饮食需要，而且还要具备一定的视听服务知识和技能以满足顾客的娱乐需要。

2. VIP 房服务的趣味性

VIP 包房提供了供客人自我表现的卡拉 OK、舞池等娱乐设施或其他欣赏的娱乐项目。顾客能借助这些设施和活动表述自己的情感，增强联系。VIP 房的服务人员要始终使其顾客的娱乐活动达到活跃气氛的目的。

3. VIP 包房服务的隐蔽性

VIP 房的顾客都不愿意被外界打扰。为 VIP 房客人提供服务时，要尽量尊重和满足顾客的隐私需要，尤其是要为洽谈生意和办理事务的顾客保密。

4. 提供高水平的服务及优良设备

顾客花钱是为了享受休闲的情趣，如果因为服务员服务态度不佳或内部环境不够清爽、卫生，或是麦克风频繁出毛病、电视画面不清晰、音响音质不佳则会影响顾客当时的情绪。所以，VIP 包房经营者，为了企业长期利益，应保持服务的高水平和设施处于良好的状态。

二、娱乐场所的安全管理

娱乐场所是人们进行文化娱乐活动的公共场所。这些场所的人员密集，灯光变幻，一旦发生意外事故，容易引起混乱，造成伤害，因此，安全工作不容忽视。

（一）建立安全工作制度

（1）饭店日常安全工作管理制度；
（2）保安员日常管理制度；
（3）保安员培训管理制度；
（4）保安员上班规章制度；
（5）保安部工作管理规章制度；
（6）每月工作总结制度；
（7）日常工作记录管理制度；
（8）营业场所巡逻制度；
（9）送货人员管理制度；
（10）监控中心报警管理制度；
（11）进出物品检查制度；
（12）夜间安全管理制度；
（13）歌舞厅治安管理制度；
（14）配钥匙安全监督制度；
（15）夜间开仓安全监督制度；
（16）要害部门管理制度；
（17）贵重物品保险箱制度；
（18）超限额消费者管理制度；
（19）逃账客人管理制度；
（20）停车场管理制度；
（21）外来施工人员管理制度；
（22）讯问管理制度及协助执法机关办理案件制度；
（23）协助外部门处理事件制度及部门装备交接制度；
（24）警用器材使用制度；
（25）消防培训管理制度；
（26）消防灭火器材保养制度；
（27）消防操作管理制度；
（28）日常消防管理制度；
（29）布草房和货仓防火管理制度；
（30）物资仓库防火管理制度；
（31）厨房餐厅防火管理制度；
（32）消防设备管理制度；
（33）防火检查制度；
（34）客人丢失财物的处理；
（35）火情的处理；
（36）诈骗犯罪问题的处理；

（37）打架斗殴、流氓滋扰的防范及处理；
（38）抢劫、暗杀、凶杀、枪杀等暴力事件处理；
（39）爆炸及可疑爆炸物品的紧急处理；
（40）对精神病、出丑闹事人员的防范与处理；
（41）食物中毒事件的处理；
（42）突然死亡事故的处理；
（43）断电和其他自然灾害的处理。

（二）训练员工适应并遵循安全的工作程序

（1）保持过道和楼梯干净、无障碍物，安全门要畅通无阻、无障碍物；
（2）按标明的出入口进出娱乐场所；
（3）服务时步子要稳，不要跑；
（4）设备按使用要求开启和关上；
（5）未经许可，不得任意加粗保险丝，避免电路过载；
（6）电源设备必须有安全的接地线；
（7）要求在使用前对设备的安全状况进行检查；
（8）使用中如果发现故障，应立即切断电源，不得带故障使用；
（9）湿手切勿接触电源插座和电气设备，清洁设备要先断电源；
（10）所用工具只能按专门用途使用；
（11）当火警铃响时，如有时间应关掉煤气、电源开关；
（12）其他服务项目也要按操作要求进行；
（13）请专家检查设备的安装和电源的安置是否符合操作安全要求，不安全的应立即改正。只有遵守了各项安全操作规程，方能既保护自己，又保护他人。

（三）定期检查并保证生产设备和工具的安全可靠

使用具有安全防火检查记录（见表 5-2）和消防自动喷水设备检查表（见表 5-3）的设备。

表 5-2 防火检查记录

部位	外观	电源	运行	返回信号灯	检查时间	检查人

表 5-3　消防自动喷水设备检查表

检查记录	供水控制总阀	水量水压	报警控制阀	消防水泵	自动喷水灭火系统	喷头外观	整体情况
1							
2							
3							
4							
5							
6							
7							
8							
9							

（1）对发生的事故要进行检查研究，必须保证快速处理事故。对于任何事故苗头，无论多少，都要尽快引起注意，并提出维修和保养报告。

（2）召开实施安全计划的会议，并进行其他形式的安全教育活动，保证顾客的安全。

（四）娱乐场所的防火措施

（1）娱乐场所的火灾隐患。

① 娱乐场所是极讲究装潢的营业场所，采用大量的木材、塑料、纤维织品等可燃材料做各种装饰。

② 娱乐场所用电多，如大量的照明灯具、音响、空调等，采用多种设计方式，线路复杂，如果安装和使用不当，容易因短路等故障起火。

③ 吸烟人多，吸烟时不慎或烟头处理不当容易引起火灾。

④ 安全出口不够，或设置不符合安全要求，灯光黯淡，一旦失火，由于烟雾和毒气，易造成重大伤亡。

（2）歌舞厅、夜总会等娱乐场所的耐火等级、防火分区、安全出口数目、疏散宽度和距离、防烟排烟、装修材料、消防设施等必须符合《建筑设计防火规范》《高层民用建筑设计防火规范》以及《建筑内部装修设计防火规范》的要求。

（3）安全出口处不得设置门槛、台阶，不得采用卷帘门、转门、吊门和侧拉门，门口不得设置门帘、屏风等影响疏散的遮挡物。

（4）安全出口、疏散走道和楼梯口，必须设置符合标准的灯光疏散指示标志。场内必须设置火灾事故应急照明灯，照明时间不得少于 20 分钟。

（5）内部装修前将事先拟定好的图纸报所在地区消防监督机关审核，同意后方可施工。顶棚应采用不燃材料。墙面、地面隔断应采用不燃或难燃材料。帷幕、窗帘、家具包布应采用阻燃织物。

（6）电气设备的安装和维修，必须严格符合国家有关安全规定，严禁乱拉乱接；经常检查，发现问题必须立即整改，不准超负荷运行；室内应采用阻燃铜芯导线穿金属套管或不燃硬塑料管；灯具不得靠近可燃物，应采取防火、隔热措施，移动式的灯具采用橡胶套电缆，插头和插座要保持接触良好。

（7）严禁在营业时进行设备检修、电气焊、油漆粉刷等施工维修作业。

（8）按规定应在室内外安装消防给水设备，配置灭火器材，应放在便于取用的明显地方。加强防火管理，营业时确定专人值班，注意巡视，严禁携带易燃易爆物品进入，营业结束后要进行全面检查，确认安全后，切断电源方可下班。

【案例分析】

如今，各个饭店的竞争越演越烈，在娱乐项目方面的竞争也是五花八门，多种多样。但是，在众多的饭店中某市一座五星级饭店却一枝独秀。虽然这里的价格并不便宜，却是该市最受欢迎的娱乐场所，客人们都喜欢去那里娱乐消遣，甚至以请客人去那儿消遣为荣，经常出现客人爆满的情形。

为什么会这样呢？经过对客人的调查和了解，我们发现，该饭店的夜总会主要靠表演来吸引客人，被调查的客人均对该夜总会的表演赞不绝口。表演是该夜总会的灵魂和风格，体现了夜总会的特色和所倡导的文化。该饭店夜总会的表演并非一成不变，每月都会根据客人的反馈进行调整，并对客人的建议进行梳理，凡是采纳的可行性建议均给予客人一定的现金消费券作为奖励。即便是当月天天出演的节目，也不会墨守成规，会在其中穿插许多与客人互动的环节，借助主持人的热情和表演氛围的激励，使很多客人的参与热情都空前高涨，才艺与幽默在这个舞台上展示得淋漓尽致。这些活动为表演增色不少，增加了客人观看的现场效果和趣味性，也为客人提供了一个展示自己的舞台。这里每晚都会由现场所有客人共同评出一位表现最优秀的客人予以奖励，该客人自动成为该夜总会演艺俱乐部的会员，在客人有意愿、有兴趣时可以参与表演。

分析思考：

（1）你认为本案例中的饭店夜总会成功的秘诀是什么？

（2）夜总会安排表演活动时应以什么为指导原则？

（3）针对当前你所在的城市各饭店的夜总会经营现状，你有什么好的建议？

【思考与练习】

1. 现代星级饭店娱乐场所的类型有哪些？
2. 娱乐项目的服务管理有哪些内容？

第六章　饭店保健休闲项目的服务与管理

第一节　饭店保健休闲项目的分类

一、洗浴桑拿类

1. 桑拿浴

桑拿浴是英文“sauna”的译音，由于发源地在芬兰，又称“芬兰浴”。芬兰有“千湖国”之称，19 世纪时，芬兰人常在湖泊或溪水旁建造小木屋，方便淋浴之用。木屋采用原木建材，以利于水分的吸收和调节，屋内有个炉子，里面放了许多石头，将石头烧热后，再用冷水浇淋，就会产生蒸气，因此也称为“蒸汽浴”。淋浴者在蒸汽弥漫的木屋内，以感受到更高的热度。这时并用桦树枝叶拍打身体，以刺激血液循环和排汗的功能。直到皮肤被蒸烤，拍打变红后再踏入屋外的溪水湖泊内或雪地里打滚，让体温在急剧的变化中，加速血液循环和毛细孔的收缩，使身体得以彻底地放松。这样一冷一热反复来回几次之后，再小睡一番，就会达到清爽畅快，飘飘欲仙的境界。这种冷热交替的桑拿浴，后来在北欧逐渐流行。现代桑拿浴根据以上原理，一般由淋浴房、蒸气房、按摩池等组成，尤其是按摩池一般设有三种不同温度的水池，即热池（40 ~ 45 °C）、温池（25 ~ 30 °C）、冷池（10 ~ 12 °C），即称为“三温度”。

2. 土耳其浴

土耳其浴的洗浴过程非常繁杂，其基本洗浴程序如下：

（1）客人在更衣室中卸下自己的衣服后，裹上大的浴巾走进宽敞的高温再生浴室中，坐在铺有被单的柳木椅上边放松休息，蒸烤 10 ~ 20 分钟。

（2）走进一间较小的蒸汽浴室，温度可达 80 °C 左右，在里面蒸烤几分钟后，由服务人员带到房间按摩。按摩完后到一间温度约为 55 °C 的高温再生浴室中继续蒸烤几分钟，再以温水稍做冲淋，然后跳进水温 20 °C 左右的浴池中浸泡。

（3）浸泡完毕，几个服务员会手持双管的水龙头（热水、冷水）为客人冲洗。冲完后，由服务人员为顾客擦干身体后带到休息室，休息约半小时，最后由服务人员用一种含有酒精的液体为客人按摩。

3. 中式洗浴

中国传统洗浴最大的特点是池浴与搓背相结合，浴池分为大众池和单人池。池中浸泡之后由技巧纯熟的服务员为顾客搓澡，将身上的污垢清除掉。擦背是中国一种简单、传统的洗浴保健方法，俗称“擦背”“搓背”，即洗浴者在一定温水淋浴后，由专门技工人员运用浴巾结合按摩手法，作用于全身部位的皮表、经络、穴位，以利气血流畅，经络畅通、皮毛开窍，从而达到防治疾病，延年益寿的目的。然后，由专业的按摩师替客人进行全身指压按摩。现在中国式洗浴越来越多与“三温暖”桑拿浴相结合，有些高档洗浴地方新推出了药浴。

药浴是依据中医理论，将某些中药加以配制，煎熬成一定比例的浓缩液，在有效期内投放于一定比例的温水当中。客人根据不同的功效与自身的要求，可选择泡浴。由于桑拿蒸浴后，人的表皮毛细血管扩张，促进血液循环，有利于吸收药剂成分，能较好地达到治病强身的功效。通常药剂按其作用可分为：疏风清热，解表发汗；祛风止痒，护肤增白；健脑醒神，消除疲劳；祛风除湿，健身止痛等几种方子。洗浴后，再加以归经纳络的推拿，效果更佳。

药浴中，最关键的如下：

（1）要注意做好清洁卫生。通常，事先在浴缸里铺上一层一次性薄膜，一客一换，并做好浴缸的消毒清洁。

（2）保证药方的科学与卫生。通常由专业医院或医疗单位负责配制煎熬装瓶、发送，并严格按照要求使用。

（3）标明不同配方的功效，以利客人进行选择。

总之，现代药浴还处于开发阶段，尽管服务、卫生等方面还有待完善，但由于洗浴与保健结合在一起，因而是一项比较有发展潜力的服务内容。

4. 水疗（SPA）

SPA 源自拉丁文“Solus Por Aqua”，是“健康之水”的意思，所以也有人将其称之为“水疗”。

SPA 来源于 16 世纪比利时一个温泉小镇 Spau，这里有十分丰富的自然资源，美丽的森林、纯净而含有非常丰富的矿物质的泉水，镇上的居民，无论老少，有空就在山泉附近的空地聚集，泡泉水消除疲劳、享受大自然的洗涤，一时之间蔚然成风，SPA 因而得名。SPA 最初升起时，结合了山、海、温泉等自然景观，加上放松身心的护理疗程，内容包括：脸部护理、芳香疗法、音乐按摩、淋巴排毒、专业水疗保养、瑜伽、花草茶等，以及流传几世纪之久的各地民间养生法，集休闲、养生、美容、健身于一体。在 17、18 世纪的欧洲，SPA 开始流行开来，随后其养生美容、身心舒缓的概念开始风靡世界。现代水疗（SPA）大体可分为：养容温泉疗养地（beauty SPA）、健康与减肥温泉疗养地（health&slim SPA）、医学温泉疗养地（medical SPA）、现代美容沙龙（city&day SPA）及综合性 SPA。

二、按摩保健

自古以来，每当人们腰酸、背痛、疲劳、失眠时，就会运用手掌或手指直接去按压某个穴位，以减轻症状。可以说，按摩是一种医疗方法，这种古老的医术流传到现代，俨然成为一种休闲的方式。整天忙碌的现代人，在工作之余上按摩院享受专业的指压按摩服务，不但可以预防疾病，而且可以消除疲劳放松身心。甚至无病的人也喜欢上按摩院来享受舒适的服务，以达到保健的目的。

按摩的目的不同可以分为医疗按摩和保健按摩。医疗按摩主要是针对特殊部位的疾病，对症按摩；保健按摩主要以健身、休闲为目的。

保健按摩主要分为如下几种：

（1）港式按摩。港式按摩主要针对人体全身的穴道进行指压按摩，范围包括头、颈、肩、臂、腹、胸、背、腰、足等多处。穴道是人体脏腑经络气血输注于体表的部位，通过对经络穴位的按压，以达到平衡机体能量以及增进健康的目的。当经络失去平衡时，精气可能不足或过剩，进行经穴按摩，具有缓和调节机能的作用，使精气重新平衡，身体可自行康复。经络按摩有缓慢流畅的抚摩，也有揉捏和摩擦，主要技法是按压和拉伸。

（2）中式按摩。中式按摩强调中医上的保健功能。推拿是用手对身体、头部、手及脚进行抚摩、按压及叩击。这种按摩不仅限于皮肤还可深达肌肉、骨，其动作较慢，有益于增强和放松肌肉，有助于静脉回流，增加血红含量，促进淋巴液循环，加强关节的结构组织；在精神方面，能够消除紧张和焦虑，有助于强化身体的整体意识。

（3）泰式按摩。泰式按摩是一种中国传统的武术功夫与健美运动的基本功力相结合的一种按摩手法。武术基本功的盘腿、踢腿、闪腰、拉弓、蹬步、盘坐，健美操中扩胸、紧腰、压腿、拉腰、摆臂等在泰式按摩中均有展现，也称之为“中华按摩”。人们自身不主动运动，而是按摩师帮助促进身体各部位肌肉松弛，韧带拉长，使全身骨关节放松，进行一次全身的运动和锻炼，理疗学上称之为“静疗运动”。

（4）足底按摩，也称“反射按摩”。根据反射学的原理和生物全息律的理论，人体各部的器官，都能在足部找到一个固定的反射区。按摩反射区，可以调整相应器官的功能，促进血液循环，调节内分泌功能，达到保健的效果。

中医认为，足底反射区是将人体整体缩小投影，反射到足部，是局部反映整体的一种表现。当人体脏腑、器官发生病理改变的时候，会在双足对应的反射区产生压痛，那么这个部位即为病理反射区，在治疗的时候则以这些反射区作为重点。

在进行足底按摩的时候，可以用拇指的螺纹面、食指和中指的指间关节对反射区进行按柔点压，也可以使用一些如光滑的塑料棒刺激反射区。足底按摩一般以压痛反应比较强的部位为治疗重点，按照先左足后右足，先主要区域再次要区域的顺序进行治疗。

人的脚上有反射点，与人体的主要脏器相对应。推拿以力为基础，而力有三要素：力的作用点、力的大小以及力的方向。按摩力道并非越大越好，有些人误以为越痛越有效而硬忍着，致使足部损伤。

按摩室各种设备先进，装潢考究，并提供相应的饮料服务。在这种场所，人们一般都是先洗完桑拿浴之后，待血液循环畅通，再进行指压按摩。

三、护肤美容

越来越多的人开始注意追求容貌的美丽和对肌肤的保养，所以出现了一种以养颜护肤、修身养性为主的休闲活动。这种活动不仅是女士的专利，而且男性也逐渐加入此行列。美容中心根据美容服务种类的性质和形态，大致可分为以下几种。

1. 医学美容中心

将医学与美容结合，先由医生进行必要的诊疗，再由美容师配合护理。这种美容中心通常设在皮肤科诊所里，以诊疗为主。

2. 专业美容店

专门提供化妆、做面膜、文眉、脱毛、健胸等服务。

3. 美容美发店

在提供美容服务的同时，以美发为主，如洗发、吹发、剪发、烫发、染发和护发等。

4. 休闲式美容店

休闲式美容店指能提供美容及相关的样化服务，如全身护理、指压按摩、做面膜、化妆等项目。休闲式美容没有治疗行为，多设在娱乐中心和高级宾馆里。

第二节 饭店保健休闲服务管理内容

一、保健休闲场所的服务规定

第一，不得提供有偿陪侍、异性按摩（头部、足部按摩以及残联部门批准的盲人按摩除外）。

第二，不得张贴、悬挂或设置格调低下、有悖社会道德图片或装饰物。

第三，沐浴、按摩场所不得设置完全封闭的包间；美容美发场所只能设置开放式隔断。

第四，从业人员统一着装或者佩戴统一的服务标志。

第五，洗浴业的营业时间不得超过凌晨2时。

第六，严禁洗浴和美容美发经营场所的经营者及其从业人员组织、强迫、引诱、容留、介绍他人卖淫；严禁提供色情服务；严禁开设赌场、赌局；严禁吸毒、贩毒和传播淫秽书刊、录音录像制品、图片等物品。

第七，洗浴和美容美发经营场所的经营者及其从业人员发现在洗浴和美容美发经营场所内从事卖淫、嫖娼、赌博、吸毒和其他犯罪或者违反治安管理行为的，应当予以制止，并立即向公安机关报告。

二、洗浴流程与服务配套项目

1. 洗浴的服务流程

服务流程是根据各功能区域的布置情况和顾客、员工的作业流程来制定的，并可以保证服务与管理完整、顺畅。员工与顾客的标准流程如下：

（1）顾客通道。接待厅→更衣室→湿洗区（桑拿池浴）→干身区→搓澡→休息区→美发→按摩房。

（2）员工通道。员工通道→休息更衣室→办公室→接待厅→休息厅→按摩区休息室。

2. 服务区域的功能特点

（1）接待厅布局。洗浴中心的接待厅通常是装修的重点。接待厅要求主题鲜明，因为这里体现着康乐中心的整体形象。接待厅除了接待和结账用的柜台外，还应该设置供客人小憩或等候的沙发。

（2）更衣室。更衣室的主要设备是衣柜，其数量应与设计标准即接待能力相适应。具体计算公式是：衣柜数量 = 每天消费人数（设计容量）/（2 或 3）或一半稍少。装修通常比较简单，比较高级的场所可以将更衣室分隔成多个独立的更衣室。

（3）洗浴区布局。洗浴区一般包括按摩池、蒸汽房、桑拿房、淋浴房。洗浴区要求线条明快简洁，空间高，光线明亮，空气交换量要大。按摩池区一般要求设计有三种水池，即热池（40 ~ 45 °C）、温池（25 ~ 30 °C）、冷池（10 ~ 12 °C）。现在有些场所流行设中药池等。

（4）休息厅布局。目前，流行将休息室设计成具有视听功能的小区，休息厅要求空间较高、气流通畅、光线柔和、环境安静、格调高雅，形成一个比较舒适的小憩区。

（5）按摩房布局。按摩房一般以暖色调配合调光灯，形成融洽、舒适的氛围。按摩房一般应与洗浴区相邻，不应间隔太远。按摩房可以是单间，也可以是一个多床位的按摩室，以满足不同顾客的需求。

（6）贵宾房。贵宾房是指配备独立淋浴房、蒸汽桑拿房和按摩房组成单独房间。

贵宾房一般要求装修豪华气派、温暖舒适、富有特色、不落俗套。在设计中，要尽可能地将淋浴间、卫生间和蒸汽桑拿房隔开，以便于同时接待多位客人。有些贵宾房还设有 KTV 包厢（当然要注意做好隔音措施），以使客人得到更全面、更高档的享受。

3. 服务配套项目

洗浴的流程决定了各种设施布置的位置和先后次序。为了满足客人的需要，桑拿浴经营需要为顾客提供各种服务项目，每一次的服务项目都要设计出相应的服务区域。

（1）更衣换鞋服务。为客人擦拭皮鞋，代客洗衣等。

（2）洗浴用品服务。为客人备齐一次性洗发液、浴液、毛巾、内裤等。

（3）洗浴指导服务。提醒客人蒸浴标准时段，向客人介绍标准的、科学的蒸浴方法。

（4）搓澡服务。

（5）理疗药浴服务。

（6）推拿按摩服务。

（7）休息室服务。客人更衣后进入休息室，为客人提供饮料，送上报纸或播放音乐、电视。

（8）结账服务。

三、桑拿洗浴项目的日常经营管理

（一）客人消费记录

桑拿洗浴中心所设的各种服务项目都是为客人服务的，这些服务项目是桑拿经营的主要收入来源，将顾客消费信息及时传送、准确记录，是桑拿经营的保证。如果记录不及时，则会造成疏漏或跑账的现象，直接影响桑拿中心的收入来源。

1. 带客情况统计表（见表 6-1）

因客人入浴时，必须经过男宾、女宾服务处，领取用品，拿更衣柜钥匙，洗浴结束在服务部交更衣柜钥匙，所以此表是在男宾、女宾入口处由服务人员记录客人的更衣柜号，洗浴开始、结束时间，以及在洗浴过程中享用的各种服务项目及消费的统计记录。此表一般按客人入浴时间的先后顺序来记录，这样对一天洗浴的情况则能一目了然。

表 6-1 带客情况统计表

部门：							
日期	带客者	账单号	人数	更衣柜	入浴时间	出浴时间	服务项目
服务项目：A. 桑拿 B. 按摩 C. 搓背 D. 修脚 E. 足底按摩 F. 饮品							

2. 客人洗浴项目记录

客人洗浴项目记录单（见表 6-2）也作为客人结账单用，客人享用的每一服务项目应详细记载。记录单有单据号并一式三联，一联在收银台，一联在吧台，一联在服务台。

表 6-2 客人洗浴项目记录单

日期： 年 月 日	NO：000001	
项 目	数 量	单 价
小计		
桑拿蒸汽浴		
港式首钟		
港式加钟		
中医保健按摩首钟		
中医保健按摩加钟		
泰式首钟		
泰式加钟		
女宾桑拿蒸汽浴		
女宾推拿		
搓背		
修手修脚		
足底按摩		
采耳		
饮品		
食品		
其他		
合计		

（二）服务项目管理

桑拿服务多以服务时间来收费，对服务项目的时间管理不仅有利于技师按时保质为顾客服务，而且能提高效率，使技师能为更多的客人服务。

1. 技师服务项目记录（见表 6-3）

表 6-3 各项技师对客人服务情况的记录

时间（开始时间）	
客量	
技师	
房间	
项目	
时间（结束时间）	

2. 按摩时间控制（见表 6-4）

当按摩技师进入按摩房，准备为客人服务时，电话通知钟房开始起钟。当钟房通知结钟时，如需要加钟应给予说明。如没有加钟，则在结钟后 5 分钟内离开房间，送客人到休息室并同客人告别。

表 6-4　桑拿中心按摩时间控制表

房号：	锁号	NO：0000001
技工号：	桑拿：	________式按摩
时间：	日期：	备注：

（三）客用品的管理

1. 客用品的卫生

客用品的卫生不仅关系到客人的安全，而且直接影响桑拿洗浴中心的声誉。客用品必须经过消毒处理，符合国家卫生标准。客用品必须一客一换，一次性客用品不能重复使用。

2. 客用品使用量的控制

桑拿中心客用品的提供是根据收费标准、桑拿中心的档次来定的。一般来说，收费标准越高，提供的服务用品就越全。普通的桑拿洗浴中心收费一般较低，这类地方，除提供浴衣外，没有任何客用品；中档标准的桑拿洗浴中心提供客用的香皂、洗发液、浴液、一次性裤衩、背心、线袜等。

客用品是日常开支的主要项目，应严格管理和控制。

（1）建立严格的使用监管制度。客用品的领用必须根据营业规律，即每天接待人数情况的估计来领用。领用时必须有书面的记录。客用品申领单见表 6-5。

表 6-5 客用品申领单

班次：	申领时间：	日期：
用品项目：浴衣 浴巾 毛巾 香皂 洗发液 浴液 一次性裤衩 背心 线袜		
申领数：	实发数：	
申领者：	发放者：	

（2）客用品保管。客用品领取后应存放在便于服务的地方；同时，应严格控制，防止流失。客用品的流失主要是员工造成的。一方面，因员工管理不善而造成浪费；另一方面，主要是员工思想觉悟低。

（3）客用品使用量控制。浴衣用量不超过入客量的 20%；浴巾用量不超过入客量的 10%；毛巾用量不超过入客量的 10%；香皂、洗发液、浴液，一客一发，不超过入客量的 5%；一次性内裤、背心，一客一发，不得超过入客量；牙具、剃须刀，只有在客人需要时才发放，应根据每天入客量来检查客用品的消耗情况。

【案例分析】

H 饭店康乐部自从引进桑拿服务一年多来，给饭店带来了利润。近两个月客流量虽然比以前更多，但单位成本反而比以前增加了 10%，利润降低。总经理要求康乐部经理迅速查明原因，并采取有力措施，改善经营状况。在星期一早会上，康乐部经理认真听取了每个领班汇报，后经调查发现，由于近来客人众多，员工工作量增加，员工人数略显不足，致使有些消费信息不能及时传递，造成疏漏或跑账的现象。另外，客用品的使用量没有得到严格控制，有时造成一客多发的现象，使客用品的发放量超过正常控制要求，这些是造成桑拿部成本上升的直接原因。康乐部经理决定根据现有状况，立即采取措施，改变这种管理混乱的局面。

评析：

由于桑拿部客人增多，使员工之间的协调及管理跟不上，人为造成成本增加。应及时调整员工工作状况，根据客流量重新进行班次安排；对桑拿部各岗位的现行工作程序及标准进行修订，客用品严格按人头发放，堵住漏洞，降低成本；加强对服务工作的监督，使各项工作有效进行，避免混乱局面再次发生。

【思考与练习】

1. 洗浴项目的种类有哪些，各有什么特点？
2. 保健休闲场所应遵循哪些服务规定？
3. 怎样建立客用品的管理制度？

第七章　饭店康乐服务质量管理

第一节　饭店康乐服务质量概述

饭店康乐的经营是一项系统工程，它由接待、服务、管理、营销等过程构成，是饭店整体服务的一部分。康乐服务深入到整个经营的各个环节，可以说，服务是康乐经营的生命。在顾客面前，任何细微的服务质量问题都会损害饭店的信誉。康乐服务及其质量不仅是左右顾客选择产品的关键要素，而且在今后，没有质量和服务保证的项目，必将在市场上失去竞争力。

一、饭店康乐服务质量的含义

服务质量指服务者因被服务者主观感受达到的层面及深度。把“服务质量”这一概念包括的标准运用到饭店康乐中,可作为衡量饭店康乐整体经营层次及经营效果的一个客观准则。

康乐服务的本质是人际服务，因而要谈到康乐服务的质量，便不能回避服务人员的个人素质、处世人生观等人生境界的问题。服务人员的素质制约着服务质量。随着社会和经济的发展，人们对康乐服务质量的要求也越来越高，康乐服务的提供者不能再局限于“应付性服务”和“主动服务”，而应升华到“精神服务”层次上去，这样才能提高服务的质量。

饭店康乐服务质量是指饭店在有形和无形产品的基础上提供的服务适合和满足宾客需求的程度。也可以说是，饭店以康乐设施、场地活动等有形产品为依托所提供的服务对客人的物质和精神需要的满足程度，即客人享有服务时获得的感受和满意程度。

二、饭店康乐服务质量的内容

康乐服务是一个动态过程，是最能体现直接心理交流的一种存在方式，康乐服务可以生成愉悦，给人带来身心上的满足。康乐服务质量能否达到预期效果，有赖于服务者和被服务者双方个人素质的提高和交往中的和谐经验，亦有赖于对于影响康乐服务效果的不良因素和倾向的科学防范和及时纠正。因此，饭店提供的服务越能适合和满足宾客的需求，服务质量就越高；反之则越低。顾客在康乐消费过程中对服务质量的感受和满意程度通常包括以下几个方面。

（一）设施质量

设施质量指康乐活动和项目设施的规格和水平。康乐设施质量应与企业的等级、规模相适应，包括设施的先进程度、舒适程度、方便程度、安全程度以及设备的完好程度。

1. 设施性能

首先，设施的性能指标应达到康乐企业经营服务的要求；其次，在正常使用的情况下，设施性能应能符合产品设计的寿命。设施的性能是康乐服务质量的基本保证。所以，在企业规划初期就应对各品牌设施性能的情况进行调查，通过查看设备实际运转情况，了解用户对此种设备的使用体会，或通过试用来保证其性能的要求。

2. 安全和卫生性

饭店使用的康乐设备无论是桑拿设施、按摩椅，还是健身器材等都应符合国际和国家的安全卫生标准。例如，在噪声方面要求附带有消声、隔音装置；在安全方面要求考虑设备是否有防止事故发生的各种装置，如自动报警、自动断电、自动停止等装置，设施的安全性是顾客享用康乐的保证。

3. 设施外观和舒适性

设施外观应与康乐活动项目相协调，符合时代潮流，以高雅、精细、容易操作为标准。康乐设施除外观外，更应注意其适用性和舒适性，保持对顾客的长期吸引力。

4. 使用方便

康乐设施很多都需要顾客亲自参与和使用。所以，应尽可能地采用易学易操作的设施，提高顾客的参与程度。目前，很多康乐设施都采用电脑控制，自动性强，操作简便。

（二）康乐环境质量

饭店的外观质量，如建筑物外观、招牌设计、门面装修等都可以反映出企业的风格与档次；康乐企业内部质量主要通过提供愉快的康乐活动，以及舒适的装饰环境，包括灯光色彩、环境设计等来提高顾客的满意程度。环境质量还包括员工、管理者和顾客三者之间相互友好和谐的人际关系。

（三）康乐项目质量

饭店所提供的康乐项目的质量包括项目的趣味性、项目的新潮程度、项目的文化品位以及项目的价格水平等。康乐项目质量构成了康乐企业服务的基础。康乐项目质量的高低具有一定的客观标准，顾客能直接感受到康乐项目的好坏程度。所以，加强康乐项目质量的管理是提高康乐服务的保证。

（四）劳务质量

劳务质量是指员工对顾客提供服务时的行为表现。劳务质量是康乐企业服务质量本质的体现。劳务质量包括外在服务（服务员素质、服务技能、服务项目等）和经营服务（安全卫生、服务态度、地位、名声等）两类，这两类服务概括了顾客消费的利益享受和心理感受，是人们以劳务质量来衡量服务质量的原因。劳务质量也是康乐企业员工职业道德和团队精神的体现。

（五）时效质量

时效质量是指迅速、正确、有效地为顾客提供服务。由于康乐服务、生产和销售同时进行，不可预支，也不可保存，所以抛开时间观念谈服务质量是没有意义的。在某些情况下，顾客对服务质量在时效方面的需求甚至重于物质和精神方面的需求。劳务质量、环境质量和时效质量，构成了康乐服务的功能质量，也称为无形质量。无形质量的高低在很大程度上依赖于客人的主观感受。

三、饭店康乐服务质量的控制

康乐服务的过程与宾客感受、体验的过程是统一的，这决定了康乐服务质量管理的难度。因此，必须对康乐服务的全过程进行严格的服务管理。康乐服务质量管理的主要方法，就是对各康乐项目的服务规程进行设计，并通过规范化、标准化的服务操作来控制服务质量。

（一）康乐服务质量的控制原则

1. 系统性与连续性统一的原则

康乐服务质量管理的核心，就是做好各岗位员工之间、部门与饭店其他部门之间、员工与宾客之间，以及服务人员与管理人员之间的协调。因此，服务质量管理是全方位、全过程、全体人员的系统工作。同时，饭店康乐部必须保持其服务质量控制体系的连续性，实现服务质量的稳定性，以获得长远的社会效益和经济效益。

2. 指挥统一性的原则

康乐部各级岗位的服务和管理人员，都必须严格贯彻执行岗位工作责任制，不得越级指挥或者越级汇报。坚持指挥统一性原则是服务质量控制的关键所在；否则，将极大地损害上级管理人员的形象，挫伤现场管理人员的积极性，使上级对下级管理失去控制。当然，服务质量控制的指挥统一性原则并不与走动式服务管理模式上级深入实际的要求相矛盾，只要求服务管理人员在发现下级问题的时候采取正确的指挥方式。

3. 科学性与适应性统一的原则

服务质量控制的科学性，是指必须建立健全服务质量控制的规章制度和保证严格执行这些规章制度。它强调服务质量控制的严肃性。

服务质量控制的适应性，是指必须建立针对外部消费者的文化习俗、本企业所在地的地域特色、季节差异、市场环境的变化、服务产品技术的更新，调整服务质量控制规程和标准的制度创新机制。它强调服务质量控制的针对性。

两者的辩证统一关系是：服务质量控制的科学性决定其适应性，服务质量控制的适应性保证其科学性，即所谓科学的，才会是适应的；适应性强的，才是更科学的。

4. 控制关键环节的原则

服务质量控制的目标是使康乐服务过程各个环节都能够得到有效监督、检查和控制。但是，只有控制住一些关键环节的服务质量，才能较好地控制服务的全过程。例如，在整体的康乐服务过程中，服务态度是关键环节。但是，在运动类项目服务过程中，服务技巧是关键环节；在保健类项目服务过程中，技能是关键环节；在娱乐项目服务过程中，组织能力是关键环节。所以，康乐服务质量控制的步骤，首先是对这些关键环节进行定性和定量的监督、分析、评定和控制。

5. 注重专业技术的原则

康乐类项目服务人员的专业和技术水平，直接影响康乐服务质量控制结果。例如，运动类项目的服务和管理人员的规则裁判、救护防护、示范教练水平，直接影响客人消费的安全和兴致；再如，保健类项目的服务人员操作技能水平，娱乐类项目的工作人员的专业技术知识和技能水平，都会直接影响服务质量。所以，饭店康乐部必须对录用员工制定和执行严格的专业技术条件要求，对在岗人员服务操作中执行专业技术规程情况进行严格监督、检查、考核、评比和奖罚。

6. 服务管理灵活的原则

康乐服务质量控制应该坚持系统性、科学性和指挥统一性的原则，保证康乐服务质量控制的规范性和严肃性。同时，在此前提下，还应该根据康乐部内部经营项目比较多、经营规律差异比较大的特点，贯彻服务管理灵活的原则。例如，在收费方式上，灵活选择按时收费或者分场次收费；根据服务项目的活动难度，选择是否安排教练、陪练；根据营业规律，灵活安排营业时间和员工班次；根据客人的体质、要求，安排不同的训练、保健计划；根据市场流行时尚和趋势，灵活调整项目内容，并组织相关的培训和研究；根据客人的感受，调整操作方位、手法和力度；根据经营和市场的需要，制定不同的市场营销组合，等等。

（二）康乐服务质量的控制方法

康乐服务质量是通过一定的形式表现出来的，很多方面只有形式而没有实物，康乐服务不能像工业企业产品那样制定可用仪器检测的标准，而以顾客的满意程度为标准。饭店经营的目的就是获取最大的利润，为达到这一目的，只有通过最大限度地满足顾客需要使顾客满意来实现。因此，顾客的满意程度成为衡量康乐部服务质量的试金石。饭店提供的服务是由项目（设施）和劳务两部分组成的完美整体，但由于其中劳务服务的无形性和非量化特点，使它满足顾客需求的能力和程度完全取决于宾客的主观感受。

1. 建立标准化的作业程序

建立标准化的作业程序就是康乐服务在最大程度方便于顾客的原则下，设计出来的最好的服务程序和方法，明确应达到的规格和标准。标准化首先要确定服务的环节及工作任务，包括卫生、安全、服务态度、服务效率等环节的质量标准；其次确定每个环节服务人员的动作语言、姿态、时间要求，以及用具、手续、意外情况处理、临时要求等。标准化作业能使一些无形的因人而异的服务工作达到一致；标准化作业能使员工在很短的时间内掌握服务的诀窍，达到服务的高水平；标准化作业能保持服务质量的稳定。例如，饭店 KTV 房的服务卡就要及时填写，见图 7-1。

（正面）

×××饭店 KTV 房服务卡

Service Card　　　　NO：000001

房号 Room number：　　　　日期 Date：
订房人 Name of the room booking：
客人姓名 Guest Name：
开房时间 Room opening time：
转房时间 Change room time：
跟房经理（组）Room service manager：
当区部长 Area Supervise：
值房服务员 On duty staff：
看房 DJ 员 DJ service：
买单时间 Time to pay a bill：
买单人员 Name of the person receive bill：
结账方式 Checkout manner：
客人离开时间 Time of leave：
拾房服务员 Name of cleaner：
买单时房间人员 name of staff in the room when the bill been pay for：
备注 Remark： 楼面经理签名 Floor manager：

（反面）

×××饭店 KTV 房监督卡

管理人员进出时间 Time of a manager pass in and out				
姓名 Name	进房时间 Time of enter	出房时间 Time of come out	签　名 Signature	备　注 Remark
监督部人员签名 Supervise Department signature：				

图 7-1　饭店 KTV 房服务卡

2. 尽量把服务有形化

顾客对康乐服务的满意程度是通过已享受到的服务来评价的。感觉就是现实，如果顾客对服务没感觉，就谈不上服务的优良。为了使康乐服务质量具有可衡量性，在康乐服务经营过程中，在保证有形部分服务品质提高的同时，应尽量设法把无形服务部分有形化。

把康乐服务有形化，就是要使其具有可操作性，以既定服务规程和质量标准为依据规范服务工作，以保证服务质量的客观性和可测量性。如康乐服务是同康乐活动同时进行的，我们就应设计出如何让热情待客、殷勤服务有形化；通过教育和培训员工，使他们按岗位工作细则、员工行为规范和服务程序等来操作。

3. 建立服务质量控制系统

服务质量是服务性质和性能的集合。服务贯穿于工作内容和服务体系中。为了保持稳定的服务水平，则必须建立服务质量控制系统，对包括亲切感、热情、认真、细腻、准确、接待的合适度、缩短等候时间、清洁卫生状况、安全性，服务项目的完善性、竞争性等进行评估检查。例如，环境卫生检查表见表 7-1。

表 7-1 康乐部环境卫生检查表

部门：________区域（位置）：________检查人：________日期：________

序号	检查细则	等级		
		好	一般	差
1	玻璃门、镜面及音响是否清洁、无灰尘？			
2	工作台、桌椅及沙发有无灰尘及破损？			
3	地面有无污痕、纸屑及杂物？			
4	杯盅、盘子有无污渍及配置合理？			
5	墙面装饰品有无破损、污痕？			
6	盆景花卉有无枯萎、带灰尘现象？			
7	天花板是否清洁、有无污痕及破损、漏水痕迹？			
8	蜡烛杯/台是否清洁、有无污痕及破损？			
9	烟灰盅是否清洁、有无污痕及破损？			
10	通风口是否清洁，通风是否正常？			
11	空调设施是否运转正常？			
12	灯泡、灯管罩有无脱落、破损、污痕？			
13	吊灯照明是否正常，吊灯是否完整？			
14	通道有无障碍物，楼梯是否清洁？			
15	广告宣传品有无破损、灰尘、污痕？			
16	酒水牌、台卡是否清洁，是否有缺页破损？			
17	地毯、地板是否清洁无污痕，是否有破损？			
18	洗手间是否清洁，下水管道是否堵塞？			
19	自动空气喷香机是否有电、有气体？			
20	家私柜是否清洁、有无破损及用具配备是否合理？			
21	商品陈列及摆设是否合理及美观？			
22	托盘有无清洁及破损？			

4. 建立顾客意见反馈系统

要保持稳定的服务质量，提高服务水准，就必须建立顾客反馈系统，把顾客的抱怨尽可能减少到零。顾客对服务的抱怨有两种，其一是显在的抱怨，即顾客指出或者是看出来的不满，或被服务人员发现的不满情绪，这类抱怨只要给予一定的重视，就容易采取措施补救。另一种是“潜在的抱怨”，即顾客对康乐服务的不满不予表示或表露出来，而是以不再光临或以“口传”方式转告亲朋好友。潜在的抱怨，容易造成顾客流失。所以，应建立一套公平有效的顾客信息反馈系统。顾客意见卡见图 7-2。

（正面）

NO：00001

顾客意见卡
Customer Opinion

尊敬的来宾：

承蒙光临××饭店康乐部，在您享受娱乐气氛及消费的同时，欢迎对本康乐部的服务、餐饮、视听效果提供宝贵意见，我们必将审慎检讨，作为日后求新求好的方向。

谢谢您的赐教！

姓名：Name　　年龄：Age　　性别：Sex

联系电话：Contact Phone Number

消费时间：Time of consumption　年 Year　月 Month　日 Day　时 Hour　分 Minute

消费地点：Place of consumption　区 Area　房/台 Room

消费意见
Consumption Opinion

1．您对我们这里的音响设施
Give us your Opinion about sound establishment：
满意 Very good□　一般 Good□　不满意 Bad□

2．您对我们这里的环境整洁程度
What do you think of the place：
满意 Very good□　一般 Good□　不满意 Bad□

3．您对我们酒吧/厨房的出品速度及质量
What do think our Service for the bar and kitchen：
满意 Very good□　一般 Good□　不满意 Bad□

4．您对我们的歌曲库感到
Do you like a song and music：
满意 Like very much□　一般 Like□　不满意 No□

5．您对我们的收费标准感到
What do think of the charge standard：
满意 Good□　偏高 To much□　不合理 Without reason□

6．您对我们这里的管理人员素质
What do you think of the quality of management：
满意 very good□　一般 Good□　不满意 Bad□

7．您对我们这里的服务质量
What do you think of you think of our Quality of services：
满意 very good□　一般 Good□　不满意 Bad□

8．您对我们这里的配套功能设施感到
What do you think of the Complete set of functions：
满意 very good□　一般 Good□　不满意 Bad□

9．如有工作人员向顾客强索小费，请您记下职称_________及姓名_______或工作牌号
If any one ask for tips，do you remember the persons title name and Number of name plate。

10．认为最满意的工作人员是__________，工牌号是___________。
Who is the best worker____________，Number of name Plate___________。

11．您对本康乐部或我们的工作是否还有其他意见或建议：
Please give us your Opinion and Advice

××市××饭店康乐部

总机电话 Phone：　　传真 Fax：

地址：

图 7-2　顾客意见卡

顾客的信息反馈，一方面来自企业的服务人员和经理，他们应对每天的工作进行总结，尤其是应明确改进的地方和方法；另一方面是来自顾客，应主动诚恳地征求顾客的意见和建议，或通过顾客的同事、朋友反馈意见。顾客意见是康乐服务的一面镜子，是衡量服务质量好坏的一把尺子。

第二节 饭店康乐服务的礼貌要求与程序

饭店康乐部的经营项目，只有通过服务才能实现服务质量的高低；同时，经营项目的服务也直接关系到饭店康乐部的经济效益。所以，现代康乐经营管理者必须熟悉现代康乐服务知识，包括服务的礼貌要求和服务程序。

一、饭店康乐服务的礼貌要求

饭店康乐服务是物质文明和精神文明高度发达的产物，饭店康乐活动不仅要求有现代化的物质环境，而且要求有现代化的精神环境。因此，饭店康乐服务首先要求礼貌待客。

礼貌是文明行为的起码要求，是人们待人处事时的容貌、表情、言语、动作和谦虚恭敬的表现。礼貌在不同场合、不同行业都有着不同的要求，现将饭店康乐对礼貌的要求简单介绍如下。

（一）仪表要求

仪表是指人的外在表现。如着装、服饰、化妆、发型等。饭店康乐的仪表要求包括以下内容：

（1）工作时间穿本单位规定的统一工作服，左胸前佩戴服务标志。

（2）工作服要整洁，领带、领花要挺直干净，系戴端正，扣齐纽扣，鞋袜整齐，皮鞋要保持光亮。

（3）头发要整洁，梳理整齐，不得有头皮屑。

（4）发型要讲究。女：前发不遮眼，后发不过肩，不准梳奇形怪状发式；男：不留长发和胡须。

（5）注意长筒袜的抽丝和脱落。

（6）鞋子不得沾染灰尘和油渍。

（7）双手保持清洁，指甲内不得留有污物，夏季手臂保持清洁。

（8）不得看见耳垢。

（9）不得有眼屎。

（10）膝盖干净，衬裙不得外露。

（11）衣服拉链要拉足。

（12）女的不要化浓妆，不使用香水，不准戴耳环、戒指；不准留长指甲和涂指甲油，不能当众化妆。

（13）上班时间不准穿短裤、背心、拖鞋和打赤脚；不准戴有色眼镜。

（二）举止要求

举止是指人的行为、动作和表情。

1. 站立要求

（1）挺胸抬头，不能弯腰驼背，也不能肩膀向一侧倾斜。

（2）姿态要端正，双手自然下垂，不能叉腰抱胸，不能将手放在兜内。

（3）双脚稍微拉开呈 30 度。

（4）要庄重有礼，落落大方。

（5）不准背靠他物或趴在服务台上。

2. 行走要求

（1）行走时一定要走姿端庄。行走时，身体的重心应稍向前倾，收腹、挺胸、抬头，眼睛平视前方，面带微笑，肩部放松，上体正直，两臂自然前后摆动。

（2）走路时，脚步要既轻且稳，切忌晃肩摇头、上体左右摇摆，尽可能保持直线前进。遇有急事，可加快步伐，但不可慌张奔跑。

（3）多人一起行走时，不要横着一排，也不要有意无意地排成队形。

（4）服务人员在康乐场所行走，一般靠右侧。与宾客同行时，要让宾客走在前面。遇通道比较狭窄，有宾客从对面过来时，服务人员应主动停下来靠在边上，让宾客先通过，但切不可把背对着宾客。

（5）遇有急事或手提重物需超越行走在前面的宾客时，应彬彬有礼地征求宾客同意，并表示歉意。

（6）行走要轻稳、姿态要端正，表情自然大方，给人以美的感受。

（7）行走时不能将手放入兜内，也不能双手抱胸或背手。

（8）快速行走时不能发出踏地的咚咚响声。

（9）如多人同时行走时，不能用手勾肩搭腰，不能边走边笑、边打闹。

（10）如引领客人时走在客人左前方两步远处，行至转弯处服务员应伸手示意。

（11）与宾客同行时，不能突然抢道穿行，在允许情况下给客人一定程度的示意后方能越行。

3. 目光要求

（1）注视对方时间应占谈话时间的 1/3，否则给人不信任的感受，但在南欧、南斯拉夫、希腊和意大利注视对方被看成是冒犯。因此，对这些国家的人就不要注视对方。

（2）注视的位置要适当。一般社交场合应注视对方双眼与嘴之间的三角区，谈公事时注视眼部以上位置能保持主动，但日本人却习惯注视颈部。

（3）轻轻的一瞥，表示兴趣或敌意，疑虑或批评。所以，康乐工作人员要特别注意不要流露出这种目光。

（4）切忌闭眼，因为持续 1 秒钟或更长时间的闭眼，表示排斥、厌烦、不放在眼里的意思。

总之，康乐工作人员应恰当运用语言和目光表达对顾客的热情关注。

4. 行为要求

（1）服务动作要轻。

（2）在宾客面前不要吃东西、饮酒、吸烟、掏鼻孔、搔痒，不要脱鞋、绾裤角、捋衣袖、伸懒腰、哼小调、打哈欠。

（3）路遇熟悉的宾客要主动打招呼。在走廊、过道、电梯或活动场所与宾客相遇时，应主动礼让。

（4）不要随地吐痰、乱扔果皮、纸屑。

5. 手势要求

手势是最有表现力的一种"体态语言"，它是康乐服务人员向宾客做介绍、谈话，引路、指示方向等常用的一种形体语言。

（1）手势要正规、得体、适度、手掌向上。

（2）在指引方向时，应将手臂伸直，手指自然并拢，手掌向上，以肘关节为轴指向目标；同时，眼睛也要转向目标，并注意对方是否已看清目标。

（3）在介绍或指路时，不能用一个手指比划。

（4）谈话时，手势不宜过多，幅度不宜太大。

（5）在使用手势时，还应注意各国的风俗习惯。如竖起大拇指，在我国有称赞、夸奖之意，而在澳大利亚则有侮辱的意思；用手指组成"O"形，在美国含有好与平安的意思，在日本是有钱的意思，在地中海沿岸，则含有侮辱的意思；阿拉伯人用小指搭在一起，表示断交。

（三）个人卫生要求

（1）经常刷牙，保持口腔清洁，上岗前三小时内不得吃有异味的食物，保持说话口无异味。

（2）发式要按规定要求梳理整洁。

（3）要做到勤洗手、勤洗澡、勤理发、勤剪指甲。

（4）工作服要勤洗勤换，保持整洁。

（5）皮鞋要勤擦油，保持光亮，布鞋和袜子要保持清洁。

（6）不能在客人面前挖耳、掏鼻、扒眼屎、修指甲、打喷嚏。

（四）语言要求

（1）语调亲切，音量适度，讲普通话。

（2）适时运用"您好""请""谢谢""对不起""别客气""请稍候"等礼貌用语。

（3）称呼要得当，不要用"哎、喂"等不礼貌的语言。

（4）不准粗言粗语，高声喊叫。

（5）语速不要太快，要清脆简明，不要有含糊之音。

（6）同客人讲话时，精神要集中，眼睛要注视对方，要细心倾听，不能东张西望，左顾右盼，不要与客人离得太近，应保持 1 公尺（1 公尺 = 1 米）左右。

（7）语言简洁、明确、充满热情。

（8）遇见客人主动打招呼，向客人问好。

（9）对宾客的要求无法满足时，应说“对不起”表示抱歉。

（10）讲究语言艺术，说话力求语意完整，合乎语法。

（11）适时运用六大接待用语。

接待顾客的六大用语具体内容如下：

（1）您来了。

（2）明白了。

（3）请稍等片刻。

（4）让您久等了。

（5）真对不起。

（6）谢谢。

同时，如果再配上一定的动作，那么接待顾客的工作才能更成功。比如在说了“您来了”之后就点头致意，或者行 90° 鞠躬礼。

员工能经常精神饱满地使用“您来了”这类词语，能使整个饭店康乐部充满活力。因为“您来了”这句话里除了包含着欢迎顾客光临的意思之外，同时还表示另一层意思，即知道您要来，我现在就安排您所需要消费的康乐项目，请稍等一下。顾客听了这句话后，就会打消顾虑。反之，如果既不打招呼，又迟迟不安排顾客的消费项目，提供及时的服务，那么顾客就不会再次登门。

（五）礼貌的运用

服务人员掌握以上礼貌礼仪基本知识后，就应该时刻注意自己的一言一行，一举一动，使之规范化、职业化，显示出较高的职业修养，为做好康乐服务工作打下基础。康乐部应该在员工培训期间加强礼貌礼仪的训练，并根据本部门情况制定出规范的语言和考核标准，加强训练；同时，培训员工根据具体情况恰当运用所掌握的礼仪礼貌知识。如：

（1）能区别不同接待对象，准确运用迎接、问候、告别语言。

（2）对常客和回头客能称姓名或职衔。

（3）服务态度主动、热情。

（4）遇见客人时先微笑，然后礼貌地打个招呼。

（5）用友善、热情、礼貌的语气和客人说话。

（6）迅速回答客人的问题，并主动为客人找出答案。

（7）预计客人需要，并帮助解决问题。

二、饭店康乐的服务程序

现代康乐的服务程序是现代康乐企业根据各经营项目的特点而设计的，要求服务人员依此顺序执行的工作步骤。任何康乐经营单位都应有一套完整合理的并能自始至终贯彻执行的服务程序。不同于服务标准，服务程序重点强调的是工作步骤，具有很强的顺序性。下面，对康乐项目的服务程序做一简单介绍，以供参考。

（一）保龄球项目的服务程序

（1）热情、礼貌地向客人打招呼，并询问客人有何要求。

（2）请客人出示住房卡或房间钥匙。

（3）请客人在登记本上签字。

（4）检查客人的住房登记，看房间号是否与客人姓名相符。

（5）问清是否有预定，向有预定的客人介绍保龄球场设施、租金、收费标准以及为客人提供的服务。

（6）对无预定的人，如果场地已经占满，应礼貌地告知客人打保龄球需要提前预约，以免与其他客人在时间上发生冲突。

（7）如果客人需要陪打员或教练，则做出相应安排。

（8）弄清结算方式，并在保龄球登记本上记录开始时间，然后由服务员带领客人去打保龄球。

（9）到结束时服务员应礼貌地征求客人意见，是否需延长使用场地的时间，如客人结束使用，最后检查有无遗失物品，客人是否归还租用球鞋和球等。

（10）向客人致谢，欢迎客人再次光临。

（二）网球项目的服务程序

（1）热情、礼貌地向客人打招呼，并询问客人有何要求。

（2）请客人出示住房卡或房间钥匙。

（3）请客人在登记本上签字。

（4）检查客人的住房登记，看房间号是否与客人姓名相符。

（5）问清是否有预定，向有预定的客人介绍网球场设施、租金、收费标准以及为客人提供的服务。

（6）对无预定的人，如果场地已经占满，应礼貌地告知客人打网球需要提前预约，以免与其他客人在时间上发生冲突。

（7）如果客人需要陪打员或教练，则做出相应安排。

（8）弄清结算方式，并在网球登记本上记录开始和结束时间，然后由服务员带领客人去网球场。

（9）到结束时服务员应礼貌地征求客人意见，问是否需延长使用场地时间，如客人结束使用，最后检查有无遗失物品，客人是否归还租用球拍等。

（10）向客人致谢，欢迎客人再次光临。

（三）乒乓球项目的服务程序

（1）主动、热情、礼貌地向客人打招呼，并询问客人有何要求。

（2）请客人出示住房卡或房间钥匙。

（3）请客人在登记本上签字。

（4）检查客人的住房登记，看房间号是否与客人姓名相符。

（5）问清是否有预定，向有预定的客人介绍乒乓球场设施、租金、收费标准以及为客人提供的服务。

（6）对无预定的人，如果场地已经占满，应礼貌地告知客人打乒乓球需要提前预约，以免与其他客人在时间上发生冲突。

（7）如果客人需要陪打员或教练，则做出相应安排。

（8）弄清结算方式，并在乒乓球登记本上记录开始和结束时间，然后由服务员带领客人去乒乓球场。

（9）到结束时服务员应礼貌地征求客人意见，问是否需延长使用场地时间，如客人结束使用，最后检查有无遗失物品，客人是否归还租用球拍等。

（10）向客人致谢，欢迎客人再次光临。

（四）台球项目的服务程序

（1）热情、礼貌地向客人打招呼，并询问客人有何要求。

（2）请客人出示住房卡或房间钥匙。

（3）请客人在登记本上签字。

（4）检查客人的住房登记，看房间号是否与客人姓名相符。

（5）问清是否有预定，向有预定的客人介绍台球场设施、租金、收费标准以及为客人提供的服务。

（6）对无预定的人，如果场地已经占满，应礼貌地告知客人打台球需要提前预约，以免与其他客人在时间上发生冲突。

（7）如果客人需要陪打员或教练，则做出相应安排。

（8）弄清结算方式，并在台球登记本上记录开始和结束时间，然后由服务员带领客人去台球场。

（9）到结束时服务员应礼貌地征求客人意见，问是否需延长使用场地的时间，如客人结束使用，最后检查有无遗失物品，客人是否归还租用球杆和球等。

（10）向客人致谢，欢迎客人再次光临。

（五）高尔夫球项目的服务程序

（1）热情、礼貌地向客人打招呼，并询问客人有何要求。

（2）请客人出示住房卡或房间钥匙。

（3）请客人在登记本上签字。

（4）检查客人的住房登记，看房间号是否与客人姓名相符。

（5）问清是否有预定，向有预定的客人介绍高尔夫球场设施、租金、收费标准以及为客人提供的服务。

（6）对无预定的人，如果场地已经占满，应礼貌地告知客人打高尔夫球需要提前预约，以免与其他客人在时间上发生冲突。

（7）如果客人需要陪打员或教练，则做出相应安排。

（8）弄清结算方式，并在高尔夫球登记本上记录开始和结束时间，然后由服务员带领客人去打高尔夫球。

（9）到结束时服务员应礼貌地征求客人意见，问是否需延长使用场地的时间，如客人结束使用，最后检查有无遗失物品，客人是否归还租用球杆和其他用品等。

（10）向客人致谢，欢迎客人再次光临。

（六）游泳项目的服务程序

（1）热情、礼貌地向客人打招呼。

（2）请客人出示住房卡或房间钥匙。

（3）请客人在登记本上签字。

（4）检查客人的住房登记，看房间号是否与客人姓名相符。

（5）详细登记客人游泳时间。

（6）向客人介绍游泳池水温、室温、服务项目及收费标准。

（7）向客人发放毛巾及更衣柜钥匙（浴巾、手巾各一条）。

（8）由教练或服务员带客人去更衣室，并向客人简要介绍游泳服务设施。

（七）游艺项目的服务程序

（1）服务员每日营业前，整理游艺室卫生，擦洗棋牌室桌面、坐椅、地面卫生，摆好棋牌。

（2）检查酒水、饮料，需补充的用品填写申领单，及时补充，摆放整齐。

（3）请客人出示客房钥匙或住房卡。

（4）登记客人的姓名、房间号、时间和要做的游艺项目。

（5）向客人说明游艺项目的费用标准。

（6）根据服务要求，引导客人进入游艺厅；及时提供香巾、酒水服务，请客人进入游艺活动场所。

（7）服务过程中，加强巡视，适时更换香巾、茶水、饮料。

（8）客人招呼时，及时提供客人需要的服务。

（9）注意客人的状况，如发现客人之间发生纠纷，应及时排解。

（10）准确记录游艺时间和酒水使用情况。

（11）请客人看记录，准确收取费用或签字。

（12）客人离开，主动道别。

（八）歌舞厅和卡拉 OK 厅项目的服务程序

（1）客人来到，主动迎接问好，引导客人入座。

（2）请客人出示客房钥匙或住房卡。

（3）登记客人的姓名、房间号。

（4）及时提供酒水、饮料。

（5）服务过程中要注意观察客人，加强巡视，适时补充酒水、小吃。

（6）发现客人纠纷，及时排解。

（7）客人点歌，要将歌单及时送到控制室，按顺序播放，满足客人娱乐需要。

（8）准确记录客人点歌、酒水、饮料、小吃等使用情况。

（9）请客人查看记录，并收费或签字。

（10）客人离开，主动道别。

（九）配套酒吧的服务程序

（1）见到客人微笑并礼貌地问候。

（2）伸手示意客人进入酒吧。

（3）在客人左前方 1.5 米处为客人引路。

（4）询问客人的人数。

（5）征询客人是否满意你所指给客人的座位。

（6）如果客人不喜欢服务员所指的座位，可由客人自己选择座位。

（7）将椅子向后搬开，使客人能站在椅子前。

（8）示意并帮助客人坐下。

（9）准备酒单，酒单应完好，无污迹，无破损。

（10）准备好笔和订单本。

（11）打开酒单第一页，礼貌地双手递给客人。

（12）给客人一定的选择时间，然后再询问客人是否可以订单。

（13）要听清客人所订的饮料，并做好准确记录。

（14）订完单后要向客人复述一遍客人所订的饮料。

（15）一些烈酒或特殊饮料要询问客人如何饮用。

（16）最后向客人道谢。

（17）将干净的杯垫摆放在吧台上。

（18）从客人的右侧为客人服务酒水。

（19）将饮料杯放在杯垫上，然后再为客人倒入饮料，饮料瓶口不能触到杯口边缘。

（20）提供饮料的同时，告诉客人饮料的名字。

（21）在提供饮料或酒水过程中，用手拿玻璃杯的下半部分或杯柄。

（22）所有饮料或酒水在客人订完单后三分钟内，服务到客人面前。

（23）当客人再次订饮料时，更换新的饮料杯。

（24）当客人杯中饮料剩 1/3 时，上前为客人添加饮料或询问客人是否再订另一杯饮料。

（25）空瓶及时撤走，客人杯中饮料用完，客人也未再点饮料时，征得客人同意，马上撤下空杯。

（26）当为客人点完饮料后，客人向服务员道谢时，服务员应向客人表示非常高兴为您服务，并欢迎客人再次光临。

（十）桑拿浴项目的服务程序

（1）热情、礼貌地向客人打招呼。

（2）请客人出示客房钥匙或住房卡。

（3）登记客人的姓名、房间号、时间和要做的项目（干、湿桑拿等）。

（4）向客人说明桑拿浴的费用标准，并按标准收费。

（5）递送毛巾（一条浴巾、一条手巾）及更衣柜钥匙，对不熟悉的客人做出必要的介绍。

（6）满足客人的各项要求，如传电话、找人等。

（7）随时同后台人员保持联系，有情况及时同后台沟通。

（8）向客人致谢，欢迎客人再次光临。

（十一）按摩项目的服务程序

（1）热情、礼貌地向客人打招呼，并询问客人有何要求。

（2）请客人出示客房钥匙或住房卡。

（3）登记客人的姓名、房间号、时间和要做的按摩项目。

（4）向客人说明按摩的费用标准，并按标准收费。

（5）准备好按摩用品。

（6）由服务员把客人带入按摩室。

（7）由专业按摩师按照按摩程序为客人服务。

（8）征求客人意见。

（9）向客人致谢并欢迎客人再次光临。

（十二）健身房的服务程序

（1）热情、礼貌地向客人打招呼。

（2）请客人出示住房卡或房间钥匙。

（3）请客人在登记本上签字，写明地址或联系电话，并存档。

（4）检查客人的住房登记，看房间号是否与客人姓名相符。

（5）登记客人的使用时间及使用项目。

（6）介绍自己的姓名、职责和所有的设备和器械。

（7）向客人介绍健身房服务项目、收费标准及入会会费标准。

（8）发放毛巾（浴巾、手巾各一条）、更衣柜钥匙。

（9）及时将客人介绍给经理及教练，由他们向客人做专业性介绍和指导。

（10）指导客人在锻炼时应注意的原则和事项。

（11）指导客人如何使用健身设备和器械。

第三节　饭店康乐的优质服务

康乐部的经营管理是一项系统工程，它由接待服务、项目服务、管理服务、营销服务等构成，“服务”则体现在整个康乐部经营的各个环节。服务质量的高低优劣直接影响饭店康乐部的声誉、形象和经济效益，因此服务质量是康乐部的生命线。

康乐部的优质服务应该从两个大的方面去把握，即硬件部分和软件部分。硬件部分主要是指设施的建设和设备的配备，这是由企业决策者决定的，在此不做深入探讨；软件部分主要是指由服务员提供的具体服务，这与企业的管理者及服务员都有非常密切的关系。为了给顾客提供优质服务，服务员时刻都应高度重视并付诸行动。

一、优质服务的概念及特征

康乐部向顾客提供的服务，以其特定的内容创造使用价值，参与商品交换，因而具有商品的一般特征。提供优质服务是商品经济中价值规律的客观要求。要想提供优质服务，就应该认识优质服务的本质，弄清其概念及特征。

（一）优质服务的概念

1. 服务的概念

在讨论优质服务的概念之前，首先要清楚什么是服务。服务是指在一定的场合和时间内，供方满足需方合理需求的单向服务过程。其中，一定的场合和时间是指在营业场所和营业时间内，如果超出这一范围，则不能形成一般的服务与被服务关系，而可能形成其他社会关系。例如，餐厅服务员与出租车司机在不同的场合和时间内，其服务与被服务的角色会互换。"供方"是指服务企业，具体提供者是服务员；"需方"是指被服务者，即来消费的客人。"合理需求"是指客人购买服务产品时应遵循等价交换的原则。另外，需方即客人的需求还应符合政策法令和道德规范，例如有个别客人要求提供赌博和色情服务，这就属于不合理（非法）需求，应该坚决予以拒绝。

2. 优质服务的概念

顾客在消费过程中，认为其满意度达到了期望值的那部分服务。对顾客来说，当满意度达到或超过他的期望值时，他就会认为是优质服务；当满意度接近期望值时，他会认为是一般服务；当满意度距离期望值较远时，他会认为是劣质服务。

（1）期望值的定义。

所谓期望值，是指人们希望某一事物所应达到的水平，就服务行业而言，它是指被服务者希望所受服务应该达到的水平。

期望值产生的过程见图 7-3。

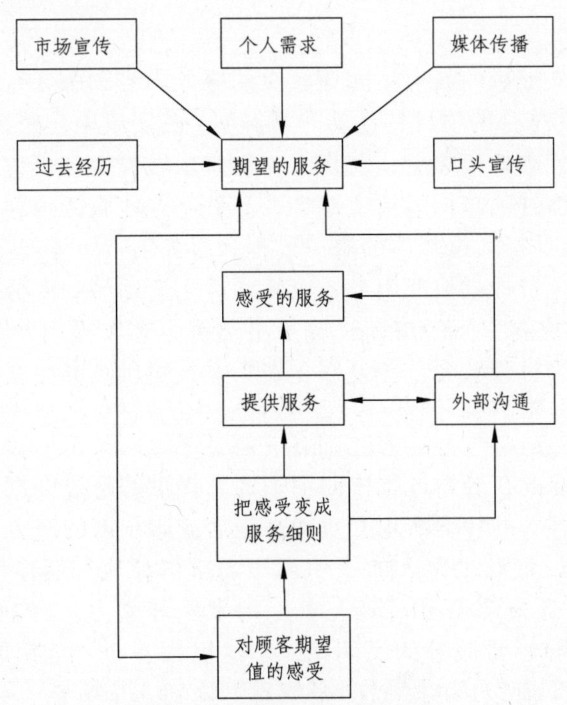

图 7-3　期望值产生的过程

人们对不同事物的期望值是不同的，例如对工作的期望，对生活的期望，对婚恋的期望，对饮食的期望，对康乐的期望等，各不相同。期望值是一个变量，它因人、因地、因时、因事不同而有所不同，并且会随着时间的推移而不断改变。

（2）满意度的定义。

满意度是指顾客对所感受到的服务的评价与其期望值一致的程度。满意度是衡量服务质量优劣的动态标准，并且是最主要的标准。

（二）康乐部优质服务的基本特征

康乐部的优质服务是指客人对康乐部管理者和服务员所提供服务的期望值和满意度的相对统一。它的基本特征是建立在规范化服务基础上的个性化服务。规范化服务即标准化服务，一般可以满足大多数客人的要求。个性化服务则有所不同，它包括情感服务、特色服务、超常服务等特殊内容。

1. 情感服务

情感服务，顾名思义是饭店企业的管理者或服务员在为客人提供服务的过程中倾注了情感的行为。例如，很多饭店都有客人档案，要求服务员熟悉回头客的一般情况，对第二次来消费的客人能以姓氏或者姓氏加职务称呼，如××经理、×大姐等。这种称谓可以使客人产生亲近感，易于拉近企业与客人的关系。饭店还可根据客人的档案情况向其道贺生日或赠送生日礼品，或在重大节日向客人赠送礼品，如新年时赠挂历，圣诞节时赠小玩具等。这样可以让客人时时刻刻感到被关注的喜悦，有助于增进客人与管理者及服务员之间的感情，使客人的期望值更容易得到满足。

2. 特色服务

特色服务是指向客人提供的具有本企业特点的服务内容和服务行为。服务内容多与服务项目密切联系。例如，夜总会的项目特色就非常鲜明：西安康乐宫曾推出过仿唐乐舞夜总会；北京康乐宫曾推出过历代歌舞夜总会；北京大铁塔娱乐城推出过模仿法国红磨坊特色的夜总会；北京锡华俱乐部推出过阿拉伯风情夜总会，等等。这些服务内容都有其典型的风格和鲜明的特色。服务行为特色是指通过具体的服务过程和服务细节所体现出的本企业的服务特点。例如，为打网球的客人免费提供按摩服务，以解除客人运动后的疲劳；对初学打保龄球的客人免费提供基础知识和技能方面的培训；健身房免费为客人提供专业化的健身训练指导服务；桑拿浴室为客人提供订餐服务；美发室免费为客人提供头部按摩服务等。

3. 超常服务

超常服务是指饭店企业在经营过程中向消费客人提供的超过常规服务标准和服务范围的服务。它能够满足一些客人的特殊需求，对提高饭店或康乐部的声誉有很好的作用。

超常服务是根据“尽量满足客人的一切正当需求的原则”而提出的。提供超常服务除需企业管理者授权外，还要求服务员具有良好的素质和能力。1970 年成立的国际“金钥匙”协会，就是一个倡导超常服务的民间组织。这里举一个“金钥匙”服务员提供超常服务的例子。一天，北京王府饭店的一位“金钥匙”接到一个电话，一位法国客人让其帮助购买一盘摄像机用的磁带，并告之其正在朝鲜等着急用！原来，这位客人前不久入住王府饭店时，曾在北京某商场买了一盘摄像磁带，当他到朝鲜后发现不够用，便抱着试试看的心理，给王府饭店的“金钥匙”打了上述电话。接电话的这位“金钥匙”按照客人的要求买到了摄像带，并与朝鲜航空公司联系，于第二天中午将摄像带送到了这位法国客人手中，不久，这位法国人又住进了王府饭店。又如，有一次，一个婚庆机构在北京康乐宫举办500对新郎新娘参加的结婚典礼，喝过交杯酒之后，有几位新人向服务员提出把酒杯拿走留作纪念的要求。按照常规，这种要求一般是会被拒绝的，但经请示，康乐宫将酒杯赠给了客人，客人满意而归。

在国外，超常服务的例子也很多。20年前，一位朋友随中国代表团赴西欧的卢森堡访问。一次，在一家中国人开的“孔夫子饭店”吃过饭以后，他们想去看电影，于是找来餐馆的服务员，请他指引去电影院的路。服务员换好下班的衣服，开着私车把他们送到电影院，又执意用自己的钱为他们买了电影票。时隔20年，当时看过电影的人甚至已将电影情节淡忘了，但对那位提供了超常服务的餐馆服务员却念念不忘。

现在，提供超常服务已越来越受到企业管理者和服务人员的重视。

二、优质服务的内容

评价服务质量优质与否的关键是客人对所受服务的满意度是否能达到或超过期望值。那么从哪些方面来考查和评估顾客满意度呢？人们在长期的经营过程中总结出了评估优质服务的五项要素。

（一）产品内容、特色和技术含量

服务是一种特殊的产品，服务是不可贮存的、边生产边消费的产品。服务之不同体现在其内容、特色和技术含量等方面。

1. 项目所能提供的服务内容

不同的服务项目所提供的服务内容不同。从大的项目来看，如餐饮业、运输业、商业、康乐业，虽然它们同属于服务行业，但其提供的服务特点、规律、评定标准等有很大差异。即使同是康乐业，不同项目的服务内容和特色也各不相同。因此，在评估服务质量的优与劣时，首先要看某一服务项目是否提供了相应的服务内容及特色服务。如某保龄球馆应提供的服务内容除了必备的保龄球道、自动捡球装置和球之外，还提供公用保龄球鞋、滑石粉、毛巾、茶水、贵宾存球柜等。此外，还应提供其他特色服务，如记分服务、培训服务、洗球服务、打孔及修球服务等。

2. 专业和技术

这是指客人能意识到的服务员提供服务的专业知识和业务技能，如保龄球服务员的裁判知识、运动知识、示范能力、排除机器故障能力等。这里所说的知识和能力并不仅仅体现在对客人的直接服务中，例如保龄球机器设备的维修和保养工作多是在客人看不见的时间和地点进行的，如果服务人员在这方面的能力较差的话，机器设备的故障率就会增高，由此会引起客人的抱怨。

（二）服务态度与服务行为

1. 服务态度

服务态度是指客人感知到的提供服务的员工对其友善与否以及为客人解决问题的自愿程度等工作表现。客人需要的服务态度是：热情与诚恳、礼貌与尊重、亲切与友好、谅解与安慰等，管理人员和服务员应通过细致的观察和分析，运用心理学和统计学知识，找出顾客需求的一般规律，从而指导服务工作。

2. 服务行为

服务行为是服务提供方为达到服务目的所进行的主要活动。服务行为的优劣主要体现在服务过程中服务员是否主动为客人服务，是否按服务规范提供服务等方面。例如，在保龄球服务中，客人一时没有找到适合自己使用的公用球，服务员是否主动帮客人挑选；在游泳池或戏水乐园的服务中，客人的泳圈充气不足时服务员能否主动帮客人充气，等等。细致周到的服务既能提高康乐企业的服务档次，又能反映出一个合格服务员的素质和能力。

（三）可参与性和灵活性

1. 可参与性

可参与性是指消费者参与某些康乐项目、体验参与乐趣的程度。大部分康乐项目的参与性都很强，例如，只有下水游泳才能体验到游泳的乐趣，只有打保龄球才能体验到保龄球的魅力。卡拉 OK 歌厅之所以发展极快，也是因其具有极强的参与性，人们不仅可以自唱自乐，而且还可以根据自己的需要和喜好参与调音。现在，社会上很多新兴的康乐项目都突出了参与性，因此很受人们的欢迎，如陶艺馆（客人可以自己动手制作陶器的地方）、布艺馆等是新推出的康乐项目。

2. 灵活性

由于接受服务的对象是有感情色彩的人，人不仅有物质需求，而且还有精神需求。这些需求又因人而异，这样就要求提供服务时应具有灵活性。这种灵活性表现在以下几个方面：

（1）营业制度上的灵活性。

康乐业在经营制度上有很大的灵活性。例如，某游戏厅在开业初期发现参观的客人多而消费的客人少，于是决定拿出一部分游戏币免费赠给客人试用，此方法立刻产生了促销效果。再如，一些卡拉 OK 歌厅采用了多层次打折收费的制度，制定了多种打折标准。这些灵活的做法对改善服务、促进销售起到了很好的作用。

（2）营业时间上的灵活性。

例如，某康乐部在营业旺季采用分场次营业的方式，以便在场间休息时能够集中清理场地，搞好卫生工作，同时在两场之间的时间段引导客人消费其他项目；在营业淡季则采用计时收费或不限时间的经营方式。

再如，有很多康乐部采用弹性营业时间，某康乐部平时午夜 12：00 停业，但此时如果客人兴致正浓，营业时间则会随客人要求而延长。

（3）服务方式上的灵活性。

例如，现在很多饭店康乐部都要求服务员主动服务，但这并不意味着在任何时间和情况下都应主动服务，如果几个生意人正在桑拿休息室内谈生意或其他要紧事，服务员过于主动地服务，打断客人谈话，非但起不到好的效果，反而会引起客人的反感。再如，卡拉 OK 厅或夜总会有采用立式服务的，有采用跪式服务的，也有采用蹲式服务的，很难说哪种服务方式好，哪种服务方式不好，如果是餐厅兼营卡拉 OK，则应与餐饮服务方式接近，立式欠身服务就可以了；如果歌厅不太拥挤，服务员穿着旗袍或长裙，则可采用弯腰或半蹲式服务；如果歌厅里的沙发比较矮，采用立式服务会遮挡客人的视线，则可采用跪式服务。

（4）服务对象上的灵活性。

康乐服务是一个动态过程：① 被服务对象存在需求差异；② 客人消费存在随意性；③ 康乐消费过程中也会出现一些突发事件。这就要求康乐服务员应该随机应变，在不损害客人利益的原则下，灵活得体地提供服务。例如，对不同的服务对象应采用灵活多变的服务方式。如对初次来的客人与经常来的客人、懂运动规则的客人与不懂运动规则的客人、青年客人与老年客人、男士与女士、普通客人与 VIP 客人等，要视情况灵活服务，以满足不同客人的不同需求。另外，对特殊客人如突然发病或受伤的客人、醉酒的客人、丢失物品的客人、有意捣乱的客人、要求超范围服务的客人、无成人带领的儿童客人、情侣客人等，应区别对待，灵活服务。对不同情况能否灵活处理，反映服务员在个人素养、服务技能、应变能力、服务经验等方面的综合水平。为了使服务员灵活掌握服务的尺度，必须加强其修养，提高其综合服务能力。

（四）可靠性与可信赖度

这是指在消费过程中出现特定情况或突发事故时，客人相信并依赖服务机构及其员工解决问题的程度。

1. 可靠性

可靠性是指饭店康乐部通过管理和宣传，使客人相信其设备质量、员工的服务质量和安全保证体系等都是可靠的。在设备方面，如果客人知道某保龄球馆的球道平整度非常好，且机器设备的故障率很低，那么他们将很愿意到这个球馆打球。在安全方面，安全是人类五大基本需求之一，在康乐经营中，安全工作尤为重要。只有加强管理，建立较完善的安全制度和安全保证体系，才能最大限度地降低安全事故的发生率，也只有这样，客人才能放心地进行康乐活动。

2. 出现异常情况时的应变能力

即客人相信无论什么时候出现任何突发事故，服务提供者都能迅速主动地控制事态，及时解决问题。康体娱乐时，突发事故时有发生，如游泳时发生溺水事故；北京某山坡滑道曾发生过翻车使客人摔伤致死事故；广州某游乐场发生过载人气球升空失控摔死游客的事故，此外还有诸如停电、停水、火灾、斗殴、空调故障、电梯故障、丢失儿童、突然发病等事故。如发生上述事故，能有效控制、妥善处理，以稳定客人情绪，减少事故所造成的损失和影响。

（五）物有所值

即客人认为康乐企业能提供物有所值的服务，并将“物有所值”视作优质服务的一项重要内容。饭店康乐业出售的设备使用权、场地使用权、人员服务等，都是物质性的，即我们所说的“物”。物美和价廉是辩证统一的，物美建立在一定价格成本基础之上。对企业和消费客人来讲，都不能一味地追求绝对的物美价廉。企业不可能不计成本地追求物美价廉，那样企业将无法生存；消费客人也不应奢望以低价来购买高档产品，如果打算在二星级饭店享受到五星级饭店的服务，那是不现实的。也就是说，客人应该以合理的费用购买相应的消费项目和服务档次。

对于企业来说，经营的根本目的在于盈利，物美和价廉是获取盈利的形式和手段。企业不可能也不应该一味地靠增加成本以求物美，也不可能一味降价竞销。为追求物有所值，企业除了采用常规的定价方法，如成本定价法、资本报酬定价法、成本系数定价法、投资成本回收定价法、倒向研究定价法等方法外，还常常采用其他特殊方法定价。

三、优质服务的提供

提供优质服务的问题实际上就是如何使客人对所受服务的满意度达到并超过期望值的问题。为了达到这一目标，首先应该将客人的期望值量化，即是制定出能令客人满意的服务标准，然后根据这些标准制定出与之相应的服务程序与服务规范。

（一）制定服务标准、服务程序和服务规范

1. 制定服务制度的方法

服务标准、服务程序、服务规范可由经理或主管起草，然后向有经验的员工和部分常客征求意见，反复修改后再公布实施。服务制度的内容越详细越好。例如，针对客人抱怨服务效率低的问题，可制定如下服务标准和规范：

（1）针对接听电话问询速度慢的问题，规定问询台服务员必须在铃响两声之内接听。

（2）针对办理交款手续效率低的问题，规定收款和开写单据应该在两分钟之内完成，手续比较繁琐的可适当延长时间。

（3）针对客人在排队等候时易产生急躁情绪的心理，采取在排队的地方增加书报、壁画，或者在保龄球馆、台球厅增加游艺设备的方式，转移客人的注意力。

2. 贯彻实施服务制度

贯彻标准、规范和程序的第一步是对员工进行培训。“培训”是一项系统工程，它包括确定目标、准备教材、选择教师、设定课程、确定被培训人员及培训方法、考核和评定培训结果等内容。作为一名服务员，无需掌握上述内容，只要充分认识到培训的重要性，把握培训的机会，达到服务员的标准即可。

管理部门应经常检查标准的执行情况并定期做出评估，并将员工的工资与达标情况挂钩。对于达到标准的服务员应给予肯定或表扬，对于未达到标准的应找出原因，并制订新的实施方案。有些标准可以打印成册或印在卡片上，以便员工掌握。

（二）服务质量的评定和非优质服务的改进

为了保证提供优质服务，首先应该做好服务质量的评定工作，对优质服务应该坚持；对一般服务应当完善；对不合格服务应当改进。

1. 服务质量的评定

服务质量的评定应该从两个方面进行：一方面是康乐部的评定，也叫服务的供方评定；另一方面是消费客人的评定，也叫服务质量的需方评定。

（1）服务质量的供方评定。

这是指通过对服务提供过程进行监督、检查和控制来实现优质服务的评定过程。其核心是对服务提供过程中的关键环节进行控制。只有控制住了这些关键环节才能较好地控制服务提供过程中的质量。例如，按摩服务的关键环节是按摩技能和服务态度；游泳服务的关键环节是安全和卫生保障工作。控制的步骤：首先是对这些关键环节进行定量或定性分析，然后对分析结果进行验证。

服务质量的供方评定包括管理人员的评定和服务人员的评定两部分。前者是自上而下的有组织的检查与评定，如服务质量检查小组的检查与评定，各级管理人员在服务提供过程中的巡视检查等。此外，服务员和间接提供服务的其他员工也应该加强服务质量的自我评定工作，如由基层服务员组成的质量管理小组（即 QC 小组）的评定和服务员个人的评定。

（2）服务质量的需方评定。

需方是指康乐服务产品的购买方，即消费客人。对服务质量的优劣评定最终取决于消费客人的感受，他们对服务质量的评定才最有价值。

客人对服务质量的评定，有时是有意识的，有时是无意识的，而且这种评定多具有被动性，只有当他们认为自己的利益受到损害、感到心理不平衡时才以投诉这种主动方式评定服务质量。为及时反馈客人意见，康乐部门应积极引导客人主动提出对本企业服务质量的看法、意见和建议。客人对服务质量的评定往往带有滞后性，他们一般在货比三家后，才会评出其中服务质量最好的一家来。因此，服务质量的管理机构不仅要对客人的现场评价给予重视，更要对客人的事后评价给予重视，然后对这些评价资料进行收集、分析和整理，最后得出结论。

服务质量的供方和需方的评定结果有时一致，有时不完全一致，有时可能完全不一致。这是由于作为供方的康乐企业和作为需方的消费客人对服务的评定标准有差异，对服务的感受亦有差异。客人会因国籍、民族、文化、经历、年龄、喜好不同而对服务质量做出不同的评价。虽然这种评价有时是客人群体中的个别意见，但是具有共性的总体评价就是从这些众多的个别评价中综合出来的。不管怎样，供方评定和需方评定在满足顾客的需求从而取得合理效益这个根本利益上是一致的，这也是我们进行服务质量评定和改进服务质量的根本目的。

2. 非优质服务的改进

非优质服务主要指不合格服务，另外，有些一般水平的服务也属非优质服务。需要说明的是，优质服务的标准不是一成不变的，即便是优质服务，也需进一步完善和提高。这里主要讨论的是不合格服务的纠正和改进。不合格服务是指未达到规定要求的服务。需要指出的是，消费客人有时会提出超出服务规范和标准的要求，如果其要求没有得到满足，便会认为所受服务是不合格的。这时，不能简单评定所供服务是不合格的。当然，我们应该分析研究客人超出规范的需求能否纳入规范，因为规范的制定是以满足消费群体的需求为目的的。

（1）识别和记录不合格服务。

为了对不合格服务采取改进措施，首先要分清合格服务与不合格服务，特别是识别不符合规范和标准的不合格服务，然后将其记录在案，在初步处理后，进一步研究改进措施。

（2）分析不合格的原因，采取改进措施。

在采取改进措施前，必须分析产生不合格服务的原因。分析工作可从两方面进行，即现场对策分析和事后系统分析。现场对策分析应抓住重点，了解不合格服务是否对客人造成了伤害，以便迅速做出判断并采取补救措施；事后系统分析是为了进一步分析发生不合格服务的有关因素和深层次原因。事后分析常对一定时期内发生的不合格服务进行综合分析，以便寻找出带规律性的原因。

找到产生不合格服务的原因之后，就可以有针对性地制定改进服务质量措施。一方面，在问题发生的现场，立即采取积极的改进措施，必要时可给客人适当的物质补偿；另一方面，在对引发不合格服务的深层次原因进行分析和评价后，应采取进一步的改进措施。如在服务质量管理体系中制定相关的督导制度，修正有关的规章制度，加强招聘新员工时的考查和筛选工作，维修或更新服务设施等。

服务质量的改进过程，是不断发现问题、解决问题的循环过程，在这一过程中，康乐部门的服务质量才能不断提高。

【案例分析】

某五星级饭店，其优雅的环境、优质的服务在当地有口皆碑。饭店一直把“宾客至上，服务第一”作为自己的宗旨，每一位员工热情待客、竭诚服务，使来本店居住消费的客人不仅能领略到本地的优美景观，更能感受到本地的真情真意，让客人真正享受到“宾至如归”的服务，而无“羁旅之感”。

客人王先生随假日旅游团队住进了该饭店，听说该饭店的特色表演十分出色，他和妻子很想一起去观赏，但是他们刚满三岁的孩子又不能带进那种吵闹的环境，而且太晚了会影响孩子睡觉。怎么办？他想起了饭店的婴儿看护服务，于是打电话向房务中心咨询，在得到肯定答复之后，他们便在吃过晚餐之后将宝宝带到了婴儿室，看到里面环境整洁，还有很多玩具，他们便放心的离开了。

晚上他和妻子兴致勃勃地观看了饭店的特色歌舞表演，热烈的演出气氛深深地感染了他们。但是毕竟是头一次使用饭店提供的婴儿看护服务，王先生的妻子心里总是不踏实，在散场前就拖着意犹未尽的王先生离开了。到了婴儿室，推开门一看，宝宝已经安静地睡着了，脸上还挂着笑意。夫妻俩非常满意，因为平时自己的宝宝是很难入睡的，需要讲故事、做游戏，哄很久才能入睡。他们向服务员再三感谢，回家之后对亲朋好友再三提起这家饭店，并说明年若来此地度假，一定还要住在这里。

分析思考：

（1）根据马斯洛需求层次理论，你认为王先生为什么会高兴？

（2）怎样做才能给客人提供最优质的个性化服务？

【思考与练习】

1. 简述康乐部优质服务的基本特征。
2. 怎样理解康乐服务质量控制的原则？
3. 康乐服务质量控制的方法有哪些？

第八章　饭店康乐部人员管理

第一节　饭店康乐部的人员编制

一、影响康乐部人员编制的因素

饭店康乐部因其康体娱乐项目的规模大小、组合方式等不同，其人员编制也是比较复杂的。总体来看，在康乐项目已经设置、组织机构设计已经完成的基础上，影响饭店康乐部人员编制的因素主要如下：

（一）康乐项目的设备功能和服务方式

饭店康体娱乐设施的可选项目多达几十种甚至上百种，每一种或每一个项目的设备功能不同，服务方式和劳动方式不同，其人员配备方法和多少也不相同。如保龄球室是供客人玩球消遣的地方，它是按球台多少来确定人员编制。而城市高尔夫球场则是按球洞多少来确定人员编制。另外，夜总会、游戏厅、棋牌室、健身房等因其设备功能、服务内容和劳动方式不同，其人员编制方法和用人数量也各不相同。所以，康体娱乐项目的设备功能、服务方式、项目的接待能力是影响康乐部人员编制的主要因素。

（二）康乐项目的组合方式和管理模式

饭店康乐部门的管理模式有组合式和分散式两种。前者将康乐项目组合成康体中心、健身中心、娱乐中心、美容中心等不同服务中心，形成集中管理模式。后者指各个服务项目孤立存在，形成分散管理模式。饭店康乐项目的组合方式和管理模式不同，用人方式和数量就必然不同，从而影响人员编制。因为以项目组合为基础的集中管理模式可以集中设置服务台、休息厅、配套更衣室、卫生间等设施，必然会减少人员的编制；反之，以项目分别设置为基础的分散管理模式，可能需要增加人员编制。

（三）康乐项目的市场竞争状况和客流量大小

饭店所处的市场环境、当地客源情况、康乐项目数量、市场供求情况、康体娱乐项目客流情况、设施利用率，必然影响人员编制。反之，饭店所处的当地市场竞争激烈，同一种类的康体娱乐项目有很多饭店和社会同类企业开设，由此造成同一项目的竞争过分激烈，客源分散，这必然造成设施利用率低下，从而影响其人员编制。

（四）康乐项目的营业时间和班次安排

饭店康乐设施的营业时间比较灵活，有的以晚间营业为主，如夜总会、歌舞厅等，有的是日间营业，如健身房、游戏厅等。但大多是从早到晚全天候营业，很多项目均可营业至第二天凌晨，营业时间可长达 15～16 小时。营业时间的长短又会影响员工的班次安排，进而影响其人员编制。

二、康乐部人员编制的依据

（一）政策依据

制定编制属于劳动管理工作。在做这项工作时，首先要贯彻执行劳动法。1995 年 1 月颁布的《中华人民共和国劳动法》规定：劳动者平均每周工作不超过 44 小时，以每天工作 8 小时计，每周工作 5 天半。现在，我国又执行了新的规定，即每周工作 40 小时，每周工作 5 天。这是制定编制的政策依据。

（二）设施项目依据

不同的设施项目需要的服务人员数量是不同的，即便是同一个项目，在不同区域所使用的服务员数量也是不一样的，例如，在游戏机厅，一个服务员可以照看 10～20 台台框式电子游戏机，而有些赠送游戏币或其他小礼品的游戏机，每个服务员所能管理的机台数量就较少了，有的每人只能照看一台。

（三）服务档次依据

同样的设施项目，由于市场定位不同，服务档次不同、所提供的服务细节不同，那么它所需要的服务员数量也会不同。例如，在低档的桑拿浴室，只要发给每位客人一把更衣柜钥匙就行了，服务员再照看一下设备，以保证设备正常运转，不需要太多的面对面服务。而高档的桑拿浴室则要设迎宾员，还要设专职的更衣室服务员，需要帮客人更衣，为客人刷皮鞋等，还要设专职的浴室服务员和休息室服务员。前后相比较，所使用的员工数量会有很大的差别。

三、康乐部人员编制方法和案例

饭店康乐部的人员大致可分为部门管理人员、接待台的服务人员、康乐项目现场服务人员、清洁工和机修维护人员等几大类。其中，服务人员又可分为固定岗位人员和流动岗位人员。根据其人员构成和劳动方式，饭店康乐部的人员编制方法主要有以下三种：

（一）岗职人数定员法

岗职人数定员法是根据康体娱乐项目及其组织机构设计，事先分析工作性质和工作要求，确定需要设置的固定岗位和岗职人数，从而确定其人员编制。它主要适用康乐部经理、副经理、秘书、项目主管、分项目中心主管等管理人员的编制。

（二）固定系数定员法

固定系数是指每周营业天数和员工应工作天数之间的比值。在正常情况下，饭店各康体娱乐项目都是每天营业，即每周营业 7 天。根据国家劳动法规定，员工每周应该工作 5 天。因此，7÷5 = 1.4，这就是固定系数。固定系数定员方法是根据康体娱乐项目的设备构成、劳动方式和工作内容，先找出每天需要的固定岗位及上岗人数，然后用固定系数来确定人员编制。如一个有两把坐椅和两张美容床铺的美容服务中心，每天需要的固定岗位人数应该为美容师和美发师各 4 人，接待服务兼收款员 2 人，服务员 2 ~ 4 人，合计 12 ~ 14 人。若有 12 人，在不考虑出勤率的条件下，其定员人数应为 12 × 1.4 = 16.8 ≈ 17 人。所以，固定系数定员法主要适用于康体娱乐项目中那些比较固定的项目和工作岗位制定其人员编制，如康体中心、娱乐中心、健身中心等的接待岗位、收款岗位、更衣室引导岗位、固定区域的卫生岗位等。其计算公式为：

$$n=\sum \text{各岗位日需人数} \times \text{固定系数}$$

【案例 8-1】 固定系数定员法案例

YS 大饭店是一家地处市中心区的三星级综合性饭店。饭店康乐部下设的桑拿中心有男女分设的干蒸、湿蒸浴室 2 处，按摩室 2 处，药浴室 2 处，接待室和休息厅各 1 处。经测定，中心接待室每天需配接待兼收款员 4 人，引导更衣服务员 4 人（男女各 2 人），浴室服务员 4 人，搓澡岗 4 人，男女按摩师各 2 人，休息厅服务员 4 人，中心卫生岗 2 人，请按固定系数法确定该饭店桑拿中心需要配备的员工人数。

分析：

（1）根据桑拿中心每天两班制的岗位设置确定每天需上岗的固定岗位人数 x。

$X = 4 \times 6 + 2 = 26$（人），即每班 13 人。

（2）按固定系数直接计算定员人数 n。

$n = 26 \times 1.4 = 36.4 \approx 37$（人）

（三）设备系数定员法

饭店康乐项目的设备系数是根据不同康乐设施的设备功能、服务方式和劳动方式，通过实际测定确定的平均一台设备、一定营业厅面积所需要的人员数量的平均值。如台球厅可以通过测定来确定在正常营业条件下，平均一张球台需要配备几名服务员。如果经过测定为 0.35 人，则台球厅的设备系数即为 0.35。一方面，由于饭店康体娱乐设施的种类很多，每个项目的设施、设备不同，服务内容和劳动方式也不同，因而其设备系数需要区别不同项目及其设施、设备状况分别测定。另一方面，各个康体娱乐项目每天的客流量和设施利用速度各不相同。一天中的不同时段，其客流量也有很大区别，因而，每个项目都只能测定出在正常营业条件下的设备系数的平均值。从实际工作的角度来看，这些平均值也只能是一个基本与实际相符的数值而不是精确值，所以又称为模糊系数。

饭店康体娱乐设施采用设备系数定员法来确定人员编制，关键是不同项目的设备系数值的测定。它需要每天仔细观察测定并做好工作比较饱和。然后，才能根据多次测定计算出平均设备系数。采用设备系数定员法的计算公式如下：

$$n = Qrx + n_x$$

式中：n 为其项目编制人数；r 为设备系数；Q 为设备或场地面积营业面积；x 为每天班次；

n_x 为接待台人数。

【案例 8-2】 设备系数定员法案例

LS 乡村俱乐部大饭店的保龄中心设有保龄球馆和台球厅，与之配套的服务台、休息厅、卫生间等共同使用。保龄球馆设有 6 个球道，经多次设定，其设备系数为 0.6。台球厅设有 12 张球台，其设备系数为 0.35。中心接待室负责客人接待登记、引导开球、收款结账、送别客人等服务，每班需要 3 人，保龄中心每日两班营业，请确定中心定编人数。

分析：

（1）确定保龄球馆直接服务人员 n_1。

$$n_1 = Q \times r \times x = 6 \times 0.6 \times 2 = 7.2\text{（人）}$$

（2）计算台球厅直接服务人数 n_2。

$$n_2 = Q \times r \times x = 12 \times 0.35 \times 2 = 8.4 \approx 9\text{（人）}$$

（3）确定保龄中心共需定员人数 n。

$$n = n_1 + n_2 + n_x = 8 + 9 + 3 \times 2 = 23\text{（人）}$$

饭店康体娱乐项目有很多，根据国内外各康体娱乐项目的经验，饭店常设的康体娱乐项目的设备系数可参阅表 8-1。由于它不是一个精确值，而是一种近似值，因此，各饭店康乐部门在具体运用时，还应结合本店康乐项目的具体情况进行修正。

表 8-1　饭店康乐项目定编设备系数

项目名称	设施设备	参阅系数	项目名称	设施设备	参阅系数
保龄球馆	球道数	0.60	返奖类游戏	机台数	1.00
台球厅	球台数	0.35	棋牌室	牌桌数	0.37
游泳池	水面积	0.03	健身房	设备台数	0.14
卡拉 OK 厅	营业面积	0.015	网球场	场地数	1.40
歌舞包房	房间数	2.00	城市高尔夫	球洞数	0.14
桑拿浴室	最大客流	0.28	乡村高尔夫	球洞数	0.15
按摩室	床位数	1.40			

第二节　饭店康乐人员的招聘与录用

完成制订的人力资源计划而获得能够胜任康乐工作的员工，是饭店康乐部人员管理的重要职能之一。招聘正是完成这一重要职能的工作之一。

一、招聘与录用的意义

（一）饭店康乐部增补员工的重要途径

康乐部由于员工流动而不断产生人员的空缺。员工流动包括老员工退休，意外事件发生而产生的自然减员，有些员工因各种原因退出康乐部而进入其他部门或企业工作，康乐部由于扩建、改造等原因也会产生员工空缺现象。而产生的员工空缺必须通过招聘与录用来填补，让人员得到及时的补充，这是康乐部顺利经营的重要保证。

（二）有利于员工素质的提高

招聘与录用是根据人力资源计划、饭店的经营目标和政策，制定一套筛选方法和步骤以判断空缺岗位的候选人是否具备担任该工作的资格。实行德、智、体全面考核，择优录取，将竞争机制引入人事管理，可为饭店康乐部补充新的血液，促进员工的合理流动，不断提高员工的素质，从而提高服务质量，保证经营效果。

（三）有利于选拔优秀员工补充康乐部的人力资源

招聘与录用的最终目的是将合适的员工放在适当的工作岗位上。这样有利于选拔优秀员工补充管理层，对业绩不良的员工及时流动和处理。

饭店康乐的竞争焦点已趋向于人才的竞争，一个企业经营的成败取决于人员素质的高低。由于人员的招聘与录用不当造成员工不符合工作要求，对工作不感兴趣，工作效率低下等都会给康乐部带来不可估量的损失。

二、招聘的渠道

把握员工的来源渠道，并加以分析比较，以便有效地招聘员工。员工来源的主要渠道如下：

（一）学校

学校的学生是康乐部招聘专业技术人员或管理人员的来源之一。一些顾客认为，学生是最好的服务员。从学校招聘，可以让学生了解自己从事什么工作，而康乐部则可以招收高质量的员工。由于学校的毕业生有专业知识，他们的到来往往给康乐部带来新的知识和新的生机。在各项工作中，特别在财务核算和接待工作方向，他们的工作效率可能比现有员工高。有些学生有过数年暑假工作经验和毕业实习经验，特别适合管理康乐部的工作。当然，总的来说，他们缺少实践经验，可以让他们接替休假员工，也可轮流担任几项工作，以掌握多方面的经验。

饭店康乐部还可以同一些学校建立固定关系，招聘学生从事兼职工作，学生每年暑假到该康乐部工作，康乐部给予理想的报酬，直到毕业为止。

（二）内部晋升

内部晋升是康乐部较高层次员工的重要来源。康乐部如果有均等的晋升机会，那么招聘就比较容易。康乐部应有职务晋升阶梯图，标明职务晋升的过程，为员工晋升提供机会，这对员工奋发上进，积极提出晋升申请有着重要的作用。内部晋升既可以节省招聘培训费用，又可以使被录用者尽快适应工作。

（三）登报招聘

康乐部门经常利用报纸广告招聘新员工。报纸广告对于招聘非技术工种的新职特别有效，而对管理人员和技术工人，则要视地区而定。因此，在选择报刊时，要考虑报刊的发行地区和读者对象。在经济不景气时，刊登广告也要慎重，因为它可能会吸引大批不合格的工人前来报名应聘，而筛选甄别则需花费很多时间和精力，还会引起落选人员的不满。

（四）电台广告招聘

电台广告主要用于招聘临时工和非全日制员工，特别是女服务员。这些人并不急于寻找固定的工作，她们往往很少注意报纸上的招聘广告栏，通过收音机，他们可以有意或无意地了解招工信息，如条件合适，他们往往也会从事临时的工作或利用业余时间增加收入。

（五）职业介绍所

康乐部门越来越多地利用职业介绍所来招聘员工。一些以盈利为目的的职业介绍所为了尽量使人就业，往往未经筛选甄别就给予推荐，不大考虑雇主的要求和条件。但一些良好的职业介绍所则不仅拥有一流的人事资料，可供雇主选择，还可以帮助雇主制订招聘方案和有关测试等工作，并代理招聘和培训业务，为就业者提供各种信息和指导，起到了就业咨询和信息交流中心的作用。

（六）内部来源

员工内部来源是本单位员工将他们的亲友和熟人介绍到本单位来工作。这一来源有利也有弊。有利因素表现在：第一，信息传播快。一个职位空缺，周围员工会首先知道，如果这些员工热爱这一职业，则会很自然地将这一情况告知其亲朋好友以及熟人。第二，新员工适应环境快。这样招来的新员工因为有熟人而容易与他人相处，他的朋友也会帮助他熟悉工作以及环境，甚至教他怎么做。第三，内部招聘可以节省招聘费用。

不利因素表现在：内部招聘可能在员工中形成小团体，甚至使不良习气互相影响。不过，只要管理良好，员工积极性高涨，则会产生良性循环。因为一个有事业心的优秀员工同样会要求他的朋友也这样做。由此可见，从整体上来说内部招聘是一种良好的来源。

（七）其他招聘来源

除上述来源外，还可以从退伍军人组织、残废人组织中吸收一部分合适的员工，这在劳动力市场紧张的情况下，也不失为一条渠道。如清洁工、勤杂工、洗涤工，完全可以从具有必要功能和技术的残疾人中招聘，这些人往往工作勤奋，出勤率高，便于管理。

三、招聘的面试工作

员工招聘是任何一家企业的首要任务。新建饭店的康乐部需要招收一批足够数量的员工才能开张营业，而原来的康乐部则由于人员流动，也必须补充员工，因此饭店康乐部至少要有 8%的流动率以替代生病、怀孕或退休而不能工作的员工。由此可见，员工招聘是饭店康乐部的一项经常性工作。招聘工作的基本程序包括以下几个方面：

（一）设计求职申请表

求职申请表是康乐部同求职者最初接触时了解情况的一种手段，是员工永久性的、最初的人事档案，也是进行人事研究的资料。主试人通过申请表，可以节省时间，并可了解求职者的书面表达能力。

申请表的内容要根据工作需要而定，每一栏目均应有一定的目的，着眼于为招聘和进行人事研究服务。无关项目尽量不要列入，以免浪费求职者和主试人的时间和精力。

求职申请表首先要注明申请工作与填表日期，以提高工作效率，然后再填写以下内容。

1. 求职申请表的第一部分一般为申请者的基本情况

基本情况包括：

（1）姓名、性别、年龄；

（2）文化程度；

（3）家庭情况；

（4）家庭地址与电话；

（5）在发生意外情况时联系人的地址和电话；

（6）健康状况。

2. 求职申请表的第二部分为申请者的经历

求职申请表的这一部分可用来了解申请者的经历，这对招收技术工人和管理人员尤为重要。

其主要内容包括：

（1）受教育程度；

（2）受教育期间学过的具体课程；

（3）上学的学校以及获得的学位；

（4）过去的工作经历等。

3. 求职申请表的第三部分为申请者对工作的有关要求

其具体包括：

（1）家庭态度；

（2）生活居住地的情况；

（3）到本企业的工作目的；

（4）工资福利要求等。

下面是一个申请表的实例（见表 8-2），以供参考。

表 8-2　求职申请表

要申请的工作：　　　　　　　　　　　　　　　　　　　日期：

姓名：__________ 地址：__________　　　　　　电话号码：__________ 身高：__________体重：________家庭成员数：________ □单身　　□已婚　　□离婚　　□分居 最高学历：小学（1、2、3、4、5、6）初中（1、2、3） 　　　　　高中（1、2、3）　　　　　大学（1、2、3、4） 　　　　　研究生（硕士、博士） 发生意外情况时通知谁：__________ 地址：____________________　电话：__________
经历：日期：____________工种：________ 　　　离职原因：________________ 企业名称：______起于何时：___止于何时：___ 工资待遇：__________ 你得过何种奖励：________________
家庭：家庭成员年龄及其与你的关系：____________ 你的家庭主要成员对你申请此工作持何种态度？________ 你同本单位的员工有亲属关系吗？____________ 兴趣：你的爱好有哪些？________________ 生活情况：你在现住处居住多久？____________ 　　　　　你如何来上班？________　需要多少时间？______
其他：你现在有职业吗？________　在哪家单位？______ 你为什么到本单位工作？____________ 你以前在本单位工作过吗？______什么岗位？______ 你愿意上夜班吗？______　你要求多少工资？______ 你的英语与计算机水平如何？____________ 你是本地人吗？________________ 我保证上述所填内容属实，虚假陈述应被解雇。 签名：

注：不同康乐部应根据具体情况设计申请表，不应套用其他部门的申请表。

通过申请表，可以大致决定什么类型的员工适宜做什么工作。例如，有家饭店的调查表明，康乐场所的清洁工最好为 30 ~ 55 岁，家庭负担不太重的人担任。他们工作比较稳定，也较容易满足。干体力活的人一般不需要较高的文化，除非考虑到提升；否则，他们就会感到不满足而不安心工作。而对于管理和销售人员，则要求较高的文化和必要的工作经历。

（二）面试

面试指招聘过程中面试者与求职者面对面地接确，以使康乐部管理者与求职者相互了解的活动。

1. 面试的作用

（1）更深入地了解求职者以及职业适应性的情况。

（2）了解申请人的外表、举止，表达与社交能力，以及某些气质和对人的基本态度。

（3）使面试人评估申请人是否适合他要从事的工作，为是否录用提供依据。

（4）提供双方相互了解的一次机会。

（5）为树立公众形象提供一个机会。

面试是一项复杂的活动，面试人应了解面试的基本要求，掌握一定的技术，具有敏锐的观察和分析能力。

2. 面试要点

（1）面试前须考虑的问题。

第一，明确面试目的，了解招聘情况。

第二，制定一个面试提纲，供面试时使用。

第三，确定对双方都方便的面试时间。

第四，通知被面试人面试的目的与要求，包括所需提供的资料和证件。

第五，研究被面试人的全部材料，做好笔记。

第六，为被面试人提供足够的准备时间。

第七，为被面试人保密。

（2）面试中的注意事项。

第一，态度认真。

第二，让被试人保持平静。

第三，如可能，提问题时要直截了当。

第四，提问题要有启发性，不要满足于“是”或“否”的简单答复，提出需解释或叙述的问题。

第五，对所提的问题要获得中肯、正确的回答。

第六，让被试人在回答问题时要有充分的思考时间。

第七，要善于倾听，不要自己唱独角戏。

第八，不要随便打断被试者的陈述，尽可能地让他说完。

第九，多问“为什么”与“怎样”。

第十，让被试者回答完一个问题，再开始第二个问题。

第十一，提问时语言要简练。

第十二，不要暴露你的观点与情绪。

第十三，如被试者回答不够清楚，可归纳一下你理解的意思，以求澄清，但不要说他没说过的话。

第十四，不要随声附和或喋喋不休。

第十五，被试者有表达不清的地方，可礼貌地及时提出疑问。

第十六，珍惜你自己和被试者的时间。

第十七，面试结束时，给被试者以提问的机会。

第十八，在正式面试前后均应注意观察、判断分析和记录并做出评估。

第十九，面试中不要涉及带有歧视性的问题，如民族、相貌缺陷等。

（3）面试以后要考虑的问题。

第一，立即整理面试记录。

第二，设法回答你自己提出的有关被试者的问题。

第三，进行分析，对被试者做出总体评价。

第四，核对有关材料。

第五，经全面归纳评估，得出结论。

第六，将结论告知被试人。

3. 面试的组织工作

面试的组织工作是指策划面试的整个工作过程，包括选择和布置面试地点与环境，创造面试气氛和制作面试参考指导以及确定模拟面试等。具体包括如下内容：

（1）面试的地点。

要使面试工作取得成功，地点极为重要。由于面试场所是被面试者认识该部门的第一印象，所以，面试的场所必须宽敞、整齐、清洁和秩序井然，并且应当安静、不受干扰。如果面试场所混乱，或拥挤不堪，那么，一方面必然影响面试的效果，另一方面也会给被面试者留下不佳印象。

为了不使面试中断，提高面试的速度，面试场所还应包括面试等候处，此外应配备必要的家具、报纸杂志、烟缸等，灯光应当明亮而柔和，并应带有卫生间，以方便申请者和减轻申请者可能产生的忧虑、烦躁、焦急不安的情况。

（2）面试的气氛。

为了有效控制面试的时间，提高面试的效果，面试者应当全面了解招聘的有关情况，并准备好面试计划，如面试人数及时间安排、面试的提纲等。否则，就容易出现混乱局面。

面试开始时，应注意创造一个良好的气氛。面试者要以一种友好的问候作为开扬白，如“早上好，××小姐，别客气”等。开始的提问可以与工作无关，但应避免一般性的问题，如“请谈谈你的情况”。同时，开始时应力求避免提出一些回答“是”或“不是”的问题，而应提出一些申请者表达他们自己看法机会的问题。

为了保持面试的良好气氛，面试者不应有匆忙、焦急和不耐烦的表情，并且不要以高人一等的姿态同申请者争论。

（3）面试人的选择。

面试是一种艺术，面试者必须表现出愿意倾听和善解人意。面试者必须注意说话的态度、语气、腔调等。如“现在你失了业吗”，这个问题听起来可能是嘲笑、指责，也可能是友好和关心，这就要看如何表达它。面试人能恰到好处地把握自己的心理，在申请者的条件可能不合适时，如果表现出过分的热忱，就有可能使申请者产生肯定可以被雇用的印象。除此之外，作为面试者还必须有敏锐细致的观察能力。有时申请者不说的时候可能比说的时候更重要，有时申请者细小的举止和动作都可能是她个性特征的表现。这就是说，面试者应该善于观察分析，透过现象看本质。

（4）面试参考指导。

面试参考指导是面试者在康乐部员工基本要求的基础上事先制作的每个招聘岗位的具体

要求标准，以供面试时参考。为了提高面试效率，保证面试质量，面试者事先应制作一个面试参考指导，以供面试时对照按此进行。

下面以接待员为例，说明面试参考指导表的基本内容。选择接待员的基本要求如下：

教育：高中可接受，两年技校更理想，必须有简单的计算能力。

经验：理想，但不强求。

主动性：要求在没有直接监督的情况下工作。

性格特征：性情温和，乐于助人，遇事沉着冷静，能忍受挫折。

身体要求：身体健康。值班时大部分时间要站着和走动。

工作程序的责任：必须能迅速而有效地与各有关部门及人员联系。

宾客关系：人际关系能力十分重要。在与宾客接触时，具有能引导和促进宾客消费的能力，并能随时听取宾客意见，改进服务工作。

仪表：穿戴整齐，装饰高雅的人做这一工作最理想。

面试者通过申请者谈论工作经历、教育背景、家庭关系以及其他一些情况或看法，以了解申请者的情况从而判断其适合做什么工作。

面试者设计一些问题，通过申请者的回答来判断申请者的态度及适合做的工作。招聘女服务员的面试模式见表 8-3。

表 8-3 招聘女服务员的面试模式

所提问题	目的：权衡回答以做出决定
1. 你怎样想到来本部门申请工作？	到本部门工作她是怎么想的？
2. 你认为女服务员最重要的责任是什么？	她对这项工作的态度是什么？
3. 谁的责任更大，女服务员还是经理？为什么？	她对经理有适当的赏识吗？
4. 你认为女服务员工作失败的最大原因是什么？	她认识到这项工作易犯错吗？
5. 认为一个好的女服务员最重要的条件是什么？	她了解这项工作的全部责任吗？
6. 你的丈夫对你做服务员工作持何态度？	她会有家庭困难吗？
7. 你认为女服务员们一般都互相公平对待吗？	她能与其他人融洽相处吗？
8. 为什么有那么多女服务员都看不起自己的工作？	她会看不起自己的工作吗？
9. 假如一个男顾客说了侮辱你的话，你怎么办？	她如何应付困难的处境？
10. 假如领班坚持要你按某种方式做某件事情，而你知道有更好的方法时，你怎么办？	她对管理者和权威的态度如何？她固执吗？
11. 你对经常调换工作的女服务员是怎么想的？	她是一个爱跳槽的职业者吗？
12. 请原谅我提一个个人问题，你为什么决定就业工作？	她的工作动机？她将和你长期在一起吗？

四、录用

新员工被录用后，企业就应该设法让新员工消除顾虑、心情舒畅地工作。这就要求做好录用工作，即向新员工介绍企业情况与规章、回答各种问题、解除各种顾虑。具体录用工作如下：

1. 介绍本企业的情况

（1）本部门的宗旨。
（2）本部门工资情况和各种扣款，以及工资单的内容。
（3）介绍工作时间，以及因病或急事应及时请假。
（4）介绍各种福利：健康保险、人寿保险、医疗保险。
（5）告知工间休息与午餐时间，膳食付款与记账方法。
（6）说明准时上下班的重要性以及弄虚作假的处罚。
（7）介绍制服、手巾和其他工作用具的使用方法。
（8）说明在工作时不准吃东西。

2. 介绍上岗情况

将新员工介绍给管理员，并由管理员向其他员工介绍。

3. 介绍工作有关情况

（1）商讨新员工上下班的交通路线及本单位班车地点。
（2）询问新员工的意见。
（3）告诉新员工，如有问题可在第二天到人力资源部反映。

4. 上岗后应给予适当关注

（1）新员工上下班的第一天，选择某个时间到他们的工作岗位看望他们。
（2）新员工上下班后的第二星期，选择一定时间到其工作岗位看望。

第三节　饭店康乐人员的培训

培训工作是康乐部的重要工作，是康乐部加强管理、改善经营、提高档次、稳定客源、增加收入的重要手段。培训工作又是康乐服务员提高能力、发挥作用、争取晋升、体现价值的有效途径。

一、饭店康乐培训的概念

培训是指通过指导使受训员工获得知识、提高技能、改进态度以适应康乐服务工作需要的活动过程。

康乐业作为一个新兴行业，其经营、管理和服务都缺乏成熟的经验和模式，特别是在国内，这一行业一直面临着缺乏合格服务员以及由此产生的效益较低、人员流动频繁等问题。采用培训的办法，虽不能从根本上解决这些问题，但能够较好地改善这种状况。

（一）岗前培训

岗前培训是指对新进入康乐企业的员工进行基础性、全面性的培训。岗前培训工作一般由康乐企业的培训部负责，旨在让新员工了解本企业的基本知识、康乐服务的一般知识以及与各工种相关的知识，同时开展操作技能训练。

（二）在岗培训

在岗培训是指对已上岗服务员进行带有适应性和针对性的培训。在岗培训工作一般由督导层管理人员组织实施，其目的是为了弥补岗前培训的不足和解决实际工作中出现的问题，同时也为员工灌输具体岗位要求、服务技能以及本行业的新观念、新要求。

（三）脱产进修

对一些专业性较强的工种人员以及准备晋升提拔的人员，可让他们参加一些研讨班或到专门院校进修学习，使他们更加胜任现任工作或准备从事的新工作。

二、饭店康乐培训的意义

培训有益于客人、服务员，也有益于企业。培训的作用有以下几方面：

（一）有利于提高员工的认识水平

首先，通过培训可以提高服务员对服务工作的认识，引导他们正确对待人生，正视各种社会现象，摆正金钱、物质和本职工作的关系，提高遵守职业道德标准的自觉性。服务工作是社会工作的一部分，而且是重要的一部分，在社会中，我们每个人既是服务员，又是顾客；既是生产者，又是消费者。作为一名服务员，必须具备爱岗敬业的职业道德。

其次，通过培训可以提高员工的质量意识，使员工认识到“宾客至上，服务第一”的重要性。在服务态度、礼貌、礼节、操作技能、工作效率、心理素质等方面自觉地加强修养，在工作实践中为康乐客人提供优质服务。

（二）有利于降低经营成本

计划周密、系统的培训，能够提高服务员的工作水平，降低康乐企业的经营管理成本。心理学的分析表明，职工工作有困难而变得心烦意乱时，就会形成工作压力，如果这种压力得不到有效缓解，职工的工作态度就会变差，工作效率就会降低，最终导致人心不稳、人员流动。实践证明，人员流动是造成企业劳动力成本过高的主要原因。成功的培训能减轻服务员的工作压力，限制人员流动，提高生产效率，降低劳动成本。

（三）有利于提高服务质量

消费客人判断康乐企业服务质量的高低主要是依据服务员的工作态度、工作能力等综合素质，从这个意义上说，服务员的态度和工作表现是康乐企业成功与否的关键。而要提高服务员的综合素质，就必须搞好培训工作。

（四）有利于提高劳动效率

通过培训，可以使服务员提高认识、掌握技能、增强独立工作的能力，提高本职工作的劳动效率等。服务员工作能力的加强也可将管理人员从繁琐的工作中解放出来，从而有助于康乐企业整体工作效率的提高。

另外，培训也可为服务员创造晋升机会，激发其不断进取的工作热情，从而提高康乐企业的整体工作效率。

（五）有利于员工增加收入

经过培训，新员工可立即进行工作，老员工则可学到更好的工作方法，提高工作成效，进而增加薪金。所以，新老员工都能通过学习增加收入。

（六）有利于提高员工自信心，增强安全感

受过培训的人对工作有自豪感，能相对独立和自由地做出决策，并有工作安全感。

（七）有利于员工掌握专业技能

康乐业是一个综合性很强的行业，所经营的项目之间存在着明显的差别，服务员除了应具备基本的服务技能外，还要掌握本项目的专业服务技能。这些专业技能必须通过培训才能掌握。某些特殊岗位如游泳池救护员、按摩室按摩员、歌舞厅调音师等，还需由特定培训机构培训并经过严格考核之后，才能获得社会和行业认可的上岗合格证。

（八）能为员工晋升创造条件

培训能使员工学会做好本职工作，并开始学习上一层次的工作。如果有能力，就有机会晋升为管理人员。

三、饭店康乐培训的原则

（一）因材施教原则

人的智力不同，能力各异。在培训过程中，要因材施教，应针对不同的对象，不同的内容，合理安排培训过程，确定恰当的培训方式，以增强培训效果。

（二）学习动力原则

要使员工重视培训、努力学习，就要求教师、管理者和人事主任都要懂得如何调动人的学习积极性。只有当员工具备学习的某种动力，他们才会把学习作为自己的一种自觉行为。反之，学习往往就是一种被动的行为。

（三）循序渐进原则

培训要根据员工的知识和能力水平制订培训计划，让员工首先掌握一些必要的基础知识以后，再逐渐增加新的知识信息，以不断提高员工的知识和技术水平，从而收到良好的培训效果。培训顺序如图 8-1 所示。

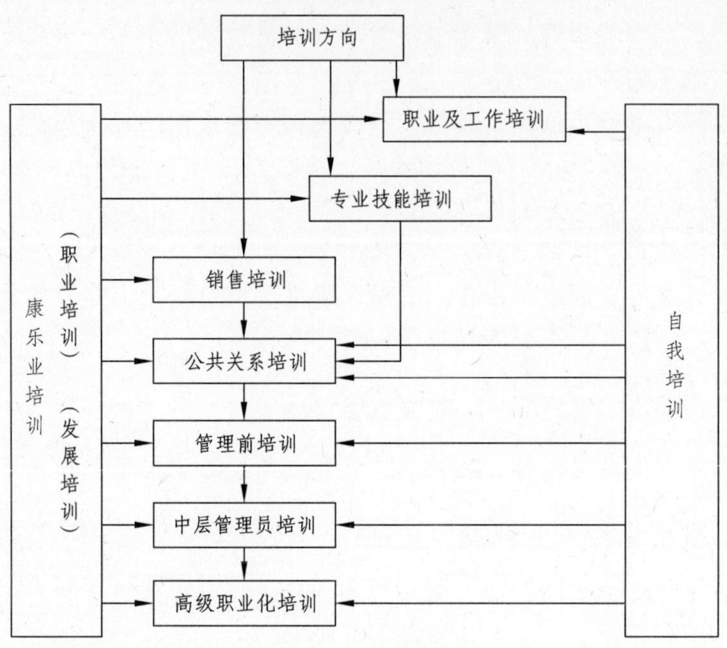

图 8-1　培训顺序

（四）标准培训原则

康乐部的经营与管理，无论是管理岗位还是服务岗位，都有一定的工作标准，为使员工能够迅速适应新的工作，并尽快提高工作水平，就必须根据标准化的要求对员工进行专门化的培训。只有这样才能达到事半功倍的效果。

四、饭店康乐培训的内容

为了有效地进行工作，需要对康乐从业人员进行三大主要内容的培训：知识培训、能力培训和态度培训，其中每一部分内容都可以根据培训对象和培训性质的不同而有所侧重。

1. 知识培训

知识培训是指受训者按照岗位需要进行的专业知识和相关知识的教育，它不同于学校教育对知识传授的递进性、全面性和系统性。

2. 能力培训

能力培训是指有针对性地对全体员工进行分析问题、解决问题和实际操作能力等培训。

3. 态度培训

态度培训是指对全体员工进行感情和情绪的稳定性等各方面的培训，以使全体员工保持良好的工作态度。

第四节　饭店康乐人员的激励

康乐部主要是使顾客从精神上得到满足，首先必须为饭店员工提供良好的工作环境，使员工在精神上高度投入，才能更好地为顾客服务，这就需要对员工给予适时的、恰当的激励。“把员工作为自己的顾客”，这句话指出了管理人员要在平时的工作交往中加强对员工的管理，使员工在工作中能积极主动地、创造性地为顾客服务，并使员工愿意以饭店为家，全心全意在饭店工作。

一、激励的含义和重要性

激励，顾名思义，就是激发或刺激、奖励和鼓励。饭店康乐激励就是康乐业的管理人员用奖励和鼓励的手段去激发和刺激员工的工作热情。

激励对饭店康乐部的发展有着非常重大的作用。美国哈佛大学的詹姆士教授研究分析得出一个结论——激励对员工潜在的工作表现和工作能力有相当大的推动力。这种动力是由做好工作的愿望而产生的一种透发力。它根源于员工的动机，蕴藏在员工身心之中，是劳动力得到有效发挥的一种内在推动力。士气是员工和他们所在的集体对企业领导及企业的人事关系所产生的一种占主导地位的精神心态。它时刻存在于员工心理和集体之中，成为影响企业经营管理的一种精神力量。

激励，对饭店康乐部员工来说同样也是非常重要的。员工只有在激励的作用下，才能发挥他们的主观能动性和创造性，才能付出他们最大的工作效能。所以，激励是针对企业全体员工的，包括管理人员和服务人员，老员工和新员工，一种人力资源的管理方法。

二、激励原则

员工激励的基本原则是，通过对企业内不同工种、不同层次、不同职位、不同年龄结构的员工的各种合理正当的需要，进行全面分析与研究后，选择采取各种不同的方法与手段，从企业经营管理的整体需要出发，结合实际情况，尽可能地满足员工的需求，使他们发挥出应有的潜力，提高工作效率，为实现企业的整体目标而努力工作。

目标不一致也是员工激励应遵循的原则。被激励的员工必须有明确的目标，且这些目标必须与企业的群体目标相一致。康乐业是劳动力密集型服务性行业，需要许多员工紧密配合来实现企业的目标。康乐业的这种特殊性，要求人事培训的主管人员在员工激励中要注意树立明确的目标，使员工个人、班组、部门群体与企业内有关各方的需求统一起来。这样才能使员工激励取得良好效果。

三、激励方式

激励方式是饭店康乐管理者在调动员工工作积极性过程中所采用的具体形式。需求激励是企业采用的最普遍的一种激励方式。心理学研究表明，员工的工作表现是由动机所支配，而动机又是由需求而产生。需求是员工工作表现和努力程度的原动力。员工的工作表现必然是为了满足某种需求而产生的，是在动机的驱使下而进行有意识、有目的的活动。这种需求包括在物质、社会与心理三方面的需求，具体可分为物质与精神激励两类。

（一）物质激励

物质需求不仅是人类赖以生存的基本条件，也是个人在精神、智力和娱乐等各方面获得发展的必要基础。物质激励就是通过满足个人物质利益的需求来调动员工的积极性和主动性。在物质生活不十分充裕的条件下，对员工进行恰当的物质激励，能起到一定的激励作用。调动员工的工作积极性和主动性的过程是以激励员工取得成绩为出发点,最终又回到成绩上去，不断地循环反复，从而取得更大的成绩。员工取得成绩的过程如图 8-2 所示。

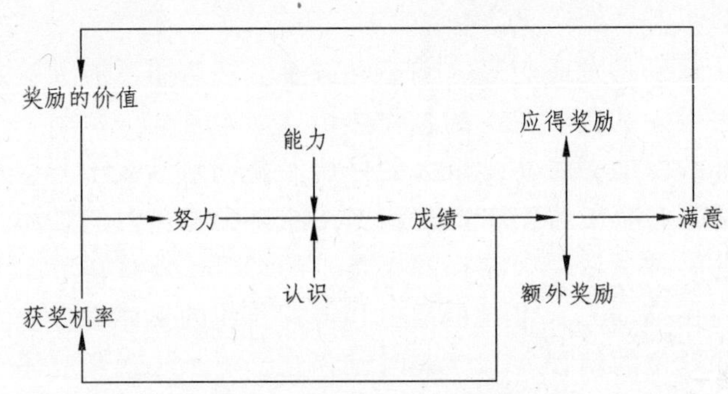

图 8-2 获得成绩的过程

从图 8-2 可知：

（1）调动员工积极性的目的是希望员工在工作上取得成绩或有出色的表现。员工要具有完成某项任务（工作）的客观能力和所要求完成的任务（工作）的认识和理解。

（2）奖励的价值及获得奖励概率是激发员工努力工作的两个主要因素。

（3）对奖励价值的认识是建立在员工以往的经验之上的。

（4）以往的经验告诉他，他的工作成绩和表现获得奖励的可能性有多大。

（5）每个员工总是按照能给他带来最有吸引力的结果进行工作。

管理人员必须注意要将奖励按工作成绩公正地落实到每个员工身上，使每个员工都认为是有价值的奖励。同时，管理人员还必须时刻注意以下几个方面的问题：

（1）务必为员工创造良好的工作条件。例如，向员工提供有保障的后勤供给。从衣、食、住、行、及娱乐等方面给予支持与帮助，使员工能在良好的工作环境中心情舒畅、精神集中的工作，从而激发他们的工作情绪，使其能较好地完成本职工作。

（2）为员工创造宽松融洽的人际关系环境。康乐企业各级管理人员应时常给予和教导员工彼此尊重与关怀，鼓励与支持，让员工内心有一种亲切感、归属感，从而使这种融洽的人际关系产生巨大的激励力量。

（3）按劳分配员工劳动报酬。在进行劳动报酬分配时，应坚持按劳分配、多劳多得、少劳少得、不劳不得的分配原则，以此调动员工的工作积极性。

（4）搞好员工集体福利，解除后顾之忧。员工集体福利是一项繁重而琐碎的工作，人事部门应下决心并有责任协同其他部门，从解除员工后顾之忧，调动员工工作积极性出发，切实做好有关的组织工作。

（5）加强员工培训，为员工个人发展创造条件。对部分有强烈上进心的员工，应通过加强培训使他们获得个人发展的机会，激发员工的事业心，为康乐企业大批有能力、忠实可靠的管理人员队伍打好基础。

（二）精神激励

1. 企业精神（企业文化）激励

管理者根据自身康乐企业的特点，为其生存和发展树立一种精神口号，它必须是全体员工所共同认可的奋斗目标和价值观念。它是企业全体员工共同遵守而并不见诸书面的行为准则。这种精神一旦创立，并得到不断的维护和加强，将让员工产生强大的凝聚力。

注重企业文化建设，以企业精神这一无形的感情因素为导向，用共同的价值观念来协调、控制员工的行为，诱发与激励每个员工的自主精神与创新意识，使他们的行为趋向于同一个方向，齐心协力为企业目标而奋斗。通过企业的口号、服装、员工活动、刊物以及企业在员工心目中的高大形象等多种途径，建立起企业的精神支柱，形成对员工的向心力与凝聚力。卓越的企业文化对员工的精神激励作用是难以估量的。

2. 目标、成就感激励

康乐经营管理人员应利用特殊的场合、手段、时机告诉所有员工的经营目标、经营阶段目标、人才培养目标、福利目标等。激励员工同企业一起向着这个方向共同努力。各级主管应善于发现有强烈成就感的员工，并提供机会让他们在工作中满足这些要求。因为强烈的成就感与随后的工作表现是互相关联的，所以员工的积极性会由此而提高，并使其潜能得以充分发挥。

3. 信任和尊重激励

康乐企业人事管理部门要以人为中心进行人事管理，以激发员工的能动作用来改善服务质量，提高管理水平与竞争能力。相信人，尊重每个员工的人格，承认他们的工作成绩和为企业所作的贡献，使员工在一定范围内表现与发挥自己的才干，让他们感到工作的意义和自我的价值。

在康乐企业人事管理中，员工激励的方法是多种多样的，必须针对员工的具体情况选择恰当方法，才能使激励产生实效。实施员工激励，光靠人事管理部门的作用是十分有限的，只有康乐部各级主管将其作为一项重要的任务来抓，并密切合作，相互支持，才能使员工激励这种先进的科学管理方法显示出效益。

四、激励机制

激励机制就是在激励中起关键性作用的一些因素，由时机、频率、程度、方向等因素组成。它的功能集中表现在对激励的效果有直接和显著的影响，所以认识和了解激励机制，对搞好康乐部的激励工作是大有益处的。

（一）激励时机

激励时机是激励机制的一个重要因素。在不同的时间，激励的作用与效果有很大的差别。打个比喻，厨师炒菜时，不同的时间放入佐料，菜的味道和质量是不一样的。超前激励可能会使下属感到无足轻重；迟到的激励可能会让下属觉得画蛇添足，失去了激励应有的意义。

（二）激励频率

激励频率是指在一定时间里进行激励的次数，它一般以一个工作周期为时间单位。激励频率的高低是由一个工作周期里激励次数的多少所决定的，激励频率与激励效果之间并不完全是简单的正相关关系。

激励频率的选择受多种客观因素的制约，这些客观因素包括工作的内容和性质、任务目标的明确程度、激励对象的素质情况、劳动条件和人事环境等。一般来说，有下列几种情形：

（1）对于工作复杂性强，比较难以完成的任务，激励频率应当高；对于工作比较简单、容易完成的任务，激励频率应当低。

（2）对于任务目标不明确、较长时期才能见成果的工作，激励频率应当低；对于任务目标明确、短期能见成果的工作，激励频率应当高。

（3）对于各方面素质较差的工作人员，激励频率应当高；对于各方面素质较好的工作人员，激励频率应当低。

（4）在工作条件和环境较差的部门，激励频率应当高；在工作条件和环境较好的部门，激励频率应当低。

当然，上述几种情况，并不是绝对的划分，通常情况下应该有机地联系起来，因人、因事、因地制宜确定恰当的激励频率。

（三）激励程度

激励程度是指激励量的大小，即奖赏或惩罚标准的高低。它是激励机制重要因素之一，与激励效果有着极为密切的联系。能否恰当地掌握激励程度，直接影响激励作用的发挥。超量激励和欠量激励不但起不到激励的真正作用，有时甚至还会起反作用。例如，过分优厚的奖赏，会使人感到得来全不费功夫，丧失了发挥潜力的积极性；过分苛刻的惩罚，可能会导致员工破罐破摔心理，挫伤下属改善工作的信心；过于吝啬的奖赏，会使人感到得不偿失，多干不如少干；过于轻微的惩罚，可能导致人的无所谓心理，不但不能改掉毛病，反而会变本加厉。

所以从量上把握激励，一定要做到恰如其分，激励程度不能过高也不能过低。激励程度并不是越高越好，超出了这一限度，就无激励作用可言了，正所谓“过犹不及”。

（四）激励方向

激励方向是指激励的针对性，即针对什么样的内容来实施激励，它对激励效果也有显著影响。马斯洛的需求层次理论有力地表明，激励方向的选择与激励作用的发挥有着非常密切的关系。当某一层次的优势需求基本得到满足后，应该调整激励方向，将其转移到满足更高层次的优先需求，这样才能更有效地达到激励的目的。例如，对一个具有强烈自我表现欲望的员工来说，如果要对他所取得的成绩予以奖励，奖给他奖金和实物不如为他创造一次能充分表现自己才能的机会，使他从中得到更大的鼓励。还有一点需要指出的是，激励方向的选择是以优先需求的发现为前提条件的，所以及时发现下属的优先需求是经理人实施正确激励的关键。

【案例分析】

某天，一家饭店卡拉 OK 包房里的服务员在为客人端酒水上桌时，不慎把假指甲落在了盘子上。那是一只十分漂亮的假指甲，所以掉在盘子上十分醒目，等服务员想去补救时已经来不及了，客人十分不满，便进行了投诉。饭店经理对此也十分生气，要求以后饭店卡拉 OK 厅的一线服务人员不许再戴假指甲、假睫毛、假发等，这种“一刀切”的做法又招致了许多服务员的不理解。

现在，假指甲、假睫毛、假发等饰物十分流行，许多饭店服务员也追赶时尚潮流“武装”自己。但是，这些东西有时会引发意外，令当事人十分难堪，并给客人带来不愉快。

分析思考：

（1）作为一名康乐部的经理在讲究个性、讲究形象的今天如何避免这样的事情发生？

（2）这个案例给我们的启示？今后工作需注意什么？

【思考与练习】

1. 如何控制康乐企业劳动力成本？
2. 如何做好康乐企业员工的招聘与录用工作？
3. 如何实施康乐企业培训计划？
4. 康乐企业为什么要进行员工激励？怎样进行员工激励？
5. 画出招聘程序流程图，并简述其程序。

第九章　饭店康乐收入管理

饭店康乐部往往由许多服务项目组成，每个服务项目又由若干个环节组成，每个客人的消费又千差万别，到饭店康乐部消费的顾客有的以现金支付，有的以信用卡支付，等等。所以，饭店康乐部的营业收入问题就显得复杂化，这就要求加强对康乐部营业收入的管理。

第一节　饭店康乐部的结账方式及流程

饭店康乐项目的经营宗旨是为满足人们休闲及精神需要，最大限度地方便顾客。与此相对应，在结账方式上也相对灵活，以满足顾客的需要。

一、结账方式

经济飞速发展，市场竞争日益激烈，各种类型的饭店康乐项目为了在竞争中吸引顾客，不仅在服务内容上大做文章，丰富康乐项目，提高服务质量，而且在结账方式上也有很大的改进。饭店康乐项目从自身利益出发，为了吸引更多的顾客，往往采取相对灵活的结账方式。常用的结账方式如下：

（一）定期结算方式

信誉较好的团体或个人顾客，尤其是固定客户，与饭店康乐部进行约定，在消费时，先行记账，然后按月、季或其他双方约定的形式事后一次性支付。这类饭店康乐项目必须建立团体或个人的应收款账户，每次消费后，由该团体或个人在账单上签字认可，并由工作人员确认。这种结算方式在结账管理工作中最关键的是要完整地保存有效的原始凭证，切不可有丝毫差错，否则容易发生拒付事故，造成损失。

（二）会员制结算方式

为吸引更多的客源，很多饭店康乐项目采取会员制消费形式，同时相应地采取会员制结算方式。这种方式一般是指团体或个人事先从饭店康乐项目购买一定金额的消费信用，即预付费，然后在每次消费时，可能享受一定的优惠，逐笔消费并从预先购买的服务金额中扣除，直至为零的一种购买支付行为。通常设贵宾卡，持贵宾卡的会员有优先消费权。贵宾卡样本见图 9-1。

××饭店桑拿中心 贵宾卡　VIP No.168	贵宾签名： 1. 凭此卡在本饭店桑拿中心消费可获九折优惠，小费另计。 2. 请妥善保存此卡，若不慎遗失，本饭店概不负责。 3. 本卡解释权归本饭店所有。 地址：　咨询电话：

图 9-1　贵宾卡样本

由于预先购买，所以应享受一定的优惠折扣，其优惠折扣幅度标准与存款利息回报大致一致。

（三）优惠销售结算方式

很多饭店康乐项目为拓展市场，在特殊时期或规定时间内进行优惠销售，如节日、假日、店庆日或某种庆祝活动而举办的优惠销售，甚至在对特定人士或阶层进行优惠销售的促销活动中推出特别优惠销售，对顾客在这期间的消费按优惠价格算。

这种特别优惠销售方式展示了企业在销售中的独特促销方法，其目的是提高饭店声誉，招徕更多顾客。所以，结账工作人员应严格按照企业的总体政策进行财务结算，尤其是对某些不熟悉该项特别重要活动的人士，更应主动提醒，以使客人获得意外收获，加深对企业的印象。

此项服务应切忌结账人员利用差价部分，中饱私囊。应在服务中树立企业精神，切不可贪小便宜吃大亏，影响回头率。

（四）特别优惠结算方式

特别优惠结算方式是指康乐企业在经营中，根据权限给予那些有业务关系的团体或个人优惠的方式。特别优惠一般有三种方式：

（1）折扣优惠，指按顾客消费额的一定百分比进行优惠计算，通常的说法叫“打折”，如优惠八折，即 20%；收半价，即折扣为 50%，等等。

（2）金额优惠，指在客人消费额的基础上，少收一部分金额。如客人消费为 348 元，仅收 300 元，一般遵循“多消费，多优惠；少消费，少优惠”的原则，以此来刺激消费。

（3）赠品优惠，指康乐企业经营管理人员根据客人对象赠送一杯饮品，或赠送有企业标志的纪念品，如打火机等。这些赠品免收费用。

以上特别优惠不论哪一种方式，都是企业已发生的生产成本，为正确反映经营活动和经营成果，皆应有准确的记录。

（五）即时结算方式

在即时结算方式中，团体或个人可以用支票、信用卡、现金等方式进行结算。因此，结账工作人员应熟悉有关支票、信用卡等信用方式付款的收取技术，并掌握现金的收支技术，有初步的区别假币、残破货币以及外币的识别能力，还要了解外币的汇率、服务费、手续费等计算方法。

二、饭店康乐项目收银的流程

要做好饭店康乐项目的结账工作，其工作人员在熟悉企业的结算政策之后，按一定的责任与权限进行结账收银工作是十分必要的。

（一）做好结账前的辅助工作

结账前做好准备是快速、准确结账的基础，这些工作主要包括：

（1）准备发票、复写纸、书写工具等，同时检查发票的交接班号码是否有错。

（2）准备足够的找零现金，且票面干净。

（3）检查各种设备是否处于良好状态。

（4）确认当天服务人员所负责的区域。

（5）判断当天的客人数及高峰期的工作量，做好心理准备。

（6）清洁工作台面，将各种用具按最方便使用的位置摆放整齐。

（7）调整个人精神状态，以最佳的状态全身心地投入工作。

（8）保持头脑清醒，钱票当面点清。

收银员班前工作检查表、清洁卫生检查项目、客人消费原始凭证见表 9-1 ~ 表 9-3。

表 9-1 收银员班前工作检查表

年 月 日

工作前准备	标准	交接班情况	备注
收银机打印账单	一箱		
发票	一本（不少于 20 张）		
收银机、信用卡机日期正确	当日		
信用卡黑名单	最新一份		
各种信用卡单据	每种不少于 20 张		
备用金	每人 2 000 元		
专用信封	不少于 100 个		
烟灰缸	1 个		
糖果	满		
照明灯	正常		
更衣柜钥匙	存放于专用钥匙柜中		
…………			

表 9-2　收银台清洁卫生检查项目

1. 台前清洁，无私人物品；
2. 电话机清洁；
3. 电脑屏幕、键盘、打印机无灰、手印、油印；
4. 收银员工作区域无纸屑；
5. 各类告示栏铜牌、玻璃光亮，无灰尘、手印；
6. 地柜、吊柜、桌椅、门清洁无灰尘；
7. 地毯清洁；
8. 通风口清洁、无污渍；
9. 账单、信用社单据、信封、便签整齐放在规定位置；
10. 内部资料统一存放在文件夹内；
11. 客户资料整齐存放在固定资料柜内；
12. 保险箱内钱物摆放整齐。

表 9-3　客人消费原始凭证

××饭店美容美发室消费记录　　NO：00168

日期：　　美发/美容师：

项　目	单　价
全套理发	
烫发	
洗头、吹发	
剪发	
剃须修面	
头发按摩	
全身按摩	
面部护理	
修眉	
合计	

房号：　　宾客签名：

收银员：白单－收银　红单－做账　黄单－服务员

（二）检查结算原始凭证的记录

康乐消费比较复杂，顾客经常有增加消费时间或者临时增加康乐内容的要求，服务人员均应及时、准确地将消费信息传递到收银台。收银员应认真检查结算原始凭证上的消费内容等，防止因信息传递失误而漏账，同时要避免重复记账。

（1）检查消费单上记载的项目、价格。

（2）是否有看不懂的缩写或不清楚之处。

（3）账单上各项康乐消费记录是否完备。

（4）增补，尤其是康乐消费加项、加时是否核实。

（三）明确客人应付细目

明确客人应付账款之细目，计算机结账时应准确将客人消费项目输入计算机，这样也便于对客人的咨询做出简明、快速的答复。

（四）客人要求结账时再进行结账

良好的结账服务应是在顾客要求结账时，准确、迅速地提供服务，尤其是在娱乐场所的消费不能因客人消费时间长而要求客人快速结账，更不能因临近下班或交接班时间而提示客人结账。在客人结账时，应缩短客人等待时间，加快结账速度。

（五）结账时要唱收唱付

（1）站立、微笑，向顾客打招呼。

（2）询问能帮客人做什么。

（3）确认客人要结账时，立即着手准备账单，询问客人的结账方式。

（4）明确说出消费金额并将账单呈给客人。

（5）收款时应声明金额。

（6）开票准确，正确书写各项目。

（7）依一定顺序将发票、零钱奉还客人并加以说明。

注意自始至终表现出良好的态度和周到的服务，找还客人零钱时应遵循最大票面和票面干净清洁的原则。

（六）其他注意事项

（1）询问客人对本企业服务与产品有何不满。

（2）向客人表示谢意，道别，并表示欢迎再度光临。

（3）协助填写客史档案，以利销售部门跟进回头客，发展新 VIP 会员。

（4）在结账服务工作中，还应十分注意支票、信用卡等信用支付行为，严格按有关规定执行。遇有用支票、信用卡等信用方式兑换现金或整额找零时，原则上不予倒找现金，难以处理时，请管理人员解决。

第二节　饭店康乐收入的管理方法

一、饭店康乐项目收入分类

饭店康乐部的营业收入因店而异，各有特点，按不同的分类方法可以分成很多种。为便于营业收入的管理与控制，现将这些分类介绍如下：

（一）按经营分类

这是一种比较直观的分类方法。这种方法又可细分为三种形式：

1. 按项目重要等级区分

这是将经营收入分为主营项目收入和辅助项目收入，将具体项目分别列于这两个大项目之下。各企业的主营项目不同，收入分类也不尽相同。

例如，某单一经营桑拿浴的康乐企业的营业收入分为：主营收入，包括桑拿收入、按摩收入、搓澡收入、吸氧收入；辅助收入，包括酒水饮料收入、自助餐收入。

2. 按项目活动方式区分

这是将营业收入分为康体项目收入、娱乐项目收入、保健及美容项目收入，将具体项目分设在这三个大项目之下。这种方法不会因企业不同而使收入分类不同，所以便于横向比较。

例如，某综合康乐企业的营业收入分为：康体项目收入，包括戏水乐园收入、健身房收入等；娱乐项目收入，包括电子游艺厅收入、夜总会收入等；保健及美容项目收入，包括桑拿浴室收入、美容美发厅收入等。

3. 按项目规模大小区分

这是将营业收入按规模大小顺序排列。这种方法简单明了，比较直观，因不同企业的排列顺序也不同。

例如，某室外游乐场的营业收入分为：观光摩天轮收入、过山车收入、碰碰船收入等。

（二）按营业收入的结账时间分类

1. 即时结账

即时结账指在顾客康乐消费开始或结束时，康乐部得到的并可即时支配的营业收入。有的项目是在消费开始时结账，如顾客要玩电子游戏机应当先购买游戏币；有的项目是在消费结束时结账，如桑拿浴、美容美发项目一般是先消费后结账。

2. 预收结账

预收结账指顾客在康乐消费之前收取一定的消费金额，在实际消费时冲减。例如，高尔夫俱乐部的会员制消费形式；有的康乐部的贵宾卡制度，即顾客预付一定的金额即可获得贵宾卡，持卡者在消费时不仅可以签单冲账，还可以享受折扣优惠。对饭店来说，预收结账有十分显著的优点，为利用资金的时间价值提供了机会，并能促进营业收入的稳定。因此，应当设法采用这种结账方式。

3. 赊账签单结账

赊账签单结账指顾客先欠账进行康乐消费，结束之后根据签单来结账。这种结账方式与前面提到的即时结账有很大的区别；即时结账虽然可以在消费结束时结账，但仅限当时，并且仅在个别项目实行；赊账签单可以在消费结束后结账，甚至可以延迟一定时间，并且除特殊约定外一般没有项目限制。要求以这种方式结算的多为较大额度的消费，允许使用这种结算方式的仅限于有良好信誉的顾客或团体客户，顾客的支付形式以转账支票或信用卡居多。这种营业收入管理的重点在于，采取各种措施，以保证准时结账，杜绝坏账的出现，避免营业收入受损。

（三）按计价方式分类

1. 计时收入

计量收入指按顾客消费时间收费而形成的收入。有很多康乐项目是以出租设备使用权的形式来经营的，因而采用计时收费的方式，如麻将房、台球室、氧吧、按摩室、健身房、乒乓球室、枪战城、壁球室、沙弧球馆、网球场等项目。

2. 计量收入

计量收入指按顾客使用服务设备或消费产品的数量收费而形成的康乐营业收入，适用于一些便于统计数量的康乐项目，例如，保龄球馆一般以局为单位收费；电子游戏机以使用次数为计费单位。

3. 计人次收入

计人次收入指按顾客消费的人数和次数为计费单位而取得的收入。这种计费方式适用多人共同消费同一项目，如夜总会、舞厅、部分游泳池以及绝大部分室外游乐项目。

需要指出的是，按计价方式分类的方法会因饭店或时间而有所不同。例如，游泳池有的计时收费，有的计人次收费，有的在平季和旺季计时收费、在淡季则计人次收费；卡拉 OK 歌厅的公共厅计人次收费，其包厅则计时收费；保龄球既可以以局为单位计量收费，也可以以小时为单位计时收费。

（四）按营销方式分类

1. 常规销售收入

常规销售收入是指按平日的一般价格销售而形成的营业收入。这是康乐营业收入的主要成分，可分为以下两种情况：

第一，单项收入。这是指顾客消费单项服务而累加起来的收入。

第二，综合收入。这是指为顾客提供多项康乐服务或多次服务而一次性结账所形成的收入。

2. 优惠销售收入

许多企业为了稳定客源、拓展市场，在特定时期或特定时间优惠销售，如节假日的优惠活动；在平时对特定的人士或团体实行优惠价。一般有三种优惠形式：折扣优惠收入，按顾客消费额的一定百分比优惠计算，即通常所说的打折。如八折优惠，即按 80% 收费。金额优惠收入，即在顾客实际消费额的基础上少收一部分，通常是抹去零头。如消费额是 680 元，实收 600 元。赠送优惠收入有两种情况：一种是根据顾客对象赠送饮料或带有本企业标志的小纪念品，如打火机、小玩具之类；另一种是赠送适量的消费额度，如保龄球买 10 局赠 2 局，游艺机币买 10 枚赠 3 枚等。

无论哪种优惠形式，都应进行经营成本核算。因此，在收费过程中应该有准确的记录，有些优惠方式还必须请有关销售人员、管理人员签字认可。

二、饭店康乐项目收入管理方法

康乐营业收入大多是无形服务产品的销售收入，收入的控制比有形产品销售收入的控制要难一些，再加上收款人员大量接触现金，又进一步增加了控制难度。做好控制工作成了康乐营业收入管理的重要环节。本部分就康乐营业收入管理的几个主要问题展开讨论。

（一）营业收款业务管理方法

收款业务是保证营业收入实现的重要措施，其收款业务管理重点要做好以下五项工作：

1. 合理设置收款员岗位

在实际运行中，大型康乐企业的营业收入由财务部独立管理，设专职的收款员。小型康乐企业由专人收款或由服务员兼任收款员，一般饭店康乐部因规模和管理模式不同，收款管理方式也不同，有的设专职收款员，有的由服务员代理收款再上交财务部，收款过程由财务部和康乐部共同管理。从理论上说，由财务部独立管理并设专职收款员岗位更符合规范，管理也相对容易。

2. 认真选拔和培养收款员

选拔和培养合格的收款员是做好收入管理的关键环节。为了能使收款工作顺利进行，首先应该做好收款员的选拔和培养工作。道德观念、劳动态度、业务能力是选拔收款员的主要标准。道德观念是基本条件，劳动态度是重要条件，业务能力是可塑条件。当然，一个优秀的收款员还应该具备其他条件，如形象、沟通能力等。

3. 合理安排收款地点

康乐营业收入管理的主要任务就是在顾客消费时收取每项交款。为了准确、快捷地收费，需要合理地选择收款地点。

向社会开放的康乐企业或康乐部门，由于活动项目多，客流量大，人员复杂，若不能及时收款，漏账的可能性会加大。因此，可考虑多设置收款台，甚至每个活动项目都设收款台。但这种做法也有弊端：一方面，接触钱款的人员比较多，容易出现漏洞，给管理带来一定难度；另一方面，需要的工作人员较多，会加大工资成本。

在高档饭店或度假村的康乐部，一般多采用一次性结账的收款方式。这种方式是在每个活动项目设立账台，这些账台不直接向顾客收款，而是及时将顾客的消费项目记录下来，并请顾客在账单上签字确认，然后把这些账单送到总收款台汇总。当顾客消费结束离店之前，向顾客收取全部费用。这种方式会使顾客感到方便，也适合高消费的顾客心理。同时，由于接触现金收入的只有总收款台，出现漏洞的可能性会减小，管理也相对容易些。但这种方式对单项消费的零散顾客很不方便，不适用向社会开放的康乐企业。

4. 设计科学的收费单据

营业收入管理表单的内容一般包括表单的格式、内容、联数等。像其他管理表单的设计一样，在设计康乐营业收入管理表单时，应包括所需要的全部管理内容，但应注意简洁、明了，避免繁杂。另外，还应注意能让填写者准确理解填写要求，避免模棱两可或含义不清的用词，尽量减少需要描述的内容，尽可能地设计成只用“√”“×”或数额来完成。此外，表单的设计应尽量规范、美观，便于保管和查阅。

5. 加强稽核管理

稽核是指对账目的查对计算。大型康乐企业往往设有专职的稽核组，规模不大的康乐部则由专职或兼职人员负责稽核工作。一般情况下，稽核人员的职责主要是监督和检查收款员的工作，负责查对核算收款员的账目，并负责票据以及代用币的清理查收。加强稽核管理能堵塞很多收款方面的漏洞，对“窃款”“跑账”和错账能起到较好的预防作用。但任何单一的措施或制度都不可能是万能的，稽核制度也是如此，还应该与其他措施和制度结合起来进行管理。在开展稽核工作中，还必须特别注意选聘素质优秀的员工担当这项工作，并且应该经常对稽核人员进行培训。

（二）营业收入管理制度与规定

收款制度是收款员应遵守的行为准则，是营业收入管理控制的重要手段。

1. 备用金领用规定

备用金管理员应在每天上午 9:00 前核对上一日备用金收发控制表，总账数应等于上一日库存数（即期末库存数）加上一日应退回备用金数。出现差错应及时记录并及时向上级汇报。

备用金管理员于每天上午 9:00 在领班的协同下打开备用金保险柜，同时还必须有监收人在场。然后清点备用金数，核对无误后，按照早班上岗人员名单，发给各个收款员本人，并监督其在备用金收发控制表上签字确认。该项工作应在 9:10 之前结束。晚班同样按此规定发放，并于 16:30 之前结束。

备用金管理员在下班前，应核对期末备用金额，以便结转次日。在检查保险柜安全无误后，将钥匙存入保险柜。此时，应有领班或其他证明人在场并签字证明。下一日领出钥匙时同样要有证明人在场，领出证明人应该是收入保险柜二号钥匙的保管人。

收款组领班、主管有权在备用金的使用、收发过程中随时抽查，发现错漏应及时查处。

2. 现金收入清点制度与规定

现金收入清点制度与规定的主要内容为：

（1）收款员作为康乐营业收入收纳人，对所收到的营业款负全部责任。

（2）收款员每天下岗后应把现金、各种代用券的金额填入现金收入表，并核对收入表上的数字与实际收入是否相符，核对无误后将全部收入装入交款袋内封好，放入财务部的收入保险柜中。

（3）投放交款袋时，收款员不得单独直接投放，应该有领班在场或同其他收款员一同投放，然后自己登记监收表并请证明人签字证明。证明人一经签字即对此交款袋是否投入负有责任。

（4）晚班领班下班前，要检查核对监收表的记录与实际收入数是否一致。出现问题应查清原因，查不清的应马上报告主管或经理。出现特殊情况时，领班应在监收表上备注栏内注明。

（5）开启收入保险柜的两把钥匙，一把由出纳员随身携带保存，另一把由财务部经理委托秘书保存。

（6）每天早晨清点收入款时，由出纳员、财务部秘书共同开启保险柜。由出纳员同监收人共同清点，现金数额与收入报表的数目相符后，出纳员把实收数填入监收表上；如款表不符，应及时报告主管。非财务部收款员交回的营业收入，出纳员应会同交款人一同开袋清点。然后将清点数额填入收入报表，并签字确认。

3. 票据管理制度与规定

票据管理制度与规定的主要内容为：

（1）经营专用的有价票据、发票、防伪标志等，是本企业的重要凭证，由票据管理员专人负责管理。

（2）发票的保管、领用、开具和印制都要严格按照国家关于发票管理办法及有关条例执行。

（3）票据管理员必须准确记录票据的领取、发放和存余的数量，并要保证有价票据后期制作符合标准（盖章清晰，防伪标志粘贴牢固）。

（4）票据拟用章由出纳员保管，归票据管理员使用。

（5）收款员不得私下换票。如遇特殊情况需要换票，必须经收款主管或领班签字同意。

（6）电脑员每天录入前一天领、发票据和售票资料，以反馈信息，对票据进行跟踪。

（7）稽核员要加强核查，定期对票据库及收款员保存的票据检查盘点。

（8）季节性票据过期后，票据员必须根据记录及时回收和登记，存入票据库等待统一处理。

（9）使用过的发票存根要及时回收，随时整理登记，定期打包存放。

（10）过期的废票，经回收、登记、加盖作废章后，交由稽核组统一销毁。

（三）营业收入管理的操作程序和方法

1. 现金收款程序和方法

收款员应按下列程序操作：

（1）询问并查对顾客消费的项目、数量、时间、人次等情况，向顾客通报价格。

（2）根据顾客消费的实际情况，计算顾客应支付的金额，清楚地通报，并将账单呈示给顾客。

（3）接到顾客交来的现金，先点清数额并向顾客唱收，然后用验钞机检验大额钞票的真伪，检验无误后将钞票放入收银箱。如需找回零钱则应尽快找回，同时要报找零的数量。

（4）按照要求和交款的数额，交给顾客票据。

（5）顾客如索要发票，则应据实开具。

（6）向顾客表示谢意，并表示欢迎顾客再度光临，然后道别。

2. 信用卡受理程序和方法

在康乐企业结算过程中，很多是用信用卡结算的。在用信用卡结算时，应按以下程序来操作：

（1）信用卡受理程序。

① 了解本企业接受的信用卡种类。如长城万事达卡、牡丹卡、美国运通卡、大来信用卡、万事达卡、发达卡、汇财卡和 JCB 卡等。

② 认明信用卡名称。所收受的信用卡必须是本企业接受的信用卡，查卡过程中注意查看防伪激光标志。

③ 核对有效日期。确保信用卡使用时是在有效期内，如有效期为 97，即指此卡有效期截止时间为 1997 年 12 月 31 日。倘若收到过期和未生效的信用卡，请礼貌地交还客人，不得使用，并请求更换结算方式。语气要礼貌、委婉，避免直言不讳指出客人所持信用卡有问题。

④ 压印直接购货单据和账单。每天营业开始，应将压印机日期调好，用压印机将信用卡资料压印在相对应的直接购货单上，并核查压在签购单上的数字是否清楚。为避免企业的经济损失，账单亦必须压印信用卡资料。（注：在压印过程中，是哪种卡相应就使用哪种卡的签购单，不得使用其他卡的签购单顶替。）

⑤ 核对签名。核对签购单上之会员签名，账单签名必须与信用卡背面的签名相符。信用卡的使用权不得转让他人，签购单必须由持卡人亲自签署，如发现签名不太相符，可与授权中心联系，并让持卡人出示身份证，核实身份证相片与持卡人相貌是否相符之后再将卡交还持卡人。

⑥ 核对“注销”名册。查核信用卡账号是否列在最近一期之“注销”名册内，如有列上，请即刻终止交易，扣留有问题的信用卡，并尽快通知财务部转代办银行。

⑦ 刷卡。将顾客的消费金额和消费日期输入刷卡机，将信用卡插入刷卡机操作。刷卡后将信用卡连同账单一并交还给顾客。

（2）注意事项。

① 切勿为贪一时之便，而将本来需要授权的消费金额分开两张签购单填写，倘若由此引起的损失，由当事收银员负责。

② 压印的单据如不清楚，请另换单据再压一次，同时将旧的单据当持卡人面销毁。

③ 信用卡限额是保密资料，勿向外界透露。倘若不遵守保密制度而导致本康乐企业损失的，按照员工手册有关条例处理。

④ 索取授权号码程序如下：

第一步：拨通信用卡授权中心。

第二步：授权中心电话拨通之后，报出康乐企业的商号号码，并将消费金额报信用卡公司。要使以上步骤顺利进行，需对所受理的信用卡的电话号码和本康乐企业的商号一清二楚。

⑤ 辨别真卡和假卡，见表 9-4。

表 9-4 真卡与假卡的区别

	真卡	伪造卡	涂改卡
印刷方面	颜色鲜艳、字样清楚	字样模糊、颜色过深或过浅	与真卡无异
塑料	表面光滑	表面粗糙	与真卡无异
签名栏	有发卡公司的商标	无发卡公司的商标	金白色有涂改痕迹
压印	卡号数字及英文字母整齐	卡号数字及英文字母不整齐	旧卡号隐约可见
卡面条纹	清楚整齐	不整齐	与真卡无异

（3）防止信用卡诈骗行为。

① 行骗方式。

A. 盗用信用卡。

B. 滥用信用卡，超过持卡人本身信用卡限额签购。

C. 使用的伪造信用卡购物或提现金。

D. 使用涂改过的信用卡。

② 如何及时发觉及制止诈骗行为。骗徒使用信用卡时，其表现大多与真正持卡购物者有差别，举动异常，神态不安。只要加以留意，做出适当反应，便可防诈骗。

③ 留意信用卡的真伪。

A. 压印卡号是否整齐、正确。

B. 卡背面是否真正磁条。

C. 签名栏是否有涂改的痕迹。

D. 信用卡是否在有效期内。

E. 信用卡上签名与签购单上签名是否有别。

④ 注意持卡人的举动。

A. 是否神色有异或故作匆忙。

B. 购买贵重物品时不需考虑，不论颜色、尺码、价钱。

C. 连续几天都来重复消费，且消费量大。

D. 出示多张信用卡，并要求不超过授权额使用。

E. 签名时，要求看卡面及卡背才可签名。

⑤ 识别持卡人的身份。如何从长城万事达卡签购单上看出持卡人的身份呢？例如，长城万事达卡是由四组号码组成的，每一组由四个阿拉伯数字构成。识别时，如卡号第二组第二个数字为“9”字，即为长城卡私人普通卡；如卡号第二组第二个数字为“1”字，即为长城卡公司普通卡；如卡号第二组第二个数字为“5”字，即为长城卡私人金卡；如卡号第二组第二个数字为“6”字，即为长城卡公司金卡。

3. 转账支票受理程序和方法

客人用转账支票结账，按以下程序操作：

（1）检查转账支票以确认能否使用。转账支票必须纸质优良、印刷精美并且无折痕，还必须有使用单位财务章或支票专用章以及私人留在银行的印鉴、骑缝章、付款账号、签发日期等内容。

（2）正确填写支票内容。要求用蓝色、黑色钢笔或签字笔填写，所写的大小写金额必须相符，并须注明用途。

（3）要求持票人出示身份证并在消费账单上签名和留下单位电话号码。

（4）将支票存根连同发票一并交给顾客。

（5）填写收入点存表。在表内填写转账支票号码、金额、付款单位名称、联系电话号码等内容。

第三节　饭店康乐经营核算的内容与方法

一、饭店康乐项目收入核算的内容和方法

饭店康体娱乐项目种类很多，一般可以分为康体健身、休闲娱乐和保健美容三大类。每一种类都可以设置众多的具体康体娱乐设施，如游泳池、网球场、台球厅、夜总会、美容美发室、桑拿浴等。饭店康体娱乐项目营业收入核算的内容和方法如下：

（一）单体项目营业收入核算

饭店康体娱乐设施的单体项目是指独立经营的单个项目。如健身房、台球厅、乡村高尔夫等，这些单体项目可以单独存在，同时又设有自己的配套酒吧和相关设施。其营业收入大多以单一项目为主，主营、副营收入结合。单体项目营业收入的核算方法如下：

1. 班组做好每日营业收入记录

饭店每个康体娱乐设施的单体项目有的设有主管，下设领班组织接待服务工作。每个班组都设有专职或兼职收款人员，每天的营业收入由接待员办理登记，收款员按饭店财务部和康乐部规定收款。为此，班组每接待一位或一批客人都必须按项目要求做好登记。班组每位、每批客人的每项收入都要分别按现金、签单挂账、信用卡、转账支票分类，逐一做好记录，完成收款任务。在此基础上，每日每班营业结束了，收款员必须填写营业报表，分别统计每天每班的现金收入、签单挂账收入、信用卡、转账支票收入与合计营业收入，由此完成班组每日营业收入核算。

2. 单体项目收入核算

在班组每日营业报表和清点核对的基础上，单体项目每日营业收入的原始记录、营业日报表交财务部会计。财务部会计人员逐项审核每个班组的原始记录、营业报表，然后分类核算单体项目的主营收入和副营收入。主营收入主要是指康体娱乐项目的客人消费收入，如夜总会的门票收入、包房费收入，桑拿中心的桑拿收入、按摩收入、搓澡收入、修脚收入等；副营收入主要是为康体娱乐项目服务的酒水、饮料收入和物品租赁、销售收入。因此，饭店康乐部门的单体项目收入核算公式为：

$$\text{单体项目主营收入} = \sum \text{各项主营收费项目收入}$$

$$\text{单体项目副营收入} = \text{配套酒水收入} + \text{食品收入} + \text{其他收入}$$

（二）分类项目营业收入核算

分类项目营业收入核算主要分为康体健身类、娱乐休闲类、保健美容类。在单体项目核算的基础上，会计将单体项目的核算资料和原始记录分别归入上述三大类，经过逐项核对、审查、登记、算账，即可核算出分类项目的营业收入。公式为：

$$\text{分类项目营业收入} = \sum \text{同类单体项目主营收入} + \sum \text{同类单体项目副营收入}$$

（三）康乐部门营业收入核算

康乐部门营业收入核算由财务部和康乐设施会计人员负责。在分类项目营业收入核算的基础上，会计人员逐一审核分类项目营业收入的原始记录、营业报表、分类收入核算报表，然后汇总，即可核算出康乐部门的营业收入，填制出部门营业收入报表，其核算公式为：

$$\text{康乐部门营业收入} = \sum \text{分类项目主营收入} + \sum \text{分类项目副营收入}$$

（四）营业收入结构核算

营业收入结构核算是指在一定时期（月、季、年）的单项收入或分类收入占分类或部门营业收入的比率。在单体项目和分类项目营业收入及部门收入核算的基础上，只要根据需要分类汇总，即可核算出康乐部门营业收入结构。公式为：

$$\text{单体项目收入结构} = \frac{\text{单体项目营业收入}}{\text{分类项目（或康乐部门）营业收入}} \times 100\%$$

$$\text{分类项目收入结构} = \frac{\text{分类项目营业收入额}}{\text{部门营业收入总额}} \times 100\%$$

（五）营业收入季节比率核算

营业收入季节比率核算是指饭店康体娱乐项目的月季营业收入占全年总收入的比率。核算营业收入季节比率，有利于分析各个康体娱乐项目业务经营的季节变化，为康体部门的计划编制、工作安排、客源市场开发和客源组织提供决策参考。其核算公式为：

$$\text{康乐项目（或部门）季节比率} = \frac{\text{月（季）项目（或部门）营业收入}}{\text{全年营业收入}} \times 100\%$$

二、饭店康乐项目支出核算内容和方法

康乐设施费用依项目不同而核算有所差异。但康乐项目费用一般包括经营康乐项目的管理费用、营业费用和财务费用。

（一）营业费用核算

康乐项目的营业费包括如下内容：

1. 经营人员工资

它是指直接从事康乐项目经营的营业部门人员的工资，包括工资、工资性质的津贴和各种奖金。

2. 职工福利费

它是指直接从康乐工作人员工资总额中按一定比例提取的费用。

3. 工作餐费

它是指饭店按规定为康乐部门职工提供工作餐而支付的费用。

4. 服装费

它是指饭店按规定为康乐部职工制作工作服装而发生的费用。

5. 保险费

它是指饭店向保险公司投保所支付的财产保险费。

6. 低值易耗品摊销

它是指饭店康乐部门领用低值易耗品的摊销费用。

7. 物料消耗

它是指饭店康乐部门领用物料用品而发生的费用。

8. 燃料费

它是指饭店康乐部门耗用的燃料费用。

9. 水电费

它是指饭店康乐部门耗用的水费、电费。

10. 洗涤费

它是指饭店康乐部门洗涤工作服而发生的洗涤费用。

11. 清洁卫生费

它是指饭店康乐部门对康体娱乐场所打扫所发生的费用。

12. 其他营业费用

它是指不能列入上述项目的各项营业费用。

上述各种营业费用的核算方法都是根据各项费用的实际发生额，以原始记录为依据，统计汇总，每月一次形成费用报表来完成的。

（二）管理费用核算

管理费用是指饭店行政部门为管理和组织生产经营活动而发生的各项费用。包括由饭店统一负担的管理人员工资及福利费、职工待业保险费、业务招待费、技术开发费、董事会会费、工会经费、职工教育经费、劳动保险费、涉外费、租赁费、咨询费、诉讼费、商标注册费、技术转让费、低值易耗品摊销、折旧费、无形资产摊销（不含自行开发的无形资产）费、修理费、房产税、土地使用税、印花税、车船使用税、审计费、坏账准备金等。本部分主要介绍以下费用：

1. 业务招待费

业务招待费是指企业为业务经营的合理需要而支付的费用。业务招待费在以下范围内开支：全年营业收入在 1 500 万元（不含 1 500 万元）以下的，不超过营业收入的 5‰；全年营业收入在 1 500 万元至 5 000 万元（不含 5 000 万元）的部分，不得超过营业收入的 3‰；全年营业收入在 5 000 万元至 1 亿元（不含 1 亿元）的部分，不得超过营业收入的 2‰；全年营业收入在 1 亿元以上的部分，不得超过营业收入的 1‰。

2. 工会经费

工会经费是指按职工工资总额的 2% 提交工会的经费。

3. 职工教育经费

职工教育经费是指企业为职工学习先进技术和提高文化水平而支付的费用。

4. 职工福利费

职工福利费按职工工资总额的 14% 提取，国家另有规定者从其规定。

5. 低值易耗品摊销

低值易耗品摊销原则上实行一次摊销法，数额较大的可实行分期摊销法或五五摊销法。

6. 折旧费

折旧费指固定资产提取的折旧费。

7. 无形资产摊销

无形资产摊销是指专利、专有技术等无形资产按期摊销的费用。

8. 开办费

开办费指企业开办期间开支的费用，应当在开始经营当月一次计入管理费用。

9. 修理费

企业发生的修理费用一般计入当期管理费用，固定资产的修理费用发生不均衡或数额较大的，可以采用待摊或预提的方法。实行待摊方法的，发生的修理费用在一年内平均摊销；实行预提方法的，预提的修理费列入当期管理费用，发生的修理费从预提费用列支，不足部分列入当期管理费用，超过部分冲减当期管理费用。一个企业只能采用一种办法。

10. 诉讼费

诉讼费是指企业因起诉或应诉而发生的各项费用。

11. 技术开发费

技术开发费是指企业研究开发新技术等而发生的各项费用。

12. 董事会会费

董事会会费是指企业最高权力机构及其成员为履行职能而发生的各项费用，包括差旅费、会议费等。

13. 劳动保险费

劳动保险费是指离退休职工的离退休金、价格补贴、医药费、异地安家补助费、职工退保金、抚恤金、按规定支付给离休职工的各项经费以及实行社会统筹办法的企业按规定提取的退休统筹基金。

14. 审计费

审计费是指企业聘请中国注册会计师进行查账验资以及进行资产评估等发生的各项费用。

房产税、土地使用税、印花税、车船使用税等也在管理费用中核算。

（三）财务费用核算

财务费用是指企业为筹集业务经营所需资金等而发生的各项费用。它包括下列项目：

1. 利息支出

它是指支付的短期借款利息、长期借款利息和企业发行债券按规定应由财务费用负担的利息等。

2. 汇兑损失

它是指饭店的外币存款、外币现金和以外币结算的各种债权债务等发生的汇兑净损失。

3. 金融机构手续费

它是指饭店与金融机构往来过程中发生的有关费用，如办理各种支付结算手续所付给金融机构的手续费。

此外，财务费用还包括加息及筹资发生的其他费用。

三、饭店康乐项目利润核算的内容和方法

康乐项目利润是饭店康乐部在一定时期内所取得的经营成果，它是在一定时期的各种康乐项目的收入与各项费用支出相抵后形成的经营成果。其核算内容和方法如下：

（一）康乐部门利润额、利润率核算

1. 营业利润

营业利润是饭店康乐项目经营成果的综合表现，它可以反映和监督康乐项目经营的实际成果。其核算公式如下：

营业利润＝主营业务收入（康乐项目）－营业费用－管理费用－财务费用－营业税金及附加

利润总额＝营业利润＋投资净收益＋营业外收支净额

利润净额＝利润总额－所得税

2. 利润率

康乐部门利润额和营业收入之间的比率，以营业利润为主，公式为：

$$康乐部门营业利润率=\frac{营业利润额}{营业总收入}\times100\%$$

（二）康乐部门资金利润率及分解指标核算

饭店康乐设施主要以设施设备和专业技术为客人提供服务。康乐项目一旦投入使用，只要达到 40% ~ 50% 以上的设施利用率，营业费用则很低，而毛利率很高，主要靠设施设备获得优良经济效益。核算康乐设施的资金利润率及其分解指标，可以从侧面反映和监督设施和资金的使用效果。核算公式如下：

$$康乐资金利用率=\frac{康乐部门利润额}{固定和流动资产平均占用}\times100\%$$

$$康乐固定资产利用率=\frac{康乐部门利润额}{部门固定资产平均占用}\times100\%$$

$$康乐流动资金利用率=\frac{康乐部门利润额}{流动资金平均占用}\times100\%$$

（三）康乐部门劳动效果核算

康乐部门劳动效果核算可以反映和监督劳动力使用的合理程度。其考核指标主要有两项，计算公式为：

$$康乐部门人均创利率=\frac{部门利润额}{平均员工人数}\ （年或月）$$

$$康乐部门工资含量=\frac{部门人事成本总额}{部门营业总收入}$$

【案例分析】

某天，晚上八九点钟，大堂吧座无虚席，客人们正在悠闲地细细品位香醇的咖啡。这时，一位戴眼镜的小伙子匆匆走进饭店，来到大堂酒吧。只见小伙子将一百元的人民币扔到吧台，说：“要一听椰子汁，我要带走。”并不时催促服务员小潘找钱，拿饮料，显得非常匆忙的样子。小潘手拿百元人民币，感觉不对，徒生疑云，莫非其中有诈？于是，小潘非常客气地对客人说：“对不起，先生，现在是营业高峰，我刚才把零钱用完了，请问有其他小面额的钱吗？或者，请你到总台换一下零钱，好吗？”说完，便把一百元人民币递到客人手中。这时候，这个小伙子慌张地说了一声“那算了，我不要了”，便匆忙走了。

分析思考：

（1）看了此案例，康乐部在收入管理方面，小潘给了我们哪些经验？

（2）康乐部应该如何加强管理收入结账环节，并如何制定应急措施？

【思考与练习】

1. 饭店康乐部结账方式有哪些?
2. 饭店康乐部收银流程是什么?
3. 饭店康乐项目收入有哪些种类?
4. 饭店康乐项目支出核算内容有哪些?

第十章　饭店康乐设备与安全管理

第一节　饭店康乐设备管理

一、康乐设备管理概述

（一）康乐设施设备的内容

康乐设施设备是指康乐部门所拥有的基础设施、机器设备装置等。主要包括以下内容：

1. 设施

设施主要包括建筑、装潢和家具。如康乐场馆的外墙、屋顶、水池、道路、室内装饰装潢（天花板、地毯、墙布、瓷砖、地砖、花岗岩、大理石、门窗、隔断、窗帘轨）、室内家具等。

2. 设备

（1）饭店的一些基础设备。

如机械、电气设备及系统（如输配电系统、上下水系统、空调系统、冷冻系统、通风系统、电子计算机系统、消防系统、音像系统、电话、传真通信系统、电梯、自动扶梯及升降机、各类清扫清洗设备等）。

（2）健身康体设备。

健身器材如跑步机、划船器、综合多功能力量训练器；游泳池池水循环系统如循环泵、过滤罐、池底吸尘器等；球类如保龄球全自动红外线对焦计分系统、磁力置瓶机、球道系统，室内模拟高尔夫球场设备、电脑主机、高清投影机、全方位红外线追踪系统等。

（3）休闲康体设备。

休闲康体设备有桑拿干湿蒸房系统、蒸汽炉、全自动恒湿器、按摩浴池循环系统、自动过滤沙缸、水泵隔发器、全自动池水消毒器、空气泵、加热及制冷系统、热水发生器或水冷（风冷）制冷机组件、按摩喷射龙头、水底灯变压器、激光电影投影系统。

（4）娱乐设备。

娱乐设备有卡拉 0K、舞厅音响、音像、灯光系统、CD 机、LD 机、VCD 机、功放、调音台、调光台、形式各样的灯具、自动洗牌机。

（5）美容美发设备。

美容美发设备有炬油机、吹风机、电剪、电动转椅、蒸汽机、高频率仪、蜡疗机、综合美容仪等。

除此之外，接待服务时使用的服务车、行李车、冰箱、果汁机、制冰机，搞卫生时用的吸尘器、地毯机，还有管理及办公设备等，均属于设施设备的范畴。

（二）康乐设施设备管理的任务

1. 合理配置设施设备

康乐部设施设备的配置应和饭店或度假村的等级、规模以及接待对象相适应。康乐部的设施设备在运行中是受价值规律支配的，设备的使用性能、科技含量、完好程度是决定企业等级的主要指标之一，等级越高，设备越豪华、先进，接待对象的消费水平也越高。因此，要根据企业的等级规模，目标市场的需求和实际支付能力，企业业务经营的需要，在分析所需设施设备的数量、性能、豪华程度和实用价值的基础上，再进行选择、配置。

2. 保证设施设备正常运行

由于康乐设备管理涉及面广，一般采用分级管理、分工协作、专人负责的管理方法。通过建立科学的管理体系，制定完善的设备管理制度，培养技术过硬的服务管理人才，保证所有设备在营业时间内能正常运转。

3. 制定科学的设备保养和维修制度

康乐部设施设备的保养和维修关系到设备的正常运转及其使用寿命。设备管理人员必须熟悉所有康乐设备的性能、特点和使用方法、使用要求，制定科学的设备使用方法、操作规程、保养计划、维修制度，尽量提高设备的使用效率，保证设备正常运行和日常使用的安全，延长设施设备的使用寿命，从而降低企业经营成本，提高康乐部的经营效益。

4. 加强对康乐设施设备的更新改造

随着社会的进步与发展，人们对健康娱乐的要求、方式不断提高和更新。为了保证康乐项目能适应目标市场的要求，提高市场竞争力，必须不断地对原有设施设备进行更新改造，追求康乐设施设备的先进性、时代性，适应人们的康乐消费要求。

（三）康乐设备管理的基本程序

康乐设备管理与其他部门的设施设备管理一样，根据管理中的不同阶段可分为四个基本程序：

1. 设备的更新规划

它是指从选型、订购到日常管理的运行程序，具体包括：

（1）设备选型；

（2）设备订购；

（3）入库保管；

（4）设备的安装调试；

（5）设备的移交、入账及建档；

（6）培训计划；

（7）日常管理。

2. 设备的定期检修

（1）一级保养；

（2）二级保养；

（3）设备大修，包括局部大修。

3. 设备的技术维护

设备在运行一段时间以后，会出现某些系统和设备配套不合理等问题，需要在设备原有性能的基础上进行技术、效率、安全、环保和节能等技术改造工作。

4. 设备的报废

设备报废的原则为：

（1）国家指定的淘汰产品；

（2）超过使用期限，损坏严重、修理费用昂贵的设备；

（3）受自然灾害或事故损坏，而修理费接近或超过原设备价值的设备；

（4）虽能运转，但有严重隐患，而修理费用昂贵的设备；

（5）无法修复的设备。

设备的报废，应由使用部门提出申请，由工程部会同有关技术单位进行鉴定确认后，方可办理报废手续，价值较大的设备，应经总经理批准。

二、康乐部设备管理的方法

饭店康乐部集中了反映现代科学技术的设备，这些设备是豪华、舒适、安全的康乐消费的保证。要管理好这些现代化的设施设备，除了需要具有较高专业技术、技能的工作人员以外，还必须有一套严格的科学管理方法和科学的检修、保养制度，同时，要建立严密、周全的岗位责任制。

康乐企业的设备管理方法主要包括以下几个方面：

1. 建立设备技术档案，做好分类编号

康乐部设施设备的种类多，使用范围广，更新周期不一样。为了便于管理，各种设备配置好以后，应由工程部技术人员和财务人员共同建立设备技术档案，做好分类编号工作。这样，由工程技术人员负责保养维修，财务人员负责设备使用过程中的经济技术评价，才能管理好、使用好设施设备。

分类编号的方法一般是按设备类型分类，按单项同类设备分组，同时还要区分不同的使用部门。例如，舞厅的某一台电视机编号，可写成 D5-3-2。其中，D 代表电器类，5 代表电视机组，3 代表舞厅，2 代表设备号码。这样便于清产核资和检查。在分类编号的基础上，建立设备技术档案，将设备的品种、名称、规格、主要技术数据、生产厂家、购入日期、数量、价值、使用部门和使用技术说明等技术资料统一分类归档，为管理好、使用好设施设备提供了基础依据。

2. 制定科学的使用、操作、维修、保养规程

设备建档后，要按种类归口，将设备日常的使用和管理层层落实。详细编制每一种设备的使用方法、操作规程，并负责培训设备使用人员。能正确使用设备是设备管理的基础。同时，要制定各种设备的维修保养规程，建立维修保养制度。使用部门负责日常维护，工程技术人员负责维修保养，财会人员负责检查使用效果，规范执行岗位经济责任制。

3. 定时考核设备使用效果

康乐部设备管理情况，对经营活动的开展和企业的经济效益有着十分重要的作用。因此，必须随时考核设备管理的状况和使用效果，其主要考核内容如下：

（1）设备完好率（H）。

康乐设备都是直接或间接地为客人服务的，各种设备必须随时处于完好的工作状态，可以用设备完好率来考核设备管理的好坏。设备完好率必须趋向于1，如出现偏差，必须迅速修理，保证正常使用。

完好率 H 的计算公式为：

$$H = W/Z \times 100\%$$

式中：Z 为设备的总台数；W 为完好设备台数。

设备在使用过程中每年都需要支付一定的费用，在一定的经营条件下，维修费用越低，说明设备管理保养越好。设备维修的经济性，可以用年度百元营业额的维修费用率来考核，则年度百元营业额的维修费用率 F 的计算公式为：

$$F = X/Y \times 100\%$$

式中：X 为年度设备维修费用；Y 为营业收入（百元）。

三、康乐设备的保养与修理

康乐设备的保养和修理，是不能互相代替的两项工作，两者的工作内容不同，要达到的目的也不同。保养是处理设备在运转过程中随时发生的技术状况的变化，如脏、松、缺等，修理主要是修复和更换已经磨损或锈蚀的零部件。

（一）设备保养计划

设备保养计划是指按照设备的使用说明书所要求的保养项目和时间制定保养计划。要科学地安排保养时间和保养内容，并落实到具体工作人员，主要内容包括以下三个方面：

1. 提出具体设备的保养要求

每启用一台设备，就应该在设备登记卡上的维护保养栏内写明该设备的保养要求。如果是进口设备，则应及时将外文部分翻译成中文，为日后保养维修提供方便。

2. 制订每日、每周、每月、每季、每半年、每一年的维护保养计划

一般日常保养和每周保养都由服务人员、使用人员承担；每月、每季、每半年、每一年

的保养则由专业维修人员承担。

3. 利用工作单落实保养计划

由主管或领班填写工作单。工作单上应写明保养设备的名称和保养内容。要将保养计划落实到具体人。保养工作完成后，填写所用材料、工时和保养情况记录，然后把工作单保存备查。

(二) 保养实施

设备的保养分为定期保养和不定期保养。不定期保养需视情况、季节而定。原则上，执行各项保养维护的工作，最好利用淡季较低的时候进行。

(1) 工作先由各康乐部经理会同副经理或领班共同拟订“设备保养计划表”，表上需列出保养项目、保养日期、负责保养工作者及预定保养完成日期。

(2) 保养工作由各康乐项目部主管依“设备保养计划表”通知联络有关人员进行保养，并由领班负责监督所属工作人员如期完成保养项目。

(3) 保养完毕，领班彻底检查，检查无误后在“设备保养计划表”上填上完成日期及签名后交领班及副经理或经理抽检。

(三) 三级保养法

三级保养法就是根据设备保养工作量的大小及难易程度，把设备保养划分为日常维护保养、一级保养、二级保养三个级别，并规定出相应的工作内容。

1. 日常保养

(1) 保养工作人员：大部分是康乐服务员。

(2) 保养部位：主要部位是设备的外部。

(3) 保养时间：每天进行例行保养。

(4) 具体工作内容：检查设备的操纵机制、变速机制及安全防护装置是否灵敏可靠；检查设备润滑情况，并定时、定点、定量加注相应的润滑油；检查设备易松动脱落的部位是否正常；检查附件、专用工具是否齐全；搞好设备及其周围的卫生。

2. 一级保养

(1) 保养工作人员：以设备操作人员为主，维修人员为辅。

(2) 保养部位：部分内部装置。

(3) 保养时间：设备连续运转500小时进行一次一级保养，一般每月进行一次。

(4) 具体工作内容：根据设备使用情况，对部分零件进行清洗；适当调整零件的配合间隙；清扫、擦拭设备表面和电器装置；清洗附件和冷却装置。

3. 二级保养

(1) 保养工作人员：以专职维修人员为主，以设备操作人员为辅。

(2) 保养部位：设备内部装置。

(3) 保养时间：设备累计运转每3 000小时进行一次保养，一般每年进行一次保养。

（4）具体工作内容：根据设备使用情况部分解体检修；对各种传动箱、液压箱、冷却箱清洗换油；更换易损部件；检修电器箱、电动机，清理电路板及插件；检查需要调整的零部件和电子器件，使之恢复精度，提高准确度。

每次一级保养或二级保养之后，都要填写保养记录卡，并将保养卡存在设备档案中，以备查阅。

（四）康乐部设施设备的维修

设备运行中，即使设施设备的保养工作完全按规定、计划进行，各种设施设备的自然消耗磨损仍然会不可避免地产生。自然的侵蚀、不规范的使用和各种意外，都会使设施设备在运转过程中发生各种故障，使其不能正常工作。要使其恢复正常功能和运转，就必须对磨损部位进行修复，更换失效的零部件，并调整各部件之间的连接关系，使之协调。这种技术活动就是设备的维修。在康乐部中，设备的维修一般分为检修和事后修理两部分。

1. 检修

检修属于预防性修理，即由专业人员检测设施设备故障隐患并及时给以修理，包括标准修理法和日常检修法。

（1）设备标准修理法。

标准修理法又称强制修理法。这种方法是根据设施设备零部件的使用寿命，在修理计划中明确规定修理日期和调整、更换零部件的内容等。经过规定的二段运行时间后，不管设施设备零部件的实际磨损及运转情况如何，根据标准工艺要求，都要进行强制修理，零件也需强制更换。

这种方法一般适用于康乐设备安全运行要求高的项目的修理，如桑拿设施设备、高尔夫模拟设施等。

（2）设备日常检修法。

康乐设备运转过程中，零部件的磨损都有一个过程，其故障的产生一般是有先兆或者是渐变的。康乐部应由专业人员，在设施设备的运行过程中进行巡查检测，及时地发现问题和事故隐患，以便进行及时修理。这种方法对保证康乐设备的安全进行，防止事故的发生有很大的作用。

2. 事后修理

事后修理是指当康乐设备出现损坏，不能正常工作或完全停止运转后才进行的修理。一般要求：能迅速反应，及时查清、修复，保证修理质量，认真做好修理后的现场清理。修理工作结束后必须认真填写修理记录，同时管理人员应对修理工作进行检查，并且一定要确保康乐设备能安全运行。

第二节　饭店康乐安全管理

康乐场所是人群相对密集的区域，如歌舞厅、迪厅、游泳场馆等，一旦出现意外，很容易酿成重大事故。康乐场所也是环境较为复杂的场所，所接待的客人构成复杂，而且娱乐活动鼓励客人全面放松、忘我，各种项目旨在激发客人的激情，让整个场所充斥着兴奋的情绪，也潜藏着各种治安问题。作为康乐场所的管理者，必须制定周密的安全措施和应急方案，加强管理，保证客人、员工及饭店的安全。

一、康乐安全管理的目标与基本任务

（一）康乐安全管理的目标

1. 保障客人的安全

保障客人的安全是安全管理的主要任务。一般来说，客人的安全主要体现在以下三个方面：

（1）人身安全。即保障客人的人身不受侵害，这是客人最起码的生理要求。造成客人人身伤害事故的因素有社会环境、自然灾害、公共治安、康乐设备设施安装不当以及火灾、食物中毒等。

（2）财产安全。客人随身携带的物品，一般需要寄存，应妥善为他们保管好。

（3）安全感。所谓安全感，实际上就是客人对环境、设备设施、服务的一种信任感。有时客人的人身未受到伤害，财产也未损失，但有一种不安全感，一种恐惧心理，主要表现在康乐设备安装得不合理或不牢固；收费不合理，价格不公道，使客人有被“宰”的感觉；服务人员服务不当；气氛过于紧张，如“禁止通行”“闲人莫入”等标语，保卫人员的表情严肃、态度生硬等；缺乏必要的防盗和消防措施。

2. 保障员工的安全

保障员工的安全是康乐部业务经营活动正常进行并取得良好效益的基本保证。它包括三个方面的内容：

（1）保障员工的人身安全。

（2）保障员工的合法权益。因为康乐部遵循“客人至上”的服务宗旨，因此在工作中员工难免会受到各种委屈及某些客人的不敬。作为管理人员，必须坚持依法办事，主持公道，保障员工的合法权益不受侵犯，人格不受侮辱。

（3）保障员工的思想不受污染。康乐服务的对象较复杂，各色各样的人都有。客人的到来，给企业带来了收入，但难免也会带来一些不良的影响，这就不可避免地会对员工的思想产生某些负面作用。如果不加以控制，到了一定的程度，则会造成严重的后果。

3. 保障康乐场所的安全

为了维护秩序要进行一系列的工作。如有的客人酗酒，或大吵大闹，或衣冠不整，行为举止不雅等，保安人员如不制止，则会影响整体氛围，破坏形象。

（二）康乐安全管理的任务

1. 制定康乐安全措施，组织安全业务培训

康乐部要根据公安、卫生防疫、消防等单位及饭店的规定，结合本部门的特点，制定具体的安全措施。要对全体员工进行安全业务培训，包括事故预防、发生事故时的处理等。要

给员工讲授法律知识，提高员工对各种犯罪活动的警惕性，增强员工保护消费者权益的意识，了解如何维护企业和自身的权益。

2. 建立健全安全管理组织

康乐部经理参与饭店安全委员会，协调康乐安全事务。各个班组配备安全员，负责沟通安全方面的信息，宣传安全知识。要建立分工负责的安全管理体制，发动全体员工做好安全工作。

3. 做好消防检查和维护工作

消防设备，如灭火器、水龙头、防火通道、隔火通道、感烟装置、监控系统等，要定期进行检查维护。安全管理必须切实抓好这些设备设施的预防性检查和维修工作，设专人管理，位置摆放合理，取用方便。

4. 做好食品卫生管理，预防食物中毒和疾病传染

要熟知引起食物中毒和疾病传染的原因，制定安全措施，加强食品卫生检疫工作，建立责任制。一旦发生食物中毒和疾病传染的事故，要及时与卫生防疫部门联系，查明原因，分清责任，总结教训。

5. 妥善处理安全事故

发生安全事故，首先要会同有关部门和人员，及对查明原因和事故责任者，分清事故性质，根据情节轻重提出处理意见。同时，还要吸取经验教训，分析发生安全管理的漏洞或不足，及时修订安全措施，提高康乐安全管理质量。

二、康乐安全事故产生的原因

安全事故产生的原因主要有四个方面：设施设备质量方面的原因；设施设备维修保养方面的原因；顾客在使用设备设施方面的原因；康乐部在管理和提供服务方面的原因。

（一）设施设备质量方面

1. 大型游乐设备的质量问题

许多大型游乐设备在设计时就存在质量问题，尤其是无证生产的设备，所以在选购之初，就一定要选择正规生产厂家的设备。

2. 室内游艺设备的质量问题

室内游艺设备的安全隐患主要有两个方面：

（1）电器绝缘性能太差，并且电源线不带保护地线，因而很容易发生事故。

（2）一些设备的外观非常粗糙，棱角处的装饰条和螺钉等有毛刺或表面尖锐锋利，很容易划伤顾客。

3. 游泳池设施质量问题

游泳池池底、池壁、地面和墙面多用瓷砖铺成，瓷砖质量和施工质量若不严格控制也可能引发安全事故。如果瓷砖的棱角处太尖锐，则很容易划伤顾客，特别是人的皮肤，经水浸

泡后很容易被划伤。另外，地面瓷砖应采用具有较强防滑性能的，否则让顾客容易滑倒摔伤，而且在这种很硬的地面上摔伤很可能引起骨折等严重伤害。

（二）设施设备保养维修不到位

设施设备保养维修不到位也容易引发事故。

1. 台球厅保养不当造成的事故

一般情况下，台球厅环境幽雅，设施豪华，打球的人文质彬彬，没有剧烈动作，不容易出现伤害事故，但若保养维修不当也难免会造成事故。

2. 保龄球馆保养维修不当引发的安全事故

保龄球设备每天都需要认真保养，否则容易发生故障，引发事故。按照规定，保龄球道应该每天除尘、打磨、涂油。涂油的区域和油膜的厚度都应按规定要求操作，但在发球区和发球区近端，球道不应涂油。但有的保养人员操作随意，在转换球道时将油拖布或落油机很随意地从发球区拖过去，使发球区沾染上球道油，这样当打球的顾客踩上去时，就很容易滑倒摔伤。有球馆就曾因此摔伤顾客，造成骨折。

另外，保龄球的球体在长期使用过程中，会出现破损，若不及时维修或淘汰，也可能引发安全事故。特别是指孔边缘如果碎裂的话，会出现较锋利的碴口，很容易划伤使用者的手指。

3. 壁球厅的安全事故

现在壁球厅的四壁大多由三面硬墙、一面玻璃幕墙及玻璃门构成。其中，玻璃幕墙应特别注意施工质量，并需要经常检查维修，因为壁球的运动量和动作幅度都较大，打球的顾客随时都可能撞到玻璃幕墙上，很容易撞裂玻璃，造成安全事故。因此要经常检查和维修玻璃幕墙，如发现松动、开胶、螺栓与玻璃间的弹性衬垫破损等现象时，一定要及时维修。对玻璃门更要经常检查，特别是合页部位和防止玻璃门反向开启的部件更要检修。如需更换玻璃，一定要更换中间夹胶的双层玻璃，以防止玻璃碎裂造成大的伤害事故。

此外，壁球厅的地面应保持稳固、清洁、干燥，否则，顾客很容易滑倒摔伤。

4. 游泳池和戏水乐园的安全事故

游泳池和戏水场所的保养维修工作也非常重要。水池四周的地面应保持清洁，否则很容易繁殖细菌，也容易生长水藻、青苔，因此使地面很滑，顾客也容易滑倒摔伤。水质的保洁也很重要，否则水的透明度就会变差，以致服务人员可能看不清水下发生的事故。

（三）顾客使用方法和活动方式不当

（1）准备活动不充分。

有许多康乐项目是由运动项目转化而来的，有些活动比较剧烈，因此在进行这些运动之前，应当先做好准备活动，否则可能会出现安全事故。例如，游泳前若没做好准备活动，就容易出现抽筋；在健身锻炼、保龄球运动、网球和壁球运动前，如没做好准备活动，也容易出现扭伤和拉伤。

（2）身体情况欠佳。

顾客在身体情况欠佳时，应当注意不要参与危险性和刺激性强的项目，也不要参加较剧烈的运动。例如，酗酒后游泳或戏水就很危险。患有心血管病、脑血管病的顾客不宜参与强刺激项目，否则容易使病情加重，严重的甚至会由于病情突然恶化而猝死。身体不好时也不宜较长时间地洗桑拿。

（3）技术水平欠佳。

有的顾客的运动水平欠佳，因而动作协调性、运动持久性都很有限，在这种情况下，出现安全事故的概率就相对大一些。再加上人们在康乐场所的环境里都比较兴奋，往往忽视安全，使安全事故的概率进一步加大。例如，在游泳池往往会发生溺水事故，严重的甚至溺水而亡，而发生溺水事故的多数是游泳技术不好的人，也有的意外事故，如肌肉痉挛（即俗称抽筋）。

（4）未按操作规定控制设备。

操作规定是根据机器设备的性能特征和安全要求制定的，有的顾客在使用设备时比较随意，不按操作规定去做，这就很容易引发安全事故。例如，在健身房，有很多设备都有较严格的操作要求。

（四）管理和服务不到位

（1）保护不当。

一些康乐项目的运动量很大，并且存在着一定的不安全因素。为了减少或消除这些不安全因素，在进行这些康乐活动时，就应该采取适当的保护措施，以避免出现安全事故。例如，在健身房进行卧推杠铃时，就应该由教练或服务员适当保护；再如在游泳池的深水区，应当配备救护员，以便在发生溺水事故时采取救护措施。

（2）操作失误。

有的项目需要服务员按照严格的要求操作，以尽可能地避免发生严重伤害事故。

（3）维持秩序不当。

一般的康乐项目有很多人共同参与，这就需要制定相应的游艺规则并维持良好的活动秩序，一些带有危险性的活动更应如此，如小赛车、水上摩托、水滑梯等项目。在水滑梯的滑道中放进适量的流水，人体会以很快的速度下滑，一般的滑速能达到每秒 5 米，因此容易发生撞伤、划伤、磨伤、溺水等事故。如果维持秩序不当，撞伤事故会较多、较严重。因此在项目实际运营当中，维持秩序非常重要。滑梯的出发台和末端的溅落池都应有专人负责维持秩序。出发台的服务员要控制下滑间隔，一般一条 50 米长的水滑梯约需 10 秒下滑时间，要等滑入溅落池的前一位顾客离开溅落池上岸后，这时出发台才能放行后一位下滑；否则的话，就可能出现前一位尚未离开溅落口后一位已经滑到溅落口的情况，导致相撞事故。出发台服务员还应检查顾客是否携带尖锐硬质物品，如眼镜、露在外面的钥匙等。溅落池附近的服务员应该尽快提示并帮助溅落入池的顾客离开溅落口，以免被后面的顾客撞伤。

（4）提示不及时。

在容易出现安全事故的地点或时间，应该由服务员经常提示顾客，以降低发生事故的概率。例如，在游泳池应当提示注意池水的深浅，应标出深水区，在浅水区也应该有提示牌，以防止喜欢跳水的人跳水时头部与池底相撞。例如，在保龄球馆，有的顾客打球的动作很不规范，如果不及时提示顾客改正动作，那么不但打不出好球，还可能因动作不规范而滑倒摔伤。

（五）治安管理不善和消防管理不善

（1）打架斗殴。

引起斗殴事件的原因有两种：一是来康乐场所消费的人群比较复杂，有时会有一些喜欢滋事的流氓混入其中，这种人有时会寻衅闹事；二是顾客当中有个别人好出风头，常为一点小事就与别人争长论短，出言不逊，也有的顾客酗酒后到康乐场所消费，这些人往往精神亢奋，缺乏理智，容易与别的顾客发生口角甚至斗殴。

（2）失窃事故。

在康乐场所，特别是向社会开放的康乐场所，很容易发生丢失物品的事故，这一方面，是由于参与康乐活动的顾客在兴高采烈的时候，容易忽略所带物品，无意间将物品丢失。另一方面，这种公共场所，也是小偷经常光顾的地方，因为在这种地方顾客与他们所带的物品会有分开的时候。例如，顾客在打保龄球的时候，一般都是把手包之类的物品放在椅子上。在游泳池，顾客的衣物放在更衣柜中，此时小偷往往乘机下手作案。

（3）消防事故。

康乐场所由于顾客流量大，且人员成分复杂，更应加强消防安全管理，否则后果将是非常严重的。康乐场所发生火灾的直接原因主要包括三个方面：

① 抽烟的人乱扔未被掐灭的烟头或尚在燃烧的火柴，引燃易燃物。

② 电器过热。引起电器过热的原因有电路老化、绝缘不良、电压或功率不匹配等。

③ 使用不当。这主要是指有些电器本身就是发热的，且功率都比较大，例如，电热风机、电桑拿炉、电取暖器等，而在使用这类电器时未注意与可燃物品隔离，可燃物品被电器烤燃而引起火灾。

三、康乐安全事故的应急处理

康乐安全事故的应急处理是指安全事故发生后应采取的处理措施。对安全事故的处理虽然属于被动管理，但是在康乐部的运营过程中，却是不可避免的。对安全事故的恰当处理，能避免事故扩大，有效地减少事故带来的损失。

（一）打架斗殴、流氓滋扰、聚众闹事的紧急处理

1. 报警程序

（1）报警：一旦发现打架斗殴、流氓滋扰、聚众闹事等治安事件，在场服务员要及时报保安部。

（2）报案人要讲明发案地点、人数、国籍、闹事人员是否携带凶器，并报告自己的姓名。

2. 处理程序

（1）保安人员接到命令后立即赶到出事现场，将斗殴双方或肇事者分开，把肇事者带到保安部办公室处理。

（2）保安人员检查现场是否有遗留物，设施是否遭受损坏，损坏的程度、数量。

（3）如事态严重，有伤害事件发生，保安部应及时与当地派出所或公安机关联系。

（4）在将斗殴人员带往保安部途中，要提高警惕，以免其逃跑。

（5）值班经理接到报告后，应立即到达出事现场，发出控制事态发展的指令，负责弄清双方当事人的身份、国籍、居住地点，并进行必要的处理。

（6）保安人员协助现场服务人员恢复经营秩序。

（二）抢劫、凶杀等暴力事件的紧急处理

1. 报警程序

（1）员工发现异常情况时打内线电话报告保安部，说明本人身份，发生案件的时间、地点及简要情况。

（2）保安部人员迅速到达现场确认后，做好保护现场工作，通知总机值班员，并由其通知有关领导立即赶到现场。

（3）视具体情况，由保安部负责立刻向公安机关报告所发生的情况。

（4）总机值班员接到保安部报警后，立即通知以下人员到场：

① 夜间值班经理，发生以上事件的部门总监、经理。

② 驻店经理、总经理。

2. 各部门人员到场后的职责

（1）保安部：

① 携带必要器材和警具、对讲机、记录本、手电等。

② 布置警力保护现场，划定警戒线，控制人员进入，维护现场秩序。

③ 遇抢救人员则尽量不要破坏现场状态。

④ 对现场进行全部和局部重点拍照。

⑤ 协助抢救伤员，如需送往医院应与医务人员一同前往，并酌情向伤员了解记录有关案件发生的情况。

⑥ 向当事人、报案人、知情者了解案情并记录。

⑦ 配合公安人员检查现场。

⑧ 如发现罪犯正在行凶或准备逃跑，立即抓获并派专人监守，待公安局来人后交给公安人员处理。

⑨ 如有人质被绑架、扣押案件发生，应立即报公安机关，控制事态发展，采取必要措施。

⑩ 初步询问报案人、当事人有关案情。

⑪ 做好善后工作，包括清点客人财物等。

（2）值班经理：

① 负责协调各部门的工作。

② 立即向总经理、现场最高领导汇报案情。

③ 组织对受伤人员的抢救。

④ 记录整个案件的处理情况。

（三）客人桑拿时发生意外的处理

1. 发现客人发生意外

（1）服务员应立即将客人搀扶到凉爽通风处休息。

（2）迅速取来浴巾盖住客人身体，并注意观察客人当时的情况。

2. 通知医务室和领班

（1）迅速通知医务室派人到现场救治，并告知客人当时的症状。

（2）通知领班或值班经理迅速赶到现场。

3. 对客人实施救治

（1）按医生的要求为医护人员提供必要的帮助。

（2）服从领导指挥，维护好现场秩序。

4. 结束

将事情发生经过和处理结果详细记录在值班日志上，以备查阅。

（四）治安事故应急处理

（1）主动巡查，注意疑点。服务员在服务中应经常巡查，仔细观察，发现可疑的人应采取继续观察、主动服务等方式，进一步了解和掌握情况。

（2）发生事故，尽快报案。一旦发生治安事故，服务员应马上向本部门报告，情况严重时，可立即向保安部报案，然后再向本部门汇报。

（3）紧急情况，及时处理。有些事故应立即采取紧急措施，以免事态扩大，造成更大损失，也便于制止毁坏公共财物，阻止小偷行窃等。

（4）采取措施，保护现场。遇有重大案件发生，服务员在报案后应注意保护现场，以便于保安部或公安部门侦破案件。在公安部门侦破案件过程中，服务员应实事求是地主动反映情况，提供线索。

（五）客人意外受伤处理

（1）安抚客人并检查客人受伤程度。

① 发现客人受到意外伤害后，立刻帮助受伤客人移至安全位置。

② 向客人表示歉意，查验客人伤势，并尽量安抚客人。

③ 如情况紧急（如发生客人溺水、骨折事件），服务员应利用已有急救知识立即进行抢救。

（2）通知医务室和领班，并维护现场秩序。

① 将客人受伤经过和伤势迅速告诉医务室和领班。

② 征询客人意见或视当时具体情况来决定是否到医务室治疗。

③ 维护现场秩序，避免其他无关人员围观。

（3）送客人到医务室。

如需要将客人送至医务室，需通知大堂经理到场，由大堂经理组织人员护送客人并安排人员留守。

（4）将事故经过记录下来。

将事故发生的经过和处理结果详细记录在值班日志上，以备日后查阅。

（六）客人损坏营业场所设施处理

（1）发现客人破坏设备、设施。

① 立即上前制止。

② 如个人无法控制局势，则迅速通知保安员、领班到场。

③ 维持现场秩序，避免无关人员围观。

（2）保护事故现场，检查受损设备。

① 将客人与事故现场隔离，服务员仔细检查设备受损情况，并做详细记录。

② 保持事故现场原状，待保安员到现场勘察。

③ 向保安员如实叙述事件发生的起因和经过。

（3）要求客人赔偿。

① 向有关部门查询受损设备的价格，根据可修复情况，最后确定客人赔偿数额。

② 如客人属故意破坏行为，则依照饭店相关规定确定对客人的罚款数额。

③ 向客人提出索赔。

④ 如客人同意赔付，请客人到前台收银处缴纳罚款。

⑤ 如客人拒绝赔付，请大堂经理出面协调。

（4）报修。

及时向工程部报修。

（5）记录事件经过。

将事件起因、经过及处理结果详细记录在值班日志上，以备日后查阅。

（七）客人遗失物品处理

（1）检查客人遗失物品。

① 发现客人遗失物品后，应立即通知领班。

② 确认遗失物品是否为危险品（如易燃、易爆物，有剧毒物品）。

③ 如怀疑物品为危险品，则通知保安部前来处理，如确认为非危险品则按康乐部规定程序处理。

（2）登记并将失物交领班处理。

① 在第二人在场情况下，将遗失物品的名称、形状、数量等特征详细记录在宾客失物认领单上。

② 注意寻找失物中如身份证、电话号码本等可以查询失主身份的物品。

③ 登记完毕后，将物品恢复原样。

④ 将宾客失物认领单同失物一起交由领班处理，如属贵重物品可在前厅收银处保险箱寄存。

（3）寻找失主。

① 根据在失物中发现的线索或有关目击人提供的情况寻找失主。

② 如无任何线索可将失物交予大堂经理处理。

（4）交还失物。

① 失物申领人前来申领，要认真与其核对物品的名称、形状、数量等各种特征，经确认无误后，方可将物品交还申领人。

② 如申领人为失主代领，则在确认后请失主发出授权证明传真，方可交还失物。

③ 请申领人检查失物，确认无误后，在宾客失物申领单上签字。

（八）游泳池急救处理

1. 发现客人发生意外

服务员应立即将遇险客人急救上岸。

2. 对客人实施紧急救治

（1）按照对溺水人员急救程序对遇险客人实施救治。

① 立即清除溺水者口鼻内的污物，检查溺水者口中是否有义齿，如有应取出，以免义齿牙堵塞呼吸道。

② 垫高溺水者腹部，使其头朝下，并压拍其背部，使吸入的水从口、鼻出来。这个过程要尽快，不可占用过多时间，以便进行下一步抢救。

③ 检查溺水者是否有自主呼吸，如没有应马上进行人工呼吸。方法是：使溺水者仰卧于硬板上或地面上，一只手托起其下额，打开气道，另一只手捏住其鼻孔，口对口吹气，每分钟 16 ~ 18 次。

④ 在做人工呼吸的同时，检查溺水者的颈动脉，以判断其心跳是否停止。如心跳停止，则应在人工呼吸的同时进行体外心脏按压。方法是：双手叠加对其心脏部位进行每分钟 60 ~ 80 次的挤压。

（2）通知医务室人员和领班迅速到场。

（3）按医生的要求为医护人员提供必要的帮助。

（4）服从领导指挥，维护好现场秩序。

3. 结束

将事情发生经过及处理过程详细记录在值班日志上，以备查阅。

（九）营业场所火灾处理

（1）维护现场秩序，判明火灾形势。

① 服务员要保持镇静，要稳定客人情绪，维持现场秩序，避免客人因慌乱而发生踩伤、挤伤的事故。

② 迅速判明起火位置和火势，准备备用照明用具。

（2）报警。

迅速用电话通知消防中心、总机等岗位，报告起火时间、地点、火情、燃烧物质及报警人等情况。

（3）组织客人撤离现场。

服务员应立即组织客人安全有序地撤离火场，确保客人生命安全。

（4）根据火情采取相应处理措施。

① 如火势不大，服务员应就近使用灭火设备扑灭火灾。

② 如火势较大，服务员应在外围维持秩序，阻止无关人员闯进火场。

（5）编写火灾报告。

将起火过程和火灾处理过程做详细记录，并呈报上级。

【案例分析】

某饭店的康乐部经理为了节省人力，未按安全规定在游泳池配置两个主要岗位——游泳池服务员和游泳池救生员。他认为，游泳池属季节性较强的营业项目，没必要长年专设这两个岗位。同时，饭店又在强调开源节流，200 平方米的游泳池，最深处不过 2 米，不会出现危险。因此，随便配一名服务员兼做救生员及卫生员即可。于是，他从康乐部的舞厅调来一名男服务生（该服务生粗通游泳），对他强调了一下服务程序及操作标准之后，该服务生就上岗了。

一天下午，游泳池边突然有人大叫："有人沉水啦！"顿时，场内乱作一团。经过大家的努力，溺水客人被救上来，但没有人能够正确、及时地对其进行抢救处理，待医生赶到后，该客人已经死亡。

分析思考：

（1）如何切实加强游泳池的安全管理？

（2）康乐部如何加强公共娱乐场所管理？如何制定应急措施？

【思考与练习】

1. 康乐设施设备管理的任务有哪些？
2. 康乐部设备管理的方法有哪些？

第十一章　饭店康乐营销

饭店康乐部即使拥有完善先进的康乐设施、科学严格的管理制度和优质高效的服务方式，也不一定能实现预期目的。因为在市场经济条件下，“酒香也怕巷子深”，康乐部要想树立良好的形象，提高竞争力和市场占有率，除了需要拥有先进的康乐设施设备和优质服务外，还必须积极宣传自己，让顾客了解自己，最终使消费者接受消费本饭店的康乐设施和服务。为此，康乐部很有必要开展营销活动。

第一节　饭店康乐营销概述

康乐部的营销工作是饭店市场营销工作的一部分，由于康乐业自身的特点，康乐部营销也具有自己的营销对象、特征和方式。康乐部的营销是指在以顾客为中心的经营思想的指导下，以康乐项目的设置、定价、销售渠道和促销策略为主要内容和手段的经营活动。

一、饭店康乐营销的对象

（1）康乐市场的现在和潜在客户。

（2）饭店的客人。

（3）金融机构（如银行、保险公司等）。

（4）宣传机构（广告机构、电台、报社等）。

（5）康乐企业投资团体及股东。

（6）机关、企业单位、事业单位等。

（7）其他社会团体，如学校、文娱团体等。

二、饭店康乐营销的基本原则

1. 真实性宣传原则

真实性宣传原则是营销工作的首要原则。它要求营销人员不能隐瞒事实，无论好坏喜忧都应该让公众知道，尤其不能真真假假。

2. 全员营销原则

全员营销原则指康乐部的全体人员都具有营销意识，进行全员性营销。

3. 营销动力来自上层的原则

营销动力来自上层的原则指康乐部高层领导要重视营销工作，要具有现代营销管理思想，并关注和支持营销活动的开展，从而使营销获得真正的动力和效果。

4. 坚持持续不断地努力，巩固营销成果的原则

坚持持续不断地努力，巩固营销成果的原则即要取得良好效果的营销不是一次就能建立起来的，必须通过持续不断地努力，逐渐积累起来。

5. 营销对象区别对待的原则

营销对象区别对待的原则指在进行营销工作中，对待不同的公众要采取不同的政策，同一类型的公众在不同的情况和条件下，也应该采取分别对待的原则，该知道的知道，不该知道的不知道。

三、饭店康乐营销的特征

（一）饭店康乐营销活动的脆弱性

1. 康乐消费受顾客收入水平的限制

就我国目前人均收入水平来说，康乐还只是属于享受需求，而没有成为人们生活中必不可少的基本需求。人们在满足了基本生活需求如吃、穿、住、行之后，才会产生出对休闲康乐的需求。

现在人们只是在日常工作之后选择简单的康乐活动来调剂生活，非必要消费的特点使康乐需求的弹性很大，这样就增加了饭店康乐营销的难度。因此，饭店康乐营销必须针对不同消费者的消费能力采取不同的营销方式，主要根据康乐活动的特征来选择面向大众还是面向高薪阶层，这样就会使营销活动更有效。

2. 消费观念落后限制了人们的康乐消费

长期以来，由于人们对康乐消费认识存在偏差，认为康乐消费是奢侈浪费，康乐场所是不良场所。这种观念，制约了人们的康乐消费活动，并限制了康乐业的发展。

3. 康乐消费活动的时间性影响营销活动

康乐经营受其客观条件影响，特别是受时间、季节的影响较大。在现代社会，尽管人们的可支配收入增加，但人们的消费受到工作时间的约束。如大多数康乐场所的经营只能在晚上、工作之余或者在特殊的休假季节。

4. 康乐项目的时尚性影响饭店康乐营销

康乐经营依靠一定的康乐内容，每一康乐活动项目投资都较大，而且康乐消费在很大程度上受消费时尚的影响。当社会上兴起卡拉 OK 时，同时段内各种卡拉 OK 经营场所相继出现；当出现迪斯科热时，全国各地建立起了各种大小迪厅。康乐消费的时尚性一方面增加了康乐经营的竞争性，另一方面影响了康乐活动的营销。

5. 康乐产品的非实物形态影响饭店康乐营销

康乐经营主要依靠康乐产品，而康乐产品中相当一部分为非实物形态，并且在康乐经营中起着非常重要的作用。这种无形产品看得见，摸不着，只有在实际购买之后才能完全感受到，服务质量很难控制。在饭店康乐营销活动中，如果营销过程的描述与实际服务效果脱节，就容易影响饭店康乐营销活动的效果，增加顾客的不满，甚至发生纠纷。

6. 法规不健全影响饭店康乐营销

康乐业经营管理的法规不健全，尤其是有些规章制度中概念界定不清直接影响了康乐部的营销活动。如"陪侍"这一概念，如与"色情""卖淫嫖娼"混淆，不仅不利于康乐部的经营，而且还会对消费者、经营者产生误导。康乐业法规的不健全和概念的不清，使康乐部很多服务项目和服务方式难以实现，直接影响饭店康乐营销活动。

（二）饭店康乐部形象是营销的基础

康乐部只是通过实际行动在顾客中树立自己的形象，使客人了解康乐经营的内容、服务思想、服务特色、服务品种，才能吸引顾客，增加康乐场所的知名度，使顾客认同康乐部。饭店康乐营销，实际上是为了扩大饭店的知名度和增强康乐活动的吸引力，使其在市场上树立起良好的形象，从而让更多的消费者信赖和喜欢。形象是指饭店在社会和顾客心目中的整体印象，是饭店综合实力的具体体现。良好的饭店形象是企业的无形财富，有利于提高饭店在市场上的竞争地位。

1. 康乐经营以维护顾客的利益为前提

首先饭店要根据市场消费者的不同层次、品位、消费能力，提供雅俗共赏的康乐内容，尽量满足各层次消费者的需求。其次在竞争日益激烈的康乐经营中，饭店不应以不正当手段，靠损害消费者的利益来获取短期利益。

一个饭店的成功经营，必须通过推出各种档次的康乐活动，来充分满足顾客多样化、多层次的正当需求，使饭店在当地市场上有一定的知名度。这就要求通过各种形式的推销手段，让顾客或大众了解康乐场所的名称、位置、提供的服务内容及服务特色。

康乐场所通过提供高质量和一流的服务、高雅的环境来满足顾客的需求，让顾客从内心和行为上喜爱其产品和服务，从而喜爱饭店。

2. 饭店康乐营销既要考虑经济效益，又要注重社会效益

饭店的经营目的是为了获取经济利益，但还应考虑康乐活动给人们带来的精神作用，对那些低级趣味的、庸俗的色情活动应禁止；为人们提供一些有一定文化内涵、高品位的康乐活动，使人们在消遣休闲的同时获得精神上的享受和审美的情趣。只有照顾到经济利益和社会效益两者的关系才能使康乐活动健康发展。

3. 康乐营销应突出饭店的特色

在康乐经营竞争比较激烈的情况下，康乐产品和服务只存在细微的差别，饭店通过推销活动，宣传自己产品区别于竞争者的特点和独到之处，突出自己产品给消费者带来的特殊利益，加深他们对康乐产品的了解，并乐意接受这种康乐产品。康乐经营特色来自于对康乐项

目及服务的设计、康乐活动及服务的训练、文化氛围的营造以及康乐的购买欲望在特定的环境下受其情绪左右。如果康乐部门通过推销活动，使更多的消费者对本康乐产品产生偏好，从而激发顾客最大的购买欲望。

（三）饭店康乐营销应有针对性

根据年龄、性别、职业、民族、文化程度、社会环境等差异，划分出众多不同的消费群体及其各自不相同的消费特征。康体娱乐消费类型主要有三种：其一是面向公众消费的娱乐活动；其二是具有阶层消费特点（按年龄、性别、爱好划分）的康体活动；其三是面向特殊消费层的娱乐活动，主要是白领、知识分子、艺术精英和官员。

不同的康乐项目面向不同的顾客群体，即使同一饭店不同的康乐活动其顾客群体也是不相同的，应根据不同的群体采取相应的方法。不同收入、不同素质的人对康乐消费期望的目标是不相同的，康乐活动就是对这些不同需要的顾客做出相应的营销宣传及活动。饭店康乐营销的针对性应包括以下几个方面：

1. 针对不同的人进行营销

青少年处于求新进步的阶段，一般对于新鲜事物、独特活动、热闹场面都有好奇感。在面向这一年龄阶段的顾客的康乐经营内容，应体现青少年的特征，如有新奇感的电子游戏、上网、打台球、遛旱冰、去练歌房和迪厅。中青年正处于事业的奋斗阶段，工作压力大，孤独感强，喜欢和同事、朋友一起选择既休闲又具有一定交际功能的康乐场所，如酒吧、舞厅、台球、保龄球场等。从市场需求来看，30岁左右、追求康乐时尚的青年群体是现今社会最有钱也最会花钱的群体。中年人一般都已成家立业，一方面，选择适合于家庭成员康乐的项目，如光顾康乐园等；另一方面，选择一些保健性的康乐项目，如健身、美容、护肤等。老年人一般根据自身条件选择一些消闲性的项目。

2. 针对不同职业的人进行营销

工薪收入阶层（如职员、教师等），一般比较注重康乐活动的功能，强调经济实惠；高薪收入阶层（公司老板、高级白领等）强调树立个人声誉，注重康乐的环境，讲究排场。饭店康乐营销必须认真分析顾客的职业特征，尽量满足客人的职业需要。如休闲健身、美容的消费群体以企业界人士及商务洽谈、商务旅游休闲人士为主。

3. 针对不同文化水平的人进行营销

一般文化层次较高的顾客，对高品位的康乐活动有偏好，如教师有较高的受教育水平。生活水平的提高，消费观念的进步，使休闲康乐消费的方式与种类也越来越多，如卡拉OK、保龄球、网球、钓鱼等。他们的消费从满足基本生存需求向追求生活的全面发展转变，向追求精神消费和服务消费转变。文化层次较低的顾客喜欢赶时髦、热闹的康乐活动。文化水平的高低反映了人们对康乐的不同认识。

4. 针对不同性别的促销

现代青年女性是一个极具特色的消费群体，她们最容易接受新的消费观念，还非常乐于将其传播给他人并希望影响他人的消费；她们在理智地评价商品的可购买性时，又常常做出连自己都意想不到的非理性消费；青年女性一边追逐着国际潮流的步伐，一边引导着其他城市和乡镇女性的时髦浪潮；她们除了主导一般日常消费领域的消费，同时还在自身及孩子教育投资、购房、购车等大宗消费领域扮演了重要的角色；她们不仅热衷于自己的穿着打扮、吃喝玩乐，就连丈夫和孩子、父母的各类消费也常常由其代劳安排。

单身青年女性是一个易于变化、感性而丰富、和谐而又矛盾的群体。她们的年龄在 20 至 30 岁之间。考虑休闲康乐消费时，与其他社会群体相比，她们有钱也有闲，更有花钱的激情和冲动，只要康乐活动够时髦、够奇趣，她们便乐于消费。她们经常参加度假、艺术课程、音乐课程、健身中心、音乐会、瑜伽、看电影、打网球和体操等康体活动。

5. 针对不同地区的人进行营销

地区差异体现的是文化、习俗的差异，这些差异为文化康乐活动带来了新的活力；同时，康乐活动营销也体现出这种差异性。一是温饱型消费，指人均年收入在 1 000 元到 2 000 元的家庭。这部分家庭整体生活已进入温饱阶段，消费以生活必需品为主，边际消费倾向强烈，对各类消费品的消费需求呈数量扩张。由于购买力有限，有效需求明显不足。这一部分地区主要集中在我国西部大部分地区、中部小部分地区以及东部少数地区。二是温饱向小康过渡型消费，指人均年收入在 20 000 元到 30 000 元的家庭，整体生活水平处于温饱向小康的过渡阶段。这类型家庭的消费特征是对消费品的需求已由数量扩张阶段过渡到质量提高阶段，具有一定的购买力，消费观念处于由农村向城镇转化阶段。在对日常消费品、生产资料以及家电产品的需求上，已开始对品种、质量、品牌、档次表现出明显的关注。三是小康型消费，指人均年收入在 30 000 元以上的家庭。小康型家庭多分布在东部大部分地区、中部小部分地区、西部少数地区，这部分家庭整体生活已步入小康。由于手持现金和存款已具有满足消费意愿的能力，因此传统的生产生活消费品基本饱和，特别是住房消费大多已经完成，消费热点已开始向休闲娱乐产品转移，其消费结构的升级愿望强烈、消费观念明显趋向城市化。

6. 不同收入消费差异

启动消费应根据不同消费群体的特点，制定相应的消费政策。

（1）在消费领域，引导高收入群体，也要有一个好的消费环境，关键是丰富其消费内容、提升消费品位、引导消费方向，尽量促进他们在康乐上的消费。例如，开发适合这一群体的文化娱乐消费项目，同时积极改善这些商品和服务的供给质量，最终达到促进消费的目的。

（2）改善中等收入群体的消费预期，刺激其消费主要应以稳定收入，增加和改变其心理预期为主。

随着经济发展和人民生活水平的提高，休闲、运动及旅游服饰用品成为新的消费热点；消费者文化需求提高，康乐类、休闲、运动、文体用品类零售额不断上升；消费心理个性、品牌化、时尚化、流行等趋势日益明显，饭店必须为消费者提供康乐项目中定位准确的特色经营和专业服务。未来康乐部的发展方向将是市场定位鲜明，经营主题突出，以独特的经营模式、经营内容和经营管理方式吸引消费者，这样才能立于不败之地，才能拥有强大的市场竞争力和生命力，最终获取商业利润，体现企业自身应有的价值。

第二节 饭店康乐营销策略及其活动策划

营销策略是根据康乐活动的特点，明确采取何种营销方法，达到什么营销目的的一种计划和手段。它需要投入一定的时间、精力及费用，对康乐部的过去、现在及将来的情况做深思熟虑的分析与推敲，只有这样制定的营销策略才具有真正指导实际营销活动的价值。

一、饭店康乐项目的消费心理

（一）康乐项目的消费心理过程

消费者产生了某种需要，直到参加康乐活动去消费的全部过程，受主观和客观的种种因素制约，其心理活动是非常复杂的。从其形成和发展的一般规律来看，可以划分为认识过程、情感过程和意志过程三个既相对独立又密切联系的心理过程。

1. 康乐消费的认识过程

消费者在消费的过程中，总是从对商品的认识过程开始，他们对于康乐项目和康乐活动的相关信息先有笼统的印象，再进行较为细致的分析，然后运用已有的知识和经验进行系统的分析和综合，得出较为明确的认识和结论。心理学将这一过程概括为感知过程和思维过程。消费者事先对这种商品如一种新颖的康乐活动毫无所知，则难以激发他的消费行为。我国一些大饭店的康乐部开设有室内高尔夫球练习场。根据室外高尔夫球场建造原理，室内高尔夫球场铺设人造草皮，场地制成起伏的“丘陵”状，四周墙壁挂上大型山水壁画，使客人身在室内击球，犹如置身风光宜人的室外高尔夫球场。客人进入这样的高尔夫球场才能对高尔夫球这样的活动有较为明确和清晰的认识，从而激发其消费行为。所以，消费者对康乐消费的认识过程是其产生消费需求的重要基础。

2. 康乐消费的情感过程

消费者在消费的认识过程中，其购买活动是高度理性的，是经过周密调查和科学分析的行动。可是在现实购买活动中并非如此，实践证明，消费行为不仅受理智控制，还为感情所左右。消费者的心理活动过程，既是认识不断发展的过程，又是情感不断变化的过程。消费者是活生生的有机体，而且又处于复杂和多变的社会环境之下，消费者的情感的产生和变化受多种因素的影响。

（1）环境的影响。

饭店康乐部的环境和气氛是很重要的，装修要高雅、大方和整洁，服务人员要主动、热情、礼貌、周到，这就会给客人以愉快舒适的感觉，使其产生喜悦、兴奋等积极的情绪，从而激发其消费欲望；否则极易引起客人的厌烦、失望等消极情绪，从而使其丧失消费欲望。

（2）康乐项目和服务项目的影响。

康乐项目本身的特点也可以激发消费者的喜悦情感而使其产生消费欲望，如保龄球、网球、健身房等项目可以锻炼身体，桑拿按摩可以祛病，美容可消除疲劳，夜总会、舞厅、KTV包房可愉悦身心、自娱自乐并方便客人表现自己。

（3）个人情绪的影响。

不同的消费者进入康乐活动场所时的情绪状态或精神状态是不一样的，而且他们又有各自的心理特点、性格倾向，生活习惯和经历、事业成败、社会地位等的不同会使他们有不同的心理状态。他们的情绪状态可能是积极的，也可能是消极的。

（4）社会情感的影响。

社会情感是消费者由于社会性需求而引起的高级情感，它可以分为三类：

① 道德感。它是人们根据社会道德行为准则去评价事物时所产生的一种情感，如有的康乐部以不正当的手段搞经营活动或者消费者根据社会道德行为准则认为这个企业是不道德的，从而产生反感情绪而不愿去这样的康乐企业消费，也可能会对整个康乐行业产生偏见。

② 理智感。它是消费者的需要、兴趣是否得到满足所产生的一种情感。如消费者对某家饭店康乐业的信任感，对康乐业某个康乐活动项目的新奇感都属于理智感。

③ 美感。它是人对于客观事物的美的体验，消费者的美感由于各自的身份、地位、文化素养、兴趣爱好、社会生活条件和实践经验的影响，因而形成需求不一、标准不一，但至少有一点相同的是事物的美必须是形式和内容的统一、欣赏价值和实用价值的统一。

3. 康乐消费的意志过程

意志是人所特有的心理活动过程。它是人自觉地确定目的，并根据目的支配来调节自己的行为，从而实现预定目的的心理过程，是在康乐活动中，消费者在确定购买目标之后努力排除各种干扰而采取购买行为的心理过程。消费者进入豪华酒吧或夜总会后首先问到的就是这里的消费价格、节目质量等问题。这时需要服务人员耐心回答和有效地推销，影响其意志过程，引导客人消费。

客人经过上述消费过程之后，通过亲身的感受和其他人的评价使客人对做出的消费行为又重新评价，加深认识，产生消费感受。如果消费者对该项目感到满意就会产生好的评价，那就产生重复消费的欲望，并进行义务宣传，这是康乐消费的最后的关键。

（二）康乐消费的心理需求

饭店康乐部要想在竞争激烈的市场立于不败之地，就必须充分了解客人的心理，确定相应的经营项目与服务。针对客人的需求建立设施和实施相应的经营策略就能吸引消费者，提高经济效益。现代康乐消费的心理需求主要体现在健身的需求、健美的需求、娱乐的需求、安全的需求、求新的需求、求实的需求、特殊的需求方面。

【小思考】

人的需求是多方面的，非常复杂。

（1）从消费者的购买目的来分，可分为（　　）需求和（　　）需求。

（2）从消费需要满足的对象来分，可分为（　　）需求和（　　）需求。

（3）从消费需求的实质内容来分，可分为（　　）需求和（　　）需求。

（4）从消费需求的一般顺序来分，可分为（　　）需求和（　　）需求。

（5）从消费需求的实现程度来分，可分为（　　）需求和（　　）需求。

答案：

（1）生产消费；生活消费

（2）个人消费；社会公共消费

（3）物质消费；精神消费

（4）基本生活；全面发展

（5）现实；潜在

二、饭店康乐营销策略及其方法

饭店康乐部应具有一定的经营目的。从两个方面来看，经济方面的目的包括：拓展市场，获取利润；树立企业形象；确立发展方向；成本与利润的分配。社会方面的目的包括：满足消费者的消费需要；改善经营环境以净化社会；提高就业机会和提高人们的生活质量。

康乐部的营销策略是为了实现康乐部的经营目的所制定的市场竞争对策和战略行动方案，主要包括以下营销策略：

（一）产品策略

产品策略是制定企业在产品及其生命周期内各个阶段的经营对策。康乐产品与其他商品一样，投入市场后便开始经历从成长到被淘汰的过程，大致分为引入期、成长期、成熟期、衰退期和再生期几个阶段，这就是产品的生命周期。

产品生命周期理论对康乐行业具有一定的指导意义，产品的生命周期越长，一次投资的收益期就越长，对企业就越有利。企业应尽一切努力最大限度地延长每项康乐产品的生命周期，特别是要延长其中的成熟期和再生期，尽量缩短周期中的引入期、成长期和衰退期。在康乐市场日益激烈的竞争中要想达到以上目的，就必须在不同的时期采用不同的策略。如在产品的引入期用巨大投资进行广告宣传，开拓和扩大市场，用优惠的价格吸引消费者，不急于追求盈利等。这一时期所追求的重要目标是迅速在目标市场上扩大影响，树立形象。这种策略称为扩张策略。在成长期，企业应运用资金价格及销售手段努力保持并继续提高企业的市场地位和市场占有率。在产品获利的巅峰时期，应全力降低成本，最有效地利用企业现有的资源和能力，使利润率达到最大值，即盈利策略。在成熟期的后半期，集中力量维持优势，稳定目标市场，即市场集中策略。如果产品进入衰退期是由于经营管理不善引起的，应果断采用整顿战略，从产品价格、销售及管理方式的改革上求得企业实力的增强，争取进入再生时期，以取得更为辉煌的发展。

（二）价格策略

目前，饭店康乐部中运用得较多的定价策略如下：

1. 心理定价策略

（1）尾数定价策略。

消费者在研究产品的标价时，一般客人在审视价格数字时总是从左向右先看整数，后看尾数，而往往只对整数特别重视并留下深刻的印象，对尾数却常常忽视。企业根据客人的这种心理在为产品定价时，可以尽量降低价格的整数，而加大价格的尾数，如400元不妨标为399元，这样做看起来企业少收入 1 元，但能给客人造成“300多元，价格合理”的印象，有利于促进销售。

（2）声望定价策略。

许多有一定经济地位和社会地位的客人将购买廉价商品看成是一种有失身份的事，尤其是购买生活享受部分的商品和服务，如化妆品和娱乐服务时更是如此。企业可利用这些客人把高价看成是高质量和身份的标志的心理，以高价作为高雅场所的市场定位，吸引高档客人。

2. 垄断定价策略

某些康乐项目由于技术原因、政策原因或资金原因等常常只能由少数企业经营，如真弹射击等项目。对这种他人一时无法效仿的项目，企业可以制定超高垄断价格以获取垄断利润。

3. 折扣与让价策略

在市场竞争特别激烈时或企业的产品处于生命周期的衰退时期时，可以使用这种价格策略，在原有价格的基础上降低价格或者给客人以折扣优惠。这种策略对延长产品的成熟期和促进产品进入再生期都有很好的作用。

4. 渗透定价策略

这种策略就是在新项目刚刚引入市场时，以足以打动人心的低价将消费者吸引进娱乐场地，然后在场地内再进行各种单项收费。或者以低价将消费者引入，在他们了解、熟悉和喜爱上这一项目之后再逐渐提升销售价格。这种项目的目标市场从经济能力上划分应该是普通人组成的大众市场，消费者对娱乐项目的价格水平十分敏感和重视。如一些高科技的游乐项目，在建成和推出时，人们感到十分陌生。这时，企业采用这种定价策略可将客人吸引进游乐场，让他们花很少的钱尝试其中的某些项目，他们又将自己的感受传播出去，让公众了解企业，对项目产生更多更强烈的好奇，从而使企业很快地打开市场。

（三）销售渠道策略

饭店康乐部向消费者提供的服务项目，要经过一系列中间环节。在流通领域所经过的线路和在这一线路上所发生的各种活动的总和，构成了商品的销售渠道。企业的渠道策略对其他营销决策也会产生直接的影响，因此销售渠道的选择是康乐营销工作中的重要策略之一。康乐部可以利用中间渠道加大销售额。

（四）促销组合策略

康乐部的促销策略是指饭店与消费者之间互相沟通信息，从而促进消费者购买行为的活动。促销活动包括人员推销、广告推销和公共关系三种形式。第一，人员推销。人员推销是康乐业通过专业人员或饭店企业全体人员向消费者传递本康乐部设施和服务信息的过程。它的作用主要表现为：提供市场信息，增加消费需求，突出产品的特点，稳定饭店康乐部的市场地位。这种促销活动是通过推销人员与客人面对面交谈来促进产品销售的推销方式，是一种最原始的推销方式。第二，广告促销。广告促销是借助信息传播媒介向社会提供本企业康乐设施和服务项目信息的促销方式。其最大的优点是直观、迅速、范围广，尤其是借助广播、电视传播手段，其效果更佳。第三，公共关系。饭店康乐部公共关系的业务之一，就是经常搜集有关消费者购买行为的信息，分析其特点，有的放矢地传播康乐部及其产品和服务的信息，促进消费者的购买行为。

【小思考】

（1）康乐部的新项目刚打入市场，以打动人心的低价吸引客人，在客人了解、熟悉和喜爱娱乐项目后再逐步提高销售价格，这种定价策略为（　　）。

① 撇油定价策略　② 声望定价策略

③ 渗透定价策略　④ 垄断定价策略

（2）康乐部应与公众发展良好关系，公关是促销的重要手段。这里所指的公众是（　　）。

① 政府官员　② 消费者　③ 退休干部

④ 新闻记者　⑤ 当地社区

答案：

（1）③

（2）①②③⑤

三、饭店康乐营销活动的策划

目前，社会大众对饭店康乐的设施和服务认识还不够深入，加之饭店康乐部有其自身的市场对象，不易为社会大众广泛了解和接受，因此康乐部有必要开展各种形式的营销活动，以达到宣传自己，树立良好形象的目的。

选择时间，把握契机，精心策划组织各类型的活动及赛事，是康乐部门树立公众形象、宣传饭店、促销康乐活动的有效方式。饭店康乐部门在设施、设备、活动所需的场地、人力和物力上，在活动的组织、安排上都具有一定的优势。因而，有效地利用时间和社会较为热门的话题，组织一定的活动及赛事，并取得新闻单位的有效协助，较易在当地社会公众中产生良好的效应，并树立活力、健康、热情的形象。

（一）康乐部具备组织活动及赛事的设施设备

1. 歌厅、舞厅、夜总会

利用先进的灯光音像设备、宽敞豪华的场地和训练有素的管理和服务人员，利用平时策划日常工作的经验，以及组织演艺节目的经验，与当地文化部门、演艺市场建立良好关系，在“情人节”推出“浪漫情人夜”的烛光晚会，在圣诞节推出假面舞会，在国庆节邀请知名舞蹈家表演华乐兹、拉丁舞，邀请著名歌星出场举办演唱会，等等。

以上活动要具有高品位，保证饭店的高星级、高档次的标准。不少饭店聘请外国歌星、乐师演唱、演奏，就是力图创造这种高级氛围。

2. 网球场、壁球场、台球室、游泳池、保龄球馆等

可根据市场上最新的流行动向及季节的变换，适时推出网球培训班、壁球培训班、健美韵律操班，聘请体育专业教练，组织培训，有效利用场馆不饱和时间，争取赞助，举办冠名以主办单位的某某杯保龄球赛、台球赛。定期举办桥牌大赛、保龄球赛等活动，努力创造一个活泼动感的运动世界。

3. 美容、美发沙龙及其他

把握时尚，确定主题，举办有关美发、护肤的沙龙演示讲座，这对于新产品的促销具有良好的效果。负责主办同行业的技术技能大赛，扩大影响，促进自身水平的提高。在一些较为有意义的日子里举办公益性的活动，也能起到良好的效果。例如，教师节免费为教师开放健身娱乐场所，举办献爱心、支持希望工程的现场书法义卖活动等。

（二）组织活动及赛事的步骤

1. 确定主题，选定方式

康乐促销活动的主题是决定和影响整个活动赛事的依据。主题应具有独特性，要考虑本身的技术力量，既不宜流于俗气，更不可哗众取宠。例如，在舞厅举办情人浪漫夜时，可邀请萨克斯管乐手、小提琴手来演奏轻柔的世界名曲，场地可设置烛光。在节目当中，可邀请婚龄 10 年、20 年甚至更多的年老夫妇上台领取金、银婚奖，旨在弘扬中华民族矢志不渝的爱情观，将西方的节日与中华民族的优良传统有机地结合在一起。

2. 编排计划，制定预算

编排详细的活动计划，可以避免活动期间出差错。计划应包括活动起止日期、营业时间、场地、用具、聘请的专业人员费用等，要加强活动的经营预算（见表 11-1），对应邀的专业人员也要做好接待安排。

表 11-1　圣诞狂欢夜经营预算

项目名称	预计数	实际发生数	差额	备注
一、营业收入				
1. 门票收入				
2. 酒水收入				
3. 服务费收入				
二、成本				
1. 食品、酒水				
2. 其他				
三、费用				
1. 聘请技术人员				
差旅费				
劳务费				
2. 材料费				
用具、器皿				
装饰品				
道具借用				

续表 11-1

项目名称	预计数	实际发生数	差额	备注
3. 宣传费				
报刊电视广告				
印刷品费用				
纪念品费用				
其他				
4. 活动奖品费用				
5. 公关费				
同行				
新闻界				
其他				
四、利润				
成本控制＿＿＿＿＿＿场地＿＿＿＿＿＿＿＿主管人员＿＿＿＿＿＿				

3. 落实人员、场地，计划安排时间

为使活动趋向专业化，提升档次标准，需要外聘相当的技术力量，如演艺人员、技术人员、教练人员，因此必须指定专人负责协调内与外的关系，包括前台与后台、舞台与灯光、音响与音像之间的衔接，场地服务人员的职责，以保证活动期间客流量骤增时的正常服务。要根据活动的需要，提供良好的场地，负责场地的布置、装饰和宣传张贴画的悬挂，努力烘托气氛。

活动一般走两种“极端”，一种是选择节假日，本身业务量已较大；另一种是选择某项目业务较淡的季节，进行促销。以上两种情况都应该预防大量的客源及繁忙的业务量的出现。因此，应该规划好活动的日期与营业时间，安排好场地，确定最多能容纳的人数，保证酒水的充足供应。若遇营业旺季时，更要详细安排，力求人员、物品的充足供应及设备、设施、场地的良好运作。

4. 策划广告宣传，印刷宣传资料

活动、赛事的影响大小与成功与否，很大程度上取决于广告宣传。活动举办之前，应针对活动的特点和主题，策划广告内容，选择宣传媒体。广告宣传、门票、台卡等，印刷品的设计和印刷质量，应与现代饭店的规模、档次相适应，美观大方，主题突出，具有收藏价值。要注意保持与康乐经营场所一致的宣传风格。

5. 活动彩排，人员演习

安排演艺节目，一定要进行活动前的彩排，确保演艺人员与音控人员之间在舞台、灯光、音像方面的衔接配合，确保活动时间紧凑，不致出现冷场。服务人员对可能出现的业务量应有心理准备，确保场面有序。

6. 场地布置

场地布置的设计要体现特定主题，如圣诞狂欢夜，圣诞老人、雪景、木屋的布置，荧光彩喷图案，横幅的张贴，酒水台的设置，舞台的布置，客人位置的摆设等。贵宾、嘉宾席的设置及场地布置应该提前安排好，确保活动的顺利进行。

7. 总结评估，积累资料

活动结束后，应对整个活动进行全过程的评估（见表 11-2），为以后活动的推陈出新和举办其他活动积累经验。

表 11-2　活动评比表

活动主题__________活动期限__________
场　　地__________

序号	项　　目	效　果		
		理想	一般	较差
1	主题恰当，新意与创造力			
2	宣传的预期效果			
3	宣传品、纪念品的美观程度			
4	预计经济目标实现情况			
5	目标市场与接待对象选择精确程度			
6	活动方式的优良性			
7	计划进行情况			
8	场地选择与布置效果			
9	演艺节目质量			
10	时间的安排状况			
其他信息				
总　评				

第三节　饭店康乐俱乐部会员制

在康乐活动的早期经营当中，经营者们逐渐采用一种流传至今的经营方式，即会员制。

20 世纪 80 年代初期，康乐活动随着饭店进入我国社会生活，经营者为了确保其作为饭店的配套附属设施，维护客人的身份及档次，亦采取会员经营制。如今在一些经济较为发达的地区，较高档次的康乐活动场所采取形式多样的会员制。

现今在国外和国内某些很高水准与档次的康乐经营场所，均采取严格的会员制。如高尔夫球场所，采取的是一种较为封闭式的贵族化经营。现在，高级饭店的康乐场所普遍采用的是半封闭式的会员制经营，即将会员制作为一种较为重要的经营手法，而非主要手法之一，会员在康乐场所中，具有优先的优惠待遇。

一、会员制的基本类型与特点

会员制是指俱乐部会员制。这是康乐部的一种经营方法，也是一种经营体制。会员制（membership），即以组织和管理会员的方式实现购销行为的一种经营方式。

（一）会员制的基本类型

1. 全封闭式俱乐部会员制

全封闭式企业只接待会员，这是最传统最严格的会员制。在企业筹建时就限定了会员权益及吸收的会员数量，并根据其投资及档次确定会员籍的价格。这种价格通常都较高，一般从十几万港币到几十万港币不等。如广州某高尔夫球乡村俱乐部会员籍费36万港币，会员每年还需交会费。会员可以免费使用企业中所设置的一些基本的项目，如游泳、健身、棋牌、桌球等，每个会员每年有几天免费使用住房等设施的优待，其他娱乐设施则需收费。当然，对会员的收费一般有很大的优惠，是其他同档次场所同项目价格的80%。另外，企业还定期或不定期地为会员举行各种联谊活动，这已成为俱乐部对会员的重要吸引因素。

2. 半封闭式会员制

由于全封闭式会员制的娱乐企业只接待会员客人，人数有限，对于那些实力较弱、场地较大、项目较多的娱乐企业来说客源不够充足。于是一些大型的高档娱乐场所，如星级宾馆内的康乐部或康乐中心就采用另一种改良的会员制，即半封闭会员制。它是指企业内划出一部分区域或项目作为会员区，只接待具有会员资格的客人（会员可以带规定数量的朋友入内），而另一些区域，如餐厅、卡拉OK厅等则向社会开放。会员有权享用一些免费项目，付费项目也会得到八折至五折的优惠。这种会员资格也是要购买的，但通常比全封闭式的价格要低一些。

3. 开放式会员制

实行开放式会员制的娱乐企业向全社会开放，设有会员区与非会员区。非会员客人可以在营业场所的任何区域按门市价消费，而会员客人按会籍价格购买了会员卡后，可得到许多的特殊待遇：一是预订时可得到优先安排；二是会员结账时可得到较大的优惠；三是消费额可从会员购卡的费用中扣除。因此这实际上是一种优惠卡的制度，企业也可预先得到稳定的营业收入，对双方都有利。这种会员制被许多饭店企业采用。

（二）会员制的特点

（1）能为会员提供特殊服务。不仅有价格优惠，而且在优先服务项目及特殊服务上，会员均享受优先待遇。

（2）具有严密合理的制度，包括入会条件、手续、会员资格、会员义务及权利等。

（3）能为会员提供详尽的综合服务。

二、饭店俱乐部会员制的基本形式与内容

饭店俱乐部会员制，指饭店康乐部给予定期缴纳一定数量会费的会员在餐饮、住宿、健

身、娱乐、美容等多项目上各种优惠和方便的形式。

（一）饭店康乐会员的基本条件

（1）入会会员年龄、身份、地位、健康状况等。

（2）需缴纳一定的费用。

（3）需自愿遵守俱乐部的各项规章制度及游戏规则。

（二）会员卡的基本形式

通常有集体会员金卡、个人会员金卡、附属银卡等。

（三）会员规则

（1）为了保证会员能充分使用俱乐部设备，总的会员人数应该有限制。按照先来先办的原则，俱乐部可以在不说明任何理由的情况下根据会员资格申请办理。

（2）会员遵循俱乐部有关规定。

（3）会员进入俱乐部时有必要交验会员卡，并在登记簿上登记。

（4）领证遗失，应立即通知俱乐部，获取新卡需支付一定的费用。

（5）在收取全部会费后发会员卡。

（6）要求终止自己会员资格必须提前一个月通知俱乐部，并附上自己的会员卡，剩余的会员费按下一个月第一天剩余的部分归还。

（7）会员可随一名亲朋好友同享俱乐部会员待遇。

（8）会员使用设施、设备遵循先来先服务的原则。

（9）会员比非会员具有优先享用设施、设备的权利。

（10）会员损坏设备或饭店其他财物要赔偿。

（11）永久会员（已经付足够的保证金）可凭账单记账月结，非永久会员的会员卡作为凭证卡而非信用卡。

（12）会员享用康乐俱乐部的设施、设备与服务，具体优惠措施详见各场会员待遇表。

（13）住饭店享受会员的全部待遇。

（14）俱乐部保留在任何时候修订规则而无须事先通知会员的权利。

（四）饭店康乐部会员制案例（以福建某饭店中心俱乐部会员制为例）

该饭店中心俱乐部豪华、高雅、温馨。为各界人士提供：室内游泳池、健身房、网球场、壁球馆、桌球室、棋牌室、桑拿浴室、美容厅、乒乓球室、电影厅、夜总会、卡拉 OK、中心画廊、游艺机室、多功能国际会议厅、豪华会议厅、小型会议厅等。中心俱乐部采用会员制。三资企业高级管理人员、外贸、外经、外事、旅游有关人士均可入会，并享受如下优惠：

（1）正式会员可带一位亲友进入俱乐部，共享会员待遇。

（2）桑拿、网球、壁球、台球 5 折优惠。

（3）按摩 8 折优惠。

（4）夜总会、卡拉 OK 免收门票，实际消费 9 折优惠。

（5）美容、美发 9 折优惠。

（6）正式会员本人或为亲友预定住房，可享受 9 折优惠。

（7）正式会员的餐饮消费，享受 9.5 折优惠。

（8）永久会员在俱乐部、餐饮部消费，可记账月结。

（9）住店宾客下榻期间，本人享受会员待遇。

中心俱乐部定期举办会员运动项目竞赛、名人书画展、健身培训班等趣味盎然的活动。具体规则为：

1. 入会条件

三资企业中的高级管理人员及外经、外贸、外事、旅游的有关人士，均可加入中心俱乐部。

2. 会员收费标准

（1）正式会员（一年期）：一年交会费 4 680 元。此会员资格不可转让，卡号的首位号码为“6”。

（2）正式会员（半年期）：一年交会费 2 580 元。此会员资格不可转让，卡号的首位号码为“3”。

（3）永久会员：一次性交纳基金费 3.87 万元，免收会费，一年后如退会，可如数退回，但须提前一个月通知俱乐部。一年内退会，按实际月份收取会费。本形式的会员资格可以转让，每次转让费 50 元人民币。消费可记账月结，卡号的首位号码为“8”。

3. 入会的手续

（1）向本俱乐部索取入会申请表，按要求填写清楚。

（2）审核后，发给入会通知书。

（3）申请人接到入会通知书，来俱乐部交纳会费和 2 寸照片 3 张。

（4）手续办好后，即发给会员证。

4. 会员享受的优惠

内容略。

5. 集体会员

（1）本会员只限机关、团体、公司、企业中有本俱乐部永久会员资格与条件的人员。集体会员必须是永久会员同一公司的人员。办卡时由公司出具公函，证明会员为本公司人员，否则将取消会员资格。

（2）集体会员的会费标准。

① 一次性交纳基金费 3.87 万元人民币，免收会费。一年后如退会，可如数退回，但必须提前 1 个月通知俱乐部。

② 集体会员人数不得超过 4 人，每办理一张副卡需交纳手续费 50 元人民币，每人每月另交会费 180 元人民币。集体会员每人交 1 寸照片 3 张。

（3）集体会员卡的使用办法与范围。

交纳会费后，发给主卡 1 张、副卡 3 张（按具体人数计）。该卡仅供本人使用，不得转让。

集体会员可凭集体会员卡享受以下优惠：

① 免费游泳、健身。

② 桑拿、网球、壁球、台球打 5 折。

③ 按摩打 8 折。

④ 夜总会、卡拉 OK 本人免收门票，实际消费打 9 折。

⑤ 美容、美发打 9 折。

（4）集体会员卡号如：8xxxxxxxx—①。

（5）已交纳基金费 3.87 万元的个人会员，允许增加办理集体会员卡，有关手续规定事项同上。

三、现代饭店康乐会员制的现实意义

我国绝大多数现代饭店康乐部门均采取会员制，在选择其会员时，目标会员选定要准确无误。正式会员都是具有一定身份和经济实力的人士。

1. 实施会员制，是现代高星级饭店康乐部门经营的手段之一

由于饭店经营目标市场的确定和饭店康乐部本身作为饭店高档配套附属设施的属性，必须有针对性地选择主要的目标群。会员制为会员提供了高层次文化消费。

2. 实施会员制，是适应不断变化的市场竞争的一种行为

实施会员制，既是内部促销工具，又是外部促销的手段。由于社会上同类场所的大量涌现，客源市场不断被瓜分，为了适应竞争，确保经营上的优势，有必要通过会员制锁定一定的客源群，并借此不断扩大其市场。

3. 实施会员制，可以较好地促进经营者维持及改进其经营高标准、高档次的经营宗旨，并促进饭店其他部门增加良好的社会与经济效应

会员制本身的特点以及入会的标准条件，确立会员作为康乐部门主要的消费群体之一。会员特定的身份与档次，要求提供与其相应的硬件与软件水准，可以促进经营者不断改进管理与服务水准，追寻社会最新的流行趋势与潮流，以适应会员不断增长的需求。

此外，会员通常还在饭店的相关部门，如客房、餐饮等部门进行商务社交礼仪活动，必然带来可观的经济收入。因此，努力完善会员制，扩大会员制的市场份额，接待好会员，是康乐经营者日常经营管理活动中的重要课题之一。

【案例分析】

某饭店利用原有的闲置员工休息室，适当投资，精心装修，改造成一个全新的酒吧空间。为了能够让酒吧在开业时一炮打响，饭店上上下下都做了充分的准备工作。首先是在开业前一个月，重点选择了本地知名报纸、电视、电台，每周轮流在上面做宣传推广，同时也采取了流动广告和户外广告的形式。

为了在开业时增强人气，酒吧采取大范围优惠酬宾活动，以酒吧的招牌酒水为主，进行特色酒水促销。凡是在开业期间点了一份特色酒水的宾客，都可以在同类同价中另选一种免

费赠送。这种营销方式的优惠幅度之大、范围之广，是前所未有的。由于饭店的精心准备，果然在开业一周之内，酒吧就收到了很好的市场反响，客源不断，也引起了媒体的关注。某媒体还为酒吧写了一篇免费的宣传报道。酒吧上下都十分开心，认为达到了预期的宣传效果。

分析思考：

（1）该酒吧的成功经验主要体现在那些方面？

（2）如果你是该酒吧的经营者，你还会考虑采用哪些方式进行酒吧开业时的促销？

【思考与练习】

1. 饭店康乐营销的基本方式有哪些？
2. 康乐项目的消费心理过程包括哪些内容？
3. 组织活动及赛事的步骤？
4. 现代饭店康乐会员制的现实意义？

第十二章　饭店康乐服务投诉

宾客的投诉是客人以比较激烈的方式向饭店康乐部反映其服务质量问题，是饭店康乐部被动获得客人评价其服务质量的主要信息渠道。康乐部如果能够认真听取、妥善处理顾客的投诉，不但可以及时发现、纠正服务质量问题，甚至可以化被动为主动，通过处理投诉，使客人感受到饭店康乐部工作人员的良好业务素养，增强客人对康乐部服务的理解和信心。所以，康乐部应以积极的态度，设置专门的渠道和配备专门人员，鼓励、方便客人投诉，并能够设身处地为客人着想，挽回不合格服务给客人造成的不良印象。当然更为重要的是，问题解决以后，要及时总结经验教训，避免类似的服务质量问题再次发生。

第一节　康乐服务投诉的原因和认识

康乐部无论在服务质量控制方面下了多少功夫，总免不了接到客人的投诉。由于客人来自四面八方，每个客人有不同的生活方式和生活习惯，加之康乐部提供的服务项目和服务水平又是有限的，更何况与当时客人的心情也有关，导致他们即使对同样的服务也可能有完全不同的感受。即便如此，康乐部也要对每一项投诉高度重视，进行彻底的调查，尽可能地使客人满意。

一、顾客投诉的原因

引起投诉的主要原因是客人对所受服务的满意度小于期望值，由此产生抱怨和不满情绪，如果这种情绪得不到及时宣泄，便会引起投诉。

（一）设备设施出现故障引起投诉

设备忽然出现故障很容易引起客人抱怨，特别是当客人兴致正浓时更是如此。如果故障连续出现或者短时间不能被排除，就可能引起投诉。在康乐项目经营过程中，这种投诉所占的比例很大。例如，保龄球机器的扫瓶板突然落下，戏水乐园的更衣柜门锁不上等。此外，游泳池地面瓷砖破裂，划伤客人；桑拿炉出现故障，功率下降，升温太慢，无法满足客人的要求；空调出现故障，使室内温度高于 28 °C；打台球的球杆弯曲变形，使客人无法正常打球；保龄球馆的公用球破损过度；壁球厅地面不够平整，等等。这些设备问题都可能引起投诉。

（二）服务员礼貌礼节不周引起投诉

这是由于服务员的不礼貌行为使客人受尊重的需求得不到满足而引起的投诉。这类投诉在中国比较多见，不过近几年来，随着经营观念的改变和服务员素养的提高，其比例有所降低。

这类投诉一般有如下几种情况：服务员在服务中不使用礼貌用语，个别服务员看见客人有违规行为时大声训斥，使本来用礼貌语言能解决的问题得不到解决，有时甚至使矛盾激化；服务动作随意，如向客人递送保龄球鞋时很随便地扔在柜台上；服务员的站姿或坐姿很懒散，如游泳池的救护员跷着二郎腿半躺半坐靠在椅子上；服务员与宾客开玩笑不看场合，使客人在朋友、妻子、上司、父母面前丢面子或造成误解等。

（三）工作效率低引起投诉

这类投诉一般和其他类投诉合并产生。例如，夜总会进门处服务员收票的速度太慢；电子游戏机投币器出现故障，服务员排除故障不及时；台球厅服务员开写单据时慢慢腾腾；桑拿浴室浴巾不够用，服务员未及时补充；玩保龄球的客人需要饮料，服务员未及时提供，等等。

（四）服务态度不认真引起投诉

据不完全统计，这类投诉约占投诉总量的15%。各康乐项目都可能发生这类投诉，例如，桑拿浴室给客人提供的毛巾有破损（多半被洗衣机刮破），服务员嫌麻烦不愿意换新的；给客人送饮料时将饮料溅出，弄脏了客人的衣服，未能及时道歉并主动提出解决问题的办法；为客人讲解游戏规则或运动规则时不认真，对客人提出的问题未及时回答；卡拉OK歌厅服务员在传递歌单时搞错了前后顺序，又不接受客人批评；游泳池救护员在救护时态度和动作都很随意；客人丢失物品后不能主动认真地帮助查找；客人生病或遇到其他困难时态度冷漠；按摩员在为客人做按摩时心不在焉、敷衍了事，等等。

（五）卫生状况不好引起投诉

消费客人对卫生状况要求很高，卫生条件差引发的投诉很多。例如，游泳池水混浊，或地面有青苔，池壁有污渍；游泳池或桑拿浴室的更衣室内有蟑螂或老鼠；桑拿浴室休息室沙发上的垫布太脏，按摩床上的垫布没有一客一换；厕所地面太脏甚至有大小便或呕吐物；保龄球道的发球区有油渍；高尔夫球杆有汗渍；保龄球鞋有脚臭味；电子游戏机手柄上有油泥；麻将室的麻将牌上有油泥污渍，等等。

（六）因索要小费引起投诉

小费是消费客人对服务员所提供服务的额外奖励，是对服务质量的一种认可和评价，小费数额一般与客人满意程度成正比例关系。讨小费是西方国家服务行业很普遍的现象，改革开放以后，虽然这种约定俗成的方式对中国的消费市场产生了很大影响，但并未得到社会的普遍认可，有个别服务员向客人暗示或直接索要小费，往往会引起客人反感并引发投诉。目前，我国服务行业中小费数额较高的是按摩业，个别按摩员直接向客人索要小费，对没给付小费的客人怠慢甚至挖苦，由此引发了投诉。在有的康乐场所，如游泳池更衣室、保龄球馆、游戏机厅等，客人容易丢失物品，个别服务员将物归原主时也向客人索要小费，从而引起投诉。

（七）因语言沟通障碍引起投诉

此类投诉发生的概率不高，其处理难度也不大，但它在各康乐场所都发生过，因此亦应引起人们的重视。此类投诉发生的原因有：① 因地方口音太重造成误解。现在，很多企业为了降低劳动工资成本，从边远地区或经济不发达地区招聘服务员，未经普通话培训就上岗，在服务中很容易出现误会。接待外宾时，服务员因不会外语而无法与之沟通，也可能引起投诉。② 有关规定缺乏解释也容易引起投诉。例如，有的游泳场所规定客人必须戴泳帽入水，但并未解释这是为了避免脱落的头发堵塞池水过滤系统的管道，使客人产生游泳场所想多卖泳帽或“多事”的误解。③ 因不了解不同地域的不同习俗而称呼不当致客人不满，例如，广州年轻女士不愿接受“小姐”称呼，而“大姐”视作尊称，如果不了解这一情况，就称其为“小姐”就会引起她们的反感。④ 微笑是一种无声的语言，但使用不当也可能产生误解，例如，客人正处在很难堪的场面时，如果对其微笑，就很容易被其视作嘲笑而恼羞成怒。上面这几种情况都有可能引起投诉。

（八）服务经验不足引起投诉

由于服务经验不足、处理问题不当也可能引起投诉。例如，一些康乐设备较容易出现故障，如自动洗牌麻将机、模拟高尔夫机、一些电子游戏机等，因经验不足不能及时排除故障常会引起客人投诉；遇到比较挑剔的客人，会使没有经验的服务员不知如何是好，进而引起投诉；在服务过程中发生突发事故，如断电、天花板突然漏下污水、客人突然休克、客人与客人之间发生斗殴，等等。如果服务员没有经验，则会使事态扩大，增大后期处理问题的难度。

（九）因各部门之间缺乏协调引起投诉

例如，在炎热的夏天，空调器突然出现故障，室内温度很快升至 30 °C 以上，而当班的服务员未能请工程人员及时修理，也未及时向客人解释清楚并表示歉意，就引起投诉；客人通过客房预订保龄球道或网球场地，而当客人到了现场，却被告知未接到预订通知，也会引起客人不满；客人通过桑拿服务员向吧台购买鲜榨果汁，但过了较长时间才被告知所点果汁已经无货了，导致客人投诉；游泳池水温过低，有关服务员没有及时通知工程部加温，会引起客人抱怨。其他诸如客用更衣柜锁出现故障或钥匙丢失，服务员没有及时找到维修人员来解决问题；康乐部同意向某团体客人提前开放游戏厅，但忘记通知财务部售游戏币人员提前到岗，致使无法提前营业等，都会导致客人抱怨。

（十）服务技能差引起投诉

这里所说的服务技能是狭义的技能，主要是指纯技术方面的能力，不包括处理人际关系方面的语言技巧和协调能力等。不同的康乐项目要求服务员具备相应的技能，否则，难以让客人满意，甚至会引起投诉。例如，游泳池救护员的救护技能差，就可能在救护当中使客人受到伤害；台球、高尔夫球服务员如果不懂运动规则又没有示范能力，就不能满足客人在这方面的需求；游戏机服务员如果不会使用游戏机，就无法指导客人使用；如果按摩服务员技能差，就不会达到使客人保健的目的，不正确的技法还可能起到反作用甚至使客人受到伤害。

诸如此类的情况都可能引起客人的投诉。

（十一）出现意外情况引起投诉

在现实生活中，意外情况时有发生，由此引发的投诉也在所难免。这类投诉的数量不多，但处理难度较大。例如，桑拿室的更衣柜被撬，客人称丢失了巨额财产；游泳客人在淋浴时无意间碰到热水开关而烫伤了皮肤；客人在玩水滑梯时与其他客人碰撞受伤；因打保龄球时动作不正确而滑倒摔伤，等等，都会引起投诉。

二、对客人投诉的正确认识

（1）投诉能提高顾客满意度。客人向饭店康乐部投诉表明他们对饭店康乐部是充满希望的。也就是说，客人只有在相信康乐部能够解决他们的问题或者希望在康乐部内能够解决他们的问题时才会投诉；否则，他们会采取对饭店康乐部负面影响更大的表达不满的方式。通过正确处理客人的投诉，解决他们的问题，让客人真正实现了作为“上帝”的价值，获得了对服务的满足，从而愿意经常到本店消费。因此，康乐服务与管理人员应该抓住这一有利时机，使客人对本饭店康乐部的优良服务留下深刻的印象，成为忠诚的顾客。这一点康乐部管理人员一定要有深刻的认识，切实帮助客人解决问题，改进服务工作。

【资料】：美国对全国消费者调查统计

即便不满意，但还会在你那儿购买商品的客户有多少？

不投诉的客户 9%　（91%不会再回来）

投诉没有得到解决的客户 19%　（81%不会再回来）

投诉过但得到解决的客户 54%　（46%不会再回来）

投诉被迅速得到解决的客户 82%　（18%不会再回来）

4%的不满意客户会向你投诉，96% 的不满意客户不会向你投诉，但是会将他的不满意告诉 16～20 人。

从以上资料可以看出，那些向企业提出中肯意见的人，都是对企业依然寄有期望的人，期望企业的服务能够加以改善，并无偿地向企业提供很多信息。因此，投诉的客户对于企业而言是非常重要的。

对服务不满意的客户的投诉比例是：4% 的不满意客户会投诉，而 96% 的不满意客户通常不会投诉，但是会把这种不满意告诉给他周围的其他人。在这 96% 的人背后会有 10 倍的人对你的企业不满，但是只有 4% 的人会向你说。因此，有效处理客户的投诉，能有效地为企业赢得客户的高度忠诚。

（2）客人的投诉可以使我们及时发现服务质量问题，并举一反三，杜绝类似的情况再次发生；同时，康乐部的各岗位也可以从这些事件中吸取教训，促进服务质量管理工作。有一些客户投诉，实际上并不是抱怨产品或者服务的缺点，而只是向你讲述对你的产品和服务的一种期望或是提出了他们真正需要的是一种什么样的产品。这样的投诉，会给企业提供一个发展的机遇。像美国的“戴尔”，在 IT 笔记本电脑市场竞争这么激烈的情况下，依然能做得那么出色，正是因为它提供给客户一个更好的营销手段——客户定制。

（3）客人的投诉可以使我们及时发现设施设备、用具用品存在的问题。康乐设备和用具的维护保养是康乐服务管理的重要环节，而顾客作为它们的直接使用者，所发现的问题可以成为第一手资料，为今后改进维护保养工作，再次选购有关设备物品，提供了重要依据。

（4）客人的投诉可以使出现问题的部门和有关个人真正认识到自己所犯的错误。面对客人投诉的压力，许多平时通过内部协调难以解决的困难和问题往往会迎刃而解。

（5）投诉能有效地维护企业自身的形象。从美国白宫全国消费者调查统计发现：不投诉的客户有 9% 会回来，投诉没有解决的客户有 19% 会回来，投诉没有得到解决但还会回来，是什么原因呢？客户有受尊重的需求，投诉尽管没有得到解决，但他自身能感受到企业的重视。

第二节　处理康乐服务投诉的原则和方法

一、处理康乐服务投诉的原则

尽管投诉的内容和形式各不一样，每件投诉的处理方法也不一样，但是处理投诉时所依据的原则和标准却是统一的。

（一）不扩大事态

绝大部分消费客人的投诉动机是善意的，他们一方面是为了促使企业改进工作，另一方面是为了得到某种形式的补偿。只有极少数人是出于某种恶意而投诉。客人投诉的形式各不相同，有委婉的，有平和的，也有言辞激烈的，甚至有威胁漫骂的，不管处理什么样的投诉，处理原则之一就是不扩大事态，不激化矛盾。

（二）依法、依规处理

处理投诉时必须以事实为依据，以有关法规为准绳，有理、有利、有节。因此，康乐部门的管理人员和服务人员必须熟悉相关的法律法规，如《娱乐场所管理条例》《公共娱乐场所消防安全管理规定》《关于加强电子游戏机娱乐场所管理、取缔有奖电子游戏机经营活动的通知》《中华人民共和国消费者权益保护法》及有关的法规。

（三）兼顾本企业、消费客人、服务员三方的利益

企业、客人、服务员三方的利益是对立统一的。其对立的方面表现在：只强调企业的利益，就可能伤害消费客人或服务员的利益。例如，在处理客人要求经济赔偿的投诉时，如果企业坚决不赔，则可能伤害客人利益；如果完全由企业赔偿，则可能伤害企业利益；如果完全由服务员赔偿，则可能伤害服务员的利益。当然，这只是简单举例，在具体处理这类投诉时，应该了解事实，依据规定，合理合法地进行，尽量兼顾企业、客人、服务员三方的利益。

二、处理康乐服务投诉的方法

（一）明确角色，摆正关系

前面已经谈到，客人投诉一般都事出有因，一方面是对硬件设备不满意，另一方面是对

软件即服务态度、服务能力等不满意，这在很大程度上反映出康乐部门提供的服务与客人的需求之间存在一定差异。为此，康乐部门应当把处理投诉当成改进工作的契机，摆正与客人之间服务与被服务的关系，自觉地站在客人的角度看待和处理问题，对工作中存在的不足之处，能够改进的应立即改进，对暂时改进不了的应当委婉地向客人解释清楚，然后采取进一步改进的措施。

（二）态度诚恳，虚心接受

处理投诉时，首先应该以诚恳的态度，虚心接受客人的意见，本着尽量把投诉大事化小、小事化了的原则行事。如果碰到情绪激动的顾客，则应先设法稳定其情绪，如先请其离开事发现场，到咖啡厅或办公室再做进一步处理，切不可态度冷漠、让客人难堪，这样容易激化矛盾，增加解决问题的难度。在处理投诉的过程中，不能因为客人的投诉与自己无直接关系，或不属于自己的服务范围，而采取事不关己、高高挂起的态度，把问题推给上司处理。例如，客人向某个服务员投诉空调问题时，服务员不能说："这是工程部的问题，我解决不了。"而应该说："可能是空调器出了问题，我马上设法通知工程部门来修理，现在让您感到很热，真对不起。"

在处理投诉时，应提倡首问负责制，即第一个受理投诉的服务员应负责给客人一个有效的答复；另外，不管客人的投诉有没有道理，受理者都应当耐心听取投诉意见，对于绝大部分意见都应当虚心接受，并对客人表示同情和歉意。对于个别不合理的要求，应该委婉地解释，切忌据理力争，更不能反唇相讥，以免激化矛盾。

（三）从倾听开始

倾听是解决问题的前提。在倾听投诉客户的时候，不但要听他表达的内容还要注意他的语调与音量，这有助于了解客户语言背后的内在情绪。同时，要通过解释与澄清确保真正了解了客户的问题。例如，听了客户反映的情况后，根据自己的理解向客户解释一遍。

（四）表示愿意提供帮助

"让我看一下该如何帮助您。""我很愿意为您解决问题。"正如前面所说，当客户正在关注问题的解决时，我们体贴地表示乐于提供帮助，自然会让客户感到安全、有保障，从而进一步消除对立情绪，取而代之的是依赖感。问题澄清了，客户的对立情绪减低了，我们接下来要做的就是为客户提供解决方案。

（五）不同情况，区别对待

顾客投诉常常是带着不同的目的而来的。对具体的投诉意见或要求，应在了解事实经过的基础上进行具体分析，然后采取有针对性的措施。下面就几种有代表性的投诉及其处理方法进行探讨。

1. 建设性的意见

例如，有的饭店游泳池上午不开放，一些有晨练习惯的客人建议将开放时间提前到早上；有的综合康乐场所的戏水乐园分场次开放，一部分客人建议连续开放、计时收费……对于提这类意见的客人，应向其表示感谢，并对给客人带来的不便表示歉意，然后把客人的意见如实反映给管理者，能够马上改进的，要尽快答复客人。

2. 希望得到尊重的投诉

这类客人大多自尊心比较强，当他们感到自己的面子受到伤害时，就会投诉，有时还是情绪激动、言辞激烈的投诉。处理这类投诉应该先向客人道歉。即便客人不全在理，也应由服务员或管理人员向客人致歉，把“对”让给客人，即：给错了的客人一个台阶，给吵闹的客人一点面子，给并无恶意的客人一些体谅，给需要道歉的客人一份安慰。

3. 要求得到补偿的投诉

有些客人投诉除了要求在精神方面得到安慰外，还要求得到物质补偿。这一方面是由于发生了某种事故给客人造成了直接的经济损失，例如，玩水滑梯时由于摩擦生热而使泳装损坏；在淋浴时被热水烫伤；在打保龄球时滑倒摔伤；在游泳时存在更衣柜内的物品被盗，等等。另一方面是处理事故的时间较长，客人要求得到时间上的经济补偿。在处理这类投诉时，可根据实际情况和责任大小给客人以适当的经济补偿。如赠游泳票、赠游戏币、保龄球赠局、赠适当数额的内部消费单、报销医药费和出租车费等。需要说明的是，给予客人经济补偿的决定权限在管理层，普通服务员无权做出决定，因此受理这类投诉的服务员应该在安慰客人的同时尽快向上级报告情况。

4. 极不理智的客人投诉和恶意违反规定的客人投诉

不能否认，有个别客人在进行康体娱乐时会有一些不文明行为甚至违规行为，如酗酒者无票闯入游泳池；接受按摩时一丝不挂；在游戏厅索要礼品，不给便骂；故意将烟头扔在地毯上将地毯烫坏；在软质球道上打保龄球时故意将球高高抛起而毁坏球道，等等。对这类特殊事件如果处理不当，个别当事人便会恶意投诉。虽然这类投诉在投诉中所占的比例很小，但处理起来却很麻烦。如果按客人的意见处理问题，则会给企业或部门带来损失，或者给员工带来伤害；如果拒绝接受客人的意见，有的客人就可能把事情闹大。当出现这类事件时，康乐企业不能盲目地奉迎客人，置政策法规、社会道德、员工利益于不顾，而应根据国家法律及饭店规定进行合适的处理。

三、顾客常用投诉方式的处理

客人向饭店康乐部投诉主要采取电话投诉、信函投诉和当面投诉三种方式，处理投诉时要注意以下要点：

（一）电话投诉

电话投诉处理的要点如下：

（1）在声音上表示我们的重视和关心，并告诉客人我们会立刻将他们的意见反映给管理上级，然后将处理结果迅速通知他们。

（2）无论客人语气如何强硬，我们都必须保持友善、热情和礼貌的态度。

（3）无论客人持何种偏见，我们都必须保持客观的态度，不得在客人申诉时打断他们说话而申辩我们的理由。

（4）无论客人情绪如何激动，我们都必须保持镇定，控制说话的音量和语气。

（5）记录客人的投诉时间、姓名、联系电话、投诉内容。服务人员在认真、详细地记录过程中，许多客人因配合我们记录，语速会减慢，情绪波动减缓，这也是处理投诉的一项服务技巧。

（6）记录接到客人投诉后的处理措施。

（7）用电话通知客人我们的处理结果，征求他们的意见，并再次表示歉意。

（二）信函投诉

信函投诉处理的要点如下：

（1）看清信函投诉的内容。对没有详细通讯地址和宾客姓名的信函则不做投诉处理。

（2）寻找该客人的消费资料，确认客人投诉中提到的时间、当班服务人员是否与实际相符。

（3）寻找被投诉服务人员的同事询问当时的情形，并查看给客人造成损失的康乐设备。

（4）面见被投诉的服务人员了解情况。

（5）查明真相后，如果确属服务人员失职所致，必须做出适当的纪律处分。

（6）给客人回复致歉信函。由于我们发出的信函加盖有饭店的印章，因此，信函必须经过有关业务部门和饭店领导的审核。

（7）做好记录。登记此次信函投诉的时间、客人姓名、联系方式、投诉事由及处理结果等。

（三）当面投诉

当面投诉处理的要点如下：

（1）服务管理人员应明确，当面投诉的客人都希望当场解决他们的问题。但是，有时我们必须要去核实，不要当时就做出答复。

（2）切忌在公众场合处理当面投诉。遇到情绪激动的客人，工作人员应该有意识地先将客人请到办公室里解决其问题。

（3）当面做认真、详细的记录。这样做，同样可以使客人的心情平静一些。

（4）保持友善、热诚、关心和愿意协助的工作态度。

（5）虚心聆听，切忌中途打断客人说话。

（6）留下客人的姓名和联系方式。这样做，会令客人更加安心。

（7）表示我们对其投诉事项的重视和关心，告诉客人我们一定会妥善处理这些事情，请他们放心，然后礼貌地送客人离开办公室。

（8）诚心诚意地为客人解决问题。

（9）用当面道歉的形式，答复客人的投诉，取得客人的谅解。

总之，据调查得知，只有 4% 的顾客在遇到不满意的服务时选择投诉，96% 的顾客不再光顾该饭店康乐部，因此客人的每一项投诉都必须受到高度的重视和认真的处理。

【案例分析】

上海某一星级饭店位于近郊，具有一定规模的康乐项目设施设备。由于开通了交通环线，交通环境变得相当便利，饭店的生意非常好，特别是足浴中心，基本上每天晚上都爆满。但是有一天，一位客人到大堂副理处投诉：客人持该饭店康乐部的足浴赠票券到四楼消费，赠券上写明洗足浴是免费的，但消费时服务员没有说明只能洗中药足浴，向其推荐了鲜花足浴，结账时才知道不能免单，客人认为该饭店有蒙骗行为。

分析思考：

（1）你认为该康乐部为什么会出现这种情况？

（2）康乐部如何做好这类投诉的预防？

【思考与练习】

1. 顾客投诉的原因有哪些？
2. 处理顾客投诉的原则有哪些？
3. 客户投诉的处理方法有哪些？
4. 如何处理当面投诉处理？

第十三章 康乐服务用语

第一节 康乐服务用语的作用

如前所述，我们可以得到这样的结论：饭店康乐服务的实质就是使客人留下良好深刻的印象。客人对饭店康乐服务的感受越好越深，越能够表明其服务质量的优异。服务态度的因素在康乐服务产品质量中占有重要的比重，它主要包括职业微笑和职业用语（标准服务用语）两个方面。康乐服务用语也是中高等学校饭店管理专业的一门核心内容，也是学生学习客房服务、餐饮服务的内容。学习康乐服务用语的目的是让学生对饭店康乐服务相关岗位的职业要求有一个整体的认知，掌握必备的专业技能，从而具备饭店康乐服务相关岗位的基本职业能力。所以，使用职业用语是使客人对饭店康乐服务产生良好印象的关键。

一、职业用语的特点

职业用语是指特定领域对一些特定事物的统一的业内称谓。在国际惯例中是通用的，专业术语运用在各行各业中。职业用语也是在专业交流时对名称的简介用语，例如，在家电维修业中对集成电路称作 IC；添加编辑文件简称加编；中华人民共和国简称中国，等等。同时，职业用语是相对日常用语而言的，一般指的是某一行业的专有名称简介，大多数情况为该领域的专业人士所熟知。职业用语具有以下特点：

1. 专业性

职业用语是经过专门设计的语言，它以最简洁、最优美的话语，表达最完整、最准确的含意，并且不会使客人产生误解，体现了鲜明的专业特色。并且可以很专业的了解各类人的喜好和活动特点，吸引客人参加娱乐或健身活动。

2. 唯一性

为了突出体现康乐服务用语的专业性特点，同时提高这项业务技术的培训效率和培训效果，提高康乐业务培训的管理水平，康乐工作人员在训练和使用标准用语的过程中，必须贯彻执行统一、标准的原则。也就是说，服务用语的使用具有唯一性。坚持服务用语的唯一性是规范康乐业务训练和服务管理的重要内容。旅游的六大要素——吃、住、行、游、购、娱，这些部分全部都与用语有关，所以康乐在很大程度上是旅游生活中的一部分，由此产生的康乐用语也是旅游行业的一种表现形式。现在很多人的旅游动机则以康乐为主，而在这中间起关键作用的是康乐，而康乐用语与这些活动是密不可分的，康乐用语是旅游业的一部分。当然与旅行社不同的是，它们的表现形式不同。在与客人交流时，如果把康乐用语的唯一性体现出来，客人会觉得格外的亲切，这样一来不仅增加了客源，而且对饭店的声誉也有很大的好处。

3. 预控性

它体现了服务用语的使用价值。康乐工作人员通过专业化、规范化的服务语言，向客人表现出优良的职业素养、服务态度和服务技能，从而降低客人产生不满意感的可能性。康乐英语在整个旅游饭店中的作用越来越显示出来了，不少旅游者常常就是选择某饭店的康乐用语的优秀，或对某一个员工的温馨用语而投宿的。康乐用语是否规范，是否让客人舒适，都可能会吸引众多的顾客，越来越受到旅游者和公众的青睐，饭店的经济效益就收到了满意的效果。在很多旅游热点的饭店，康乐部的经济收入给整个饭店带来综合效益。所以，提高康乐用语的使用，是饭店竞争市场的重要手段。

二、康乐服务用语的作用

1. 最大限度地简化服务管理

职业用语的专业性和预控性决定其实用功效。只要康乐服务人员上岗前、工作中能够熟练掌握和使用标准康乐服务用语，便能够基本解决康乐服务过程中的服务态度问题，最大限度地减少客人不满意的因素。

2. 最大限度地使客人满意

当饭店康乐服务质量进入规范服务阶段时，其员工的例行操作和服务用语也实现了全面标准化，此时，到饭店康乐部的每一位消费者在任何时间、任何地点、任何情况下，接受的任何一位康乐工作人员提供的服务都是基本相同的，从而感受到“时时、处处、人人”都令人满意。

3. 最高限度地体现员工素养

饭店康乐部如果能够始终如一地贯彻执行标准服务操作和服务用语，将会充分体现该饭店业务培训的高度专业化水平，使每一位宾客都能够感到这里的每一位员工都曾接受过高水平的、严格的业务训练，具有优良的业务素养，从而给他们留下特别的、令人难忘的深刻印象。

第二节　康乐服务常用英语

Part Ⅰ　康乐服务英语常用语

(1) Good morning，sir.
早上好，先生。

(2) Good afternoon，madam.
下午好，女士。

（3）Good evening.

晚上好。

（4）Welcome to the recreation center.

欢迎您到康乐中心。

（5）Would you please show me your ticket.（tickets please.）

请您出示门票。

（6）Come in，please.

请进。

（7）May I help you?

我能帮助您吗？

（8）This is my first time to be here. Would you please give me an introduction?

这是我第一次来康乐中心，你能给我介绍一下吗？

（9）The recreation center includes Water Park，Multiple-Function Hall，Bowling Center，Sauna and other facilities.

康乐中心包括戏水乐园、多功能厅、保龄球中心、桑拿浴室和其他设施。

（10）I'd like to go swimming.

我喜欢游泳。

（11）Where can I buy tickets for the Water Park?

我在哪儿买戏水乐园的票？

At the cashier's desk.

在总收款台购买。

（12）How much is a ticket?

票价是多少？

50 Yuan.

一张 50 元。

（13）Hope you have a good time here.

希望您度过一段美好的时光。

（14）What are your business hours?（When do you open/close?）

请问你们的营业时间？

9 a.m. to 12 p.m.

上午 9：00 至下午 12：00。

（15）Sorry，smoking is not allowed here.

对不起，这里不许吸烟。

（16）I'm sorry. Your ticket can not be used here.

对不起，您的票不能在这儿使用。

（17）Where is night club?

夜总会在哪儿？

（18）Where is the Multiple-Function Hall?

多功能厅在哪儿？

The Multiple-Function Hall faces the fast food restaurant on the first floor.
多功能厅在一层快餐厅对面。

（19）When do you open the night club?
你们什么时候有夜总会？
At nine every evening.
每天晚上 9 点。

（20）Can I use my Residency Card?
可以使用我的住房卡吗？

（21）Sorry，you have to buy a ticket.
对不起，您得买票。

（22）Can I use my VIP card?
可以使用我的贵宾卡吗？
Yes，of course.
当然可以。

（23）Can any child use the children's playground?
任何孩子都可以进入儿童乐园吗？
No，only children under five are allowed.
不，只有五岁以下的儿童方可进入。

（24）How can we get in?
我们怎样进入呢？

（25）Please go to the TV Game Room to change your money into our special coins.
请到电子游戏室换一些代用币。

（26）Where is the Bowling Center/Swimming Pool/Billiards Room?
保龄中心/游泳池/台球厅在哪儿？
It's on the first floor/second floor/in the basement.
在一层/二层/地下室。

（27）Where can I get something to eat/drink?
哪儿有吃（喝）东西的地方？

（28）Please line up at the entrance.
请排队进入。

（29）We'll be closing in an hour. If you think you don't have enough time，would you wait until the next session? We'll open again in one hour.
一小时后就清场了，如果您觉得时间不够，请等下一场，我们一小时后开下一场。

（30）Excuse me，I've lost my key.
对不起，我把钥匙丢了。
Sorry sir，I'm afraid you have to compensate for the loss. One key is ten yuan.
对不起先生，恐怕您要赔偿，一把钥匙 10 元。

（31）Please take care of your children. It's a little dangerous here for the child.
请照顾好您的小孩，这里有点危险。

（32）Sorry，madam，you are not allowed to come in with shoes on.

对不起女士，穿鞋不得入内。

（33）We have a swimming shop just over there. There are many kinds of goods，specially for swimming.

我们有游泳用品专卖柜，有很多种游泳用品。

（34）This is a deep water area，please leave here（pay attention）.

这是深水区，请离开（请小心）。

（35）The waves getting bigger. Please be careful.

鼓浪了，请小心。

（36）I want to rent a life buoy.

我想租个救生圈。

Certainly sir. That's 5 yuan for rental and 5 Yuan for the deposit. That's ten Yuan altogether.

当然可以，5 元租金，5 元押金，一共 10 元。

（37）Please don't place your hand on the ladder when the wave is rising.

鼓浪时，请不要把手放在扶梯上。

（38）Please don't climb the slide from bottom to the top.

请不要从滑梯出口由下向上爬。

（39）Ten Yuan for one admission ticket. How many tickets would you like?

入场券 10 元一张，请问您要几张？

（40）Children under one meter are free for admission.

1 米以下儿童免票。

（41）The water park is open every three hours. It's closed now. It'll reopen at 1 o'clock this afternoon.

戏水乐园每三小时一场，本场已结束，下场开放时间是下午一点。

（42）One coin for the video game is one Yuan. How many coins would you like?

游戏币 1 元 1 枚，请问您要多少？

（43）Twenty Yuan for one bowling game. How many games would you like?

保龄球 20 元一局，请问您要几局？

（44）We only accept RMB. There is foreign exchange desk over there.

我们这里只收人民币，那边设有外币兑换处。

（45）Here's your change.

这是找您的钱。

（46）Sorry，we are sold out of tickets. Please wait a moment.

对不起，票售完了，请等一会儿。

（47）We don't accept traveler's checks.

这里不受理旅行支票。

（48）Yes.

是的。

（49）No.
不是。
（50）OK.
好。（可以）
（51）Sure.
一定。
（52）All right.
可以（好吧）。
（53）Certainly.（Of course.）
当然可以。
（54）No problem.
没问题。
（55）Oh，I see.
我明白了。
（56）Could you help me?
你能帮助我吗？
（57）Let me help you.
我来帮助你。
（58）Would you please do me a favor?
能答应我的请求吗？（能帮我个忙吗？）
（59）Would you please give me a hand?
帮我个忙好吗？
（60）Can I help you?
我可以帮你吗？
（61）May I help you?
您买东西吗？
（62）Be careful!
当心。
（63）Take care!
小心。
（64）Watch out!
留神。
（65）Sorry，but it's no smoking here!
对不起，这里禁止吸烟。
（66）Sorry，but you're not allowed here!
对不起，这儿是不允许你这样做的！
（67）Here you are.
给您。
（68）Here's your change（receipt）.

这是找您的钱（收据）。

（69）Thank you.

谢谢。

（70）You're welcome.

欢迎您。

（71）May I come in?

我可以进来吗？

Yes，please.

请进。

（72）Here's a little present for you.

这是给你的小礼物。

（73）Do you speak English?

你会讲英语吗？

Yes，a little.

讲，懂一点儿。

（74）Pardon?

请再说一遍。

（75）It's a pleasure.

乐意为您效劳。

（76）Excuse me.

劳驾。

（77）Sorry.

对不起。

（78）Never mind.

没关系。

（79）See you next time.

再见。

Part Ⅱ 具体的康乐项目常用语

1. Entertainment 娱乐项目

1）karaoke 卡拉 OK

卡拉 OK 的英语常用语：

Would you like to go to karaoke?（美国人称卡拉 OK 为"Carry O.K."）

你们想唱卡拉 OK 么？

What is karaoke?

什么是卡拉 OK?

Singing along with recorded music.

就是合着录音带的音乐一起唱歌。

You are good at singing!
你唱歌很拿手!

Sorry, I'm tone-deaf.
对不起，我五音不全。

I'd like to request a song.
我想点首歌。

You sing first.
你先唱。

Let's enjoy ourselves.
大家高兴地玩吧!

How about a song, John?
约翰，你来唱一首吧。

What are you going to sing?
你打算唱什么歌?

Let's sing a duet.
来个二重唱吧。

Now it's your turn.
现在轮到你了。

It's finally your turn.
终于轮到你了。

I don't have the nerve to sing in front of people.
我不敢在大家面前唱歌。

I can't keep up with the new songs.
我跟不上新歌的速度。

My singing is out of tune.
我唱歌总跑调。

What's your best song?
你唱的最好的歌是什么?

Do you know that song?
你知道那首歌吗?

I've never heard of that song.
我从来没听说过那首歌。

You sing very well.
你唱得真好。

Well done.
唱得好。

Good job!
太棒了!

2）at the amusement park 在游乐场

amusement park 游乐园

merry-go-round，roundabout 回转木马

switchback，scenic railway，big dipper 过山车（美作：roller coaster）

ghost train 魔鬼列车

big wheel，Ferris wheel 弗累斯大转轮，大观览车

dodgems，bumper cars 碰碰车

sudden drop slide 突降滑道

stall，booth 摊位

fortune teller 算命者

rifle range，shooting gallery 气枪打靶

wheel of fortune 抓阄转轮

tom bola 摸彩

Punch and Judy show，puppet show 木偶戏表演

greasy pole 爬竿取物

2. Beauty salons & health center 美容美发与保健

shampoo /hair shampoo 洗头

permanent 烫发

cut/hair cutting 剪发

color/hair coloring 染发

blow/blow-drying 吹发

treatment/hair treatment 护发

manicure 修指甲

pedicure 修脚甲

take a bath 洗澡

It's is closed 打烊

P.S 不劳点

hurry up /quickly 赶快

tip 小费

pay the bill 结账

finished 完成

set 劳水

discount 折扣

hair setting 整发

hair design 发型设计

pin curl 手指卷法

make up 化妆

full service 全套服务

quick service 快速服务

free service 免费服务

nail care 指甲保养

facials 脸部按摩

massage 按摩

Chinese herb massage 中医按摩

vital point 穴道

Sauna 桑拿

cleansing milk 洗面奶

biological cleanser 去黑头洗面奶

clarifying cream 清洁面霜

eye make up removing 眼部御妆水

massage cream 按摩霜

massage oil 按摩油

mask 面膜

freezing mask 冷膜

hotting mask 热膜

seaweed mask 海藻面膜

restructuring compound for the neck 颈霜

rich nourishing cream 特效营养霜

eyelid cream 眼袋霜

eye gel 眼部啫喱

day cream 日霜

night cream 晚霜

eye cream 眼霜

essence 精华素

normal 中性

oily 油性

dry 干性

sensitive 敏感性

reaffirming 紧肤

moisturizing 补水

oxygenating 补氧

pour mask 倒膜

plant 植物

pigment 色素

acidity 酸性

alkaline 碱性

mineral substance 矿物质

protein　蛋白质
energetic cell　活性细胞素
vitamin　维生素
cosmetic　化妆品
oxidant　氧化剂
rouge　胭脂
lip stick　口红
powder　粉饼
mascara　睫毛膏
foundation　粉底霜
eye liner pencil　眼线笔
eyebrow pencil　眉笔
lip pencil　唇线笔
lip stick　唇膏
lip protector　润唇膏
skin analysis apparatus　皮肤测试仪
disinfect box　消毒箱
breast strengthening apparatus　健胸仪
weight reducing apparatus　减肥仪
high frequency massage　高震按摩仪
fleck removal apparatus　扫斑机
conduct stick　导电极棒
electrode　电极
ground brush　磨砂刷（磨刷帚）
eyebrow-tattooing apparatus　文眉机
beauty apparatus　美容仪器
hand care　手部护理
diet care　减肥护理
reduce abdomen　腹部减肥
facial　美容
Le salon　美容室
beauty salon　美容院
beautician　美容师
brow template　描眉卡
facial tissue　纸巾
oil-absorbing sheets　吸油纸
cotton pads　化装棉
lip brush　口红刷
blush brush　胭脂扫

pencil sharpener 转笔刀
electric shaver for women 电动剃毛器
electric lash curler 电动睫毛卷

3. Body Building/gym/gymnasium 健身房英语

personal training services 私人教练服务
resist-a-ball 健身球
aerobics 健美操
Yoga 瑜伽
shaping 舍宾（形体雕塑）
kick boxing 搏击操
hip hop 街舞
step 踏板操
pilates 普拉提课程
spinning 动感单车
ballet 芭蕾形体
martial arts 太极养生
latin aerobics 拉丁健美操
kwan do aerobics 有氧搏击操
power flex 有氧杠铃操
hi/low aerobics 有氧健身操
abs/back 腰腹
abdominal crunches 局部塑形
cardiovascular machines 心肺功能训练区
massage & spa 运动恢复按摩服务 桑拿和蒸汽浴
juice bar 销售运动饮料、果汁

1）身体部位英语表达

chest 胸
back 背
shoulders 肩
abdominal 腹

2）锻炼方法

bench-press 卧推
flat 平卧
incline 上斜
decline 下斜
push-up 俯卧撑
fly 飞鸟
extension 屈伸

pull back　后拉
row　划船
wide（narrow）grip　宽（窄）握
curl　弯举
squat　深蹲

4. Indoor Activities　室内运动

1）Bowling　保龄球

pacer　陪打员
delivery　投球
push away　推球
follow through　扬球
downswing　下摆
order of bowling　投球顺序
singles　单人赛
doubles　双人赛
trios　三人赛
all events　全能

2）Badminton　羽毛球

mixed-double　混合双打
men's singles　男单
men's doubles　男双
women's singles　女单
women's doubles　女双
order of service　发球次序
service court　发球
first server　一发球员
right court　右场
right to serve　发球权
serve　发球
return of service　接发球
serving side　发球方
long high serve　发高远球
double hit　连击
smash　扣球
rushing　扑
drive　平抽
return　回球
consecutive kill　连续扣杀

defense and fight back　防守反击
switch position　轮换位置
grudge match　旗鼓相当的比赛

3）table tennis　乒乓球

乒乓球打法相关词汇：
backhand chop　反手削球
backhand drive　反手抽球
backhand smash　反手扣球
back straight　反手直线球
backhand loop drive　反手弧圈球
chop　削球
angled backhand block　反手斜线推挡
angle shot　斜线球
attack after service　发球抢攻
attacking service　进攻性发球
backhand attack and counter attack　反手对攻
back cross　反手斜线球
backhand attacking rally　反手连续攻球
backhand backspin service　发反手下旋球
backhand block　反手推挡
backhand chop　反手削球

4）basketball　篮球

backboard　篮板
defender　后卫
ball control　控球
behind-the-back pass　背后传球
corner man　前锋
center　中锋
charge　撞人
chest pass　胸前传球
clean shot　空心球
double foul　双方犯规
dribble　运球
foul shot　罚球
free throw　罚球
free throw lane　罚球区
free throw line　罚球线
full-court press　全场紧逼
goal　投篮

guard　后卫
hack　打手犯规
5）volleyball　排球
volleyball court　排球场地
fish dive　鱼跃
court　一方场区
over float　钩手飘球
opponent　对方场区
6）swimming　游泳
swimming pool　游泳池
changing room　更衣室
shower　淋浴
diving platform　跳台
springboard　跳板
diving pool　跳水池
non-swimmer's pool　浅水池
swimmer's pool　深水池
rope with cork floats　水线
swimming lane　泳道
touching the finishing line　终点触线
timekeeper　计时员
lifesaver，lifeguard　救生员
breaststroke　蛙泳
crawl stroke　爬泳
back stroke　仰泳
side stroke　侧泳
butterfly stroke　蝶泳
dolphin butterfly stroke　海豚式蝶泳
treading water　踩水
underwater swimming　潜泳
swimming pool with artificial waves　人工海浪泳池
artificial waves　人工海浪
swimming trunks　泳裤
swimsuit，swimming suit　泳衣
swimming cap　泳帽
bikini　比基尼泳衣
bikini top　比基尼乳罩
bikini bottom　比基尼式泳裤

5. Outdoor Activities　室外运动

1）Golf　高尔夫球

高尔夫球动作术语：

golf caddie 高尔夫球童

address、swing、play……（瞄准、挥杆、击球）

tighten your abdomen（收腹）

Take note to your wrist action（注意手腕动作）

angles　角度

back stroke　上挥杆

back swing　后挥杆

rap　果断而有力地推击

recover　救球，挽救性击球（从长草区、障碍或任何麻烦的地方将球打到理想的位置或球洞区上）

regulation　打出标准杆

replace　重新放置球

rim out　涮边球（球在球洞边环绕而过没有进洞）

roll in　推击入洞

roll over　转腕动作（在冲击球过程中，双手和双手手腕的回转动作，也称 wrist turn）

pull shot　拉出式击球（击球后球直飞向击球方向线左侧的失误球）

running shot　近距离滚动球的击球

run up　短而低的近距离击球

bail out　近距离击球

2）tennis 网球

tennis　网球运动

lawn tennis　草地网球运动

grass court　草地网球场

racket　球拍

racket press　球拍夹

gut，string　（球拍的）弦

line ball　触线球

baseline ball　底线球

sideline ball　边线球

straight ball　直线球

down-the-line shot　边线直线球

the cross　斜线球

high ball，lob　高球

low ball　低球

long shot　长球

short shot　短球
cut　削球
smash　抽球
jump smash　跃起抽球
spin　旋转球
low drive　抽低球
volley　截击空中球
low volley　低截球
deep ball　深球
heavy ball　重球
net　落网球
flat stroke　平击球
flat drive　平抽球
let　重发球
fluke，set-up，easy　机会球
ground stroke　击触地球
wide　打出边线的球
overhead smash，overhand smash　高球扣杀
game　局
set　盘
fifteen all　一平
thirty all　二平
forty all　三平
deuce　局末平分，盘末平局
love game　一方得零分的一局
double fault　双误，两次发球失误
not up　两跳，还击前球着地两次
service line　发球线
fore court　前场
back court　后场
server　发球员
receiver　接球员
ace　网球赛中的一分

3）mountain climbing/ mountain hiking　登山
climbing boots　登山靴
climbing trousers　登山裤
sleeping bag cover　睡袋套
backpack　背包

compass　指南针
climbing rope　登山绳
fixed rope　固定绳
climb/go up　上，登，攀
go down/descend　下
let's（take a）rest/break!　休息吧
let's go up　上去吧
we need to go back down　我们该下山了

4）Skiing　滑雪
alpine skiing　高山滑雪
biathlon　冬季两项
bobsleigh　雪车
cross-country skiing　越野滑雪
curling　冰壶
figure skating　花样滑冰
freestyle skiing　自由式滑雪
ice hockey　冰球
luge　雪撬
short track speed skating　短道速滑
skeleton　钢架雪车
ski jumping　跳台滑雪
snowboard　滑板滑雪
speed skating　速度滑冰

Part Ⅲ　Recreation Services Situational Dialogues 康乐服务情景对话

Dialogue 1　对话 1

Mr. Smith is a foreign tourist，he is talking with a clerk in the hotel. 外国游客史密斯先生正和饭店的员工谈话。

Mr. Smith：Good afternoon!
下午好！
Clerk：Good afternoon! What can I do for you?
下午好！我能为您做点什么吗？
Mr. Smith：well，yes，are there any entertaining activities or gym in the hotel?
请问饭店里有健身或娱乐活动吗？
Clerk：Yes，of course. We have gym and rooms for indoor activities，such as：bowling，

badminton，squash，table tennis，swimming，etc. For the entertainments，we have KTV rooms，dancing hall，amusement park and theater.

当然，我们有健身房和供室内活动的场地，如：保龄球、羽毛球、壁球、乒乓球、游泳等。有关娱乐的，我们有 KTV 包厢、舞厅、游乐场和剧场。

Mr. Smith：That's good!

那太好了！

Clerk：You can also enjoy the outdoor activities if you like，such as：mountain hiking，golf，tennis，camping，etc.

你还可以享受户外活动，如：爬山、高尔夫、网球、露营等等。

Mr. Smith：Good! Is there any performance about Chinese traditional arts and culture in the theater?

好，那剧场里有没有中国传统文化艺术的表演？

Clerk：Yes，there are acrobatics，martial arts and Beijing Opera，but only at night.

是的，有杂技，武术，京剧，但只有晚上演。

Mr. Smith：That's great! I like them and I love Chinese Kongfu. Thank you very much!

太好了，我喜欢中国的文化艺术，我特爱中国的武术。太谢谢你了！

Clerk：You are welcome!

不客气！

Dialogue 2　对话 2

Waiter：So，what would you like to drink?

你想喝点什么？

Mr. Smith：Do you have any iced tea?

有冰茶吗？

Waiter：No，I don't think so. This is a pub.

我想没有吧。这里是酒吧啊。

Mr. Smith：But in China，a lot of pubs do.

但在中国好多酒吧都有。

Waiter：I'm so sorry! Anyway，what would you like as a drink? Beer，wine，or liquor?

真是对不起，那你想喝点什么呢？啤酒、葡萄酒或烈性酒？

Mr. Smith：OK! Gin.

好吧，琴汤尼。

Waiter：Good，just a moment!

好，稍等片刻。

Dialogue 3　对话 3

The conversation takes place between the camping trip organizer，Mr. Li and a foreigner Ms. Emma who joins the trip.

Ms Emma：Excuse me，Mr. Li. Can I have the itinerary for the camping trip?

李先生，麻烦请问一下，我是否可以要一张露营路线和活动指南？

Mr. Li：Sure. Here you are.(showing the itinerary). We will go to the camping site following the green line on the map and will put up the camping tents besides the river that has been circled red in the map. Can you see it? All the activities have been included in your itinerary but they may subject to changes because of limited time or the weather condition.

当然可以。(展示露营指南) 我们将沿着地图上绿色的路线到达露营目的地，然后在地图上用红线圈起的小河旁扎营，看到了吗？所有露营活动都写在露营行程计划中，但由于时间或天气的缘故，活动有可能做出相应改动。

Ms. Emma：That is great. Thank you. Will you provide a sleeping bag for each of us?

很好。谢谢。那么你们会为每个露营者提供睡袋吗？

Mr. Li：Yes. We will see to it that everyone has a place to sleep but I can't guarantee that all the sleeping bags are single ones; some of them might be for two persons.

是的，我们会确保每个人都有地方睡但不能保证所有的睡袋都是单人的，有些睡袋也许是两人共用的。

Ms. Emma：OK. Well. Since we camp near the river，can we fish at the river? Will you provide the fishing rods?

好的。既然我们到了小河边扎营，我们是否可以在那里钓鱼？你们会提供鱼竿吗？

Mr. Li：Yes. We can provide the fishing rods but you need to sign your name if you want to get one then return it to the trip organizer when finishing using it.

我们可以提供钓鱼竿。如果你想用，必须签个名。用完后把它归还给露营组织者。

Ms. Emma：Well fishing must be of great fun. So do I need to come back at the time indicated in the itinerary? If I want to stay in the camping site for a longer time，can I stay there by myself?

钓鱼一定很好玩。那么我必须在露营活动指南上指定的时间回来吗？如果我想在露营的地方多留会，我可以独自留在那里吗？

Mr. Li：We are sorry that you are required to come back at the indicated time for the sake of your safety. Moreover, there won't be a bus to pick you up if you leave at a different time，which might cause some inconvenience.

对不起，为了你的安全起见，你得在规定的时间回来。如果没有在指定的时间回来，你也许乘不到巴士，会为你带来麻烦。

Mr. Emma：Ok, Many thanks Mr. Li.

非常感谢你，李先生。

Mr. Li：My pleasure. I hope that you will have a good time camping with your friends.

不客气，希望你和朋友有个愉快的露营之旅。

Dialogue 4　对话 4

Clerk：Good morning，it's reception. May I help you?

早上好，这是接待处，我可以帮您什么忙吗？

Mr. Smith：Yes，I want to book a reservation for bowling center.

是的，我想预订保龄球（道）。

Clerk：Yes，sir，please tell me when you like to play.

好的，请告诉我您什么时间来。

Mr. Smith：Tomorrow，about 3:30 p.m.

明天，大约下午三点半钟。

Clerk：How many people in your party? And how many lanes would you like，sir?

您一共几位？预订几条球道？

Mr. Smith：Five persons，two lanes please.

五位，两条道。

Clerk：Yes，sir，may I have your name please?

我可以知道您的姓名吗？

Mr. Smith：John Smith.

约翰·史密斯。

Clerk：And your telephone number please，sir?

您的电话？先生。

Mr. Smith：64376688，turn to the 540.

64376688 转 540。

Clerk：Yes，let me repeat it. It's tomorrow at 3:30 p.m. for bowling center，two lanes for Mr. John Smith. The telephone number is 64376688—540. Is it all right，Mr Smith?

好的，先生，请让我重复一下，明天下午 3:30 在保龄球场为史密斯先生预订两条球道，电话是 64376688 转 540。史密斯先生，这样可以吗？

Mr. Smith：Yes，exactly，thank you.

是的，很准确，谢谢你。

Clerk：Thank you for calling us，Goodbye.

谢谢您打来电话，再见。

Dialogue 5　对话 5

Mr. Smith：I wonder how your center can afford to employ such a rude attendant in the SPA. He will ruin the reputation of your center.

我真奇怪你们中心怎么会雇用这样的服务员？他会有损你们的声誉。

Clerk：I'm sorry，sir. I'll contact the recreation manager and inform him. I'm sure he'll deal with it. May I have your name and telephone number.

非常抱歉！先生，我与康乐部经理联系，他会处理这件事的。您能告诉我您的姓名和电话号码吗？

Mr. Smith：Smith. Telephone number is 64370102.

史密斯，电话号码是 64370102。

Clerk：Mr. Smith，please accept my apologies on behalf of the center. Our Recreation Department manager，Mr. Wang will be in touch with you. Can I be of further assistance?

史密斯先生，我代表康乐部经理向您表示道歉，康乐部经理王先生会与您联系。我还能为您做什么吗？

Mr. Smith：I want to talk with your manager immediately.

我想现在就见康乐部经理。

Clerk：Wait a moment please. I will contact with him at once.

请稍等，我马上给您联系。

Dialogue 6　对话 6

Mr. Smith：Excuse me，where can I get to the bowling center?

对不起，我怎么去保龄中心？

Clerk：Please go straight ahead，turn to the left，go downstairs，then you can find it.

请直走，向左拐，下楼，您就见到了。

Mr. Smith：Oh，where is the stairs? I can't find it.

楼梯在哪？我怎么找不到？

Clerk：Please follow me.

请跟我来。

Mr. Smith：Thank you very much.

非常感谢。

Clerk：It's here. Please go downstairs.

在这，请下楼。

Mr. Smith：OK，byebye.

好的，再见。

Clerk：Have a nice game.

祝您玩得好。

Dialogue 7　对话 7

Clerk：Good morning/afternoon/evening，sir/madam.

早上/下午/晚上好，先生/女士。

Mr. Smith：How much is it to play one game?

我想打保龄球，多少钱一局？

Clerk：20 Yuan，sir.

20 元一局，先生。

Mr. Smith：Then I'll play 5 games.

买 5 局。

Clerk：5 games is 100 Yuan altogether. Please pay first. Please get the shoes from the attendant next to me.

5 局一共是 100 元，请先付钱。我旁边的服务小姐会提供您球鞋。

Clerk：Excuse me，what is your shoe size sir?

对不起，您的鞋号是多少？

Mr. Smith：Size 10 and 1/2.

10 号半。

Mr. Smith：Excuse me，could you tell me my lane number?

对不起，你能告诉我球道号吗？

Clerk：Your lane is No.6.

您的球道是 6 号。

Mr. Smith：Thank you.

谢谢。

Clerk：Here are your shoes. Please return them when you are finished.

这是您的鞋，您打完球后，请还回来。

Mr. Smith：Excuse me，where is my lane?

请问 6 号球道在哪儿？

Clerk：Please turn left，walk ahead and you'll see it. Have a nice game.

请向左走，就到了。祝您玩得愉快！

Clerk：Please wait till the pin sweeper has lifted completely，then bowl the next ball. Thank you.

请等扫瓶板升起后再投下一个球，谢谢！

Clerk：Excuse me sir/madam，please don't hit（strike）the bottle.

对不起先生/女士，请不要打扫瓶板。

Clerk：Please don't hit the balls on the lane.

请不要用球撞击停在球道上的球。

Clerk：Sorry sir/madam，children who are under 8 are not allowed to play the game.

对不起先生/女士，小于 8 岁的孩子不允许打球。

Clerk：If you get a strike on the tenth frame，you will win an extra frame.

如果您在第十轮打了全中，将奖励一个球。

Dialogue 8　对话 8

Clerk：Good morning/afternoon/evening. May I help you?

早上/下午/晚上好，我可以帮您什么忙吗？

Mr. Smith：What do you have in the SAP?

健身中心有什么项目？

Clerk：We have a massage room，Sauna，Squash and Gymnasium. What would you like?

我们有按摩、桑拿、壁球和健身房，您喜欢哪项？

Mr. Smith：Massage & all facilities. How much is it?

全套按摩服务，请问多少钱？

Clerk：120 RMB please. Here is your key card，please go to locker room.

一共 120 元。这是您的钥匙牌，请进更衣室。

Clerk：Good morning/afternoon/evening sir，may I see your key card?

早上/下午/晚上好，我能看一下您的钥匙牌吗？

Mr. Smith：Here it is.

在这儿。

Clerk：Thank you. Follow me please. By the way sir，before you have the massage，please take a shower and put on your bathrobe. Then you can go into the massage room. Thank you.

谢谢，请跟我来。顺便说一下，在您做按摩前，请先洗浴，然后穿上浴衣进入按摩室，谢谢。

Clerk：This is locker. Please put all your personal thing in here.

这是您的更衣柜，请把所有物品放进柜子。

Clerk：The massage room is near the locker room. The bath room is just opposite it. That is the sauna room. At the end of this passage is the steam room，a cool massage pool，and a warm one.

按摩室就在更衣室旁边，浴室在按摩室对面，那边是桑拿室，蒸汽室在走廊尽头，那儿还有冷、热按摩池。

Clerk：Please feel free to call me if you need anything.

有事请随时叫我。

Clerk：Please lie face downwards.

请俯卧。

Clerk：Where do you feel uncomfortable sir?

您哪儿觉得不舒服，先生？

Clerk：Do you want me to use some massage cream?

您想用一些按摩乳吗？

Clerk：Please turn over.

请翻身。

Clerk：Do you want me to continue the massage?

您需要延长时间吗？

Mr. Smith：No，I don’t think so.

不，不需要了。

Dialogue 9 对话 9

Clerk：Please leave your identification Card or 200 RMB as the deposit.

您能否留下身份证或 200 元人民币作押金？

Mr. Smith：How much money is it for one hour?

一小时多少钱？

Clerk：35 Yuan for a squash court，20 Yuan for two squash rackets，10 Yuan for one squash ball. Altogether it’s 65 Yuan.

租壁球室 35 元，租一副球拍 20 元，租一个球 10 元，一共 65 元。

Dialogue 10 对话 10

Clerk：Excuse me，did you bring your swimming suit?

对不起，请问您带游泳衣了吗？

Mr. Smith：No，we didn't.

没有，没带。

Clerk：Sorry sir，I'm afraid you are not allowed to come in without a swimming suit on.

对不起先生，不着泳装不可入内。

Dialogue 11 对话 11

Mr. Smith：Excuse me，could I pay it with a credit card?

请问这里可以用信用卡结账吗？

Clerk：Sorry sir，we don't accept it here. Please go through formalities at general cash desk.

对不起，这里不能直接使用，请到总收款台办理手续。

Clerk：The general cash desk is in the lobby which is opposite the Public Relations Department.

总收款台在大堂，公关部对面。

Dialogue 12 对话 12

Mr. Smith：I hurt myself on the slide.

我玩水滑梯时受伤了。

Clerk：What's the matter? Anything wrong with your leg?

您哪儿觉得不舒服？是腿吗？

Mr. Smith：Yes，we bumped into each other at slide exit. I have a pain in my leg.

是的，我们在滑梯出口撞上了，我的腿很疼。

Clerk：Let me see.

让我看看。

Clerk：I give you some bandages. Please apply it to your leg and change it everyday.

我给你一些药，贴在腿上，每天要换药。

Clerk：Is anything serious?

情况很严重吗？

Mr. Smith：No，it's just a light sprain. Don't worry about it. You'll be well in two days.

不，只是轻度扭伤，不要着急，两天后你就会好。

Mr. Smith：Thank you very much.

非常感谢。

Dialogue 13 对话 13

Mr. Smith：I have a headache，doctor.

我头痛，医生。

Clerk：Don’t worry，let me just take your temperature first.（five minutes after）

别着急，先量下体温。（五分钟后）

Clerk：It’s 38 degrees. You have a fever. Here’s some aspirin. Take two tablets three times a day.

38 度，你发烧了，这是阿司匹林，每天吃三次，每次两片。

Dialogue 14 对话 14

Mr. Smith：I have a bad stomachache.

我胃很疼。

Clerk：Let me see.（a few minutes）

让我看看。（几分钟后）

Clerk：This is a pain-killer. Take it first. Then please go to hospital for further examination.

这是止疼药，先吃了，然后请去医院做进一步检查。

附录1 饭店康乐部业务报表

编号：1　　名称：客人租用物品押金单
填写人：康乐部服务员　　用途：记录客人租用物品登记情况
联　数：一式二联（1）客户（2）存根

表1　康乐部租用麻将押金单

宾客姓名：	证件号码：
使用场地：	房号：
租用物品名称/数量：	租用时间： 起：________日________时 至：________日________时
备注：	收取押金数额：
	客人签字：
	日期：
经办服务员签名：	工号：

租用麻将规定：
为满足客人娱乐需求，本饭店康乐部提供出租麻将服务：
（1）出租麻将（带桌）价格为20元/小时。
（2）出租麻将桌为10元/小时。
（3）客人需交押金贰佰元整，方可出租并开始计时。
（4）客人娱乐完毕请立即打电话（请拨6236）通知服务员收回，计时即时结束。

表2 客人租用物品记录表

编号：2　　名称：客人租用物品记录表

填写人：当班服务员　　用途：用于记录客人租用物品借出和收回情况

联数：一联

日期	房号	退房日期	经办人	借出物品	借出时间	借用客人签名	收回时间	备注

表3 康乐报修记录表

编号：3　　名称：康乐报修记录

填写人：领班　　用途：由当班领班填写此表报工程部

联数：一式二联　（1）工程部　（2）留存

部门	报修时间	报修人	报修内容	工程部接报人	修理到位时间	修完时间	修理结果	验收人

年　　月　　日

表 4 客用品领用借用记录表

编号：4　　　　　　　　名称：客用品领用借用记录表

填写人：康乐部领班　　　　用途：用于记录客用品的情况

日期	领用或借用物品	领用人	归还日期	归还人	备注

制表人：

表 5 康乐部洗布件单

编号：5　　　　　　　　名称：洗布件单

填写人：当班员工　　　　用途：交洗衣房布件填写此单

联数：一式二联

________班　　　　年　　月　　日

布件名称	数量	备注
毛巾		
桌布		
床单		

验收人：　　　　　　　　经手人：

表6 康乐部营业日报表

编号：6　　名称：康乐部营业日报表
填写人：领班　　用途：记录当天营业收入金额
联数：一式二联 （1）交办公室 （2）留存

班组名称	接待人数		本日发生数				本日累计数
	预订客人	未预订客人	现金	信用卡	转账	支票	
保龄球室							
网球场							
壁球室							
乒乓球室							
高尔夫球室							
台球室（美）							
台球室（英）							
游泳池							
健身房							
保健室							
多功能厅							
钓鱼部							
婴幼儿活动室							
其　他							
合　计							
备　注							

日期：　　制表人：

表 7　康乐部营业月报表

编号：7　　　　　　　　名称：康乐部营业月报表
填写人：领班　　　　　　用途：记录当月营业收入金额
联数：一式二联　（1）交办公室　（2）留存

班组名称	本月累计数	与去年同期相比		本月金额累计数
		月人累计数	月金额累计数	
保龄球室				
网球场				
壁球室				
乒乓球室				
高尔夫球室				
台球室（美）				
台球室（英）				
游泳池				
健身房				
保健室				
多功能厅				
钓鱼部				
婴幼儿活动室				
其　他				
合　计				
备　注				

日期：　　　　　　　　　　　　制表人：

表 8　康乐部预订表

编号：8　　　　　　　　名称：康乐部预订表
填写人：服务员　　　　　用途：记录康乐部活动预订情况
联数：一式二联

日期________________　星期________________

时间________________　人数________________

活动名称____________　活动地点____________

联系人姓名___________　联系电话____________

活动内容及要求：

____

备注：

____

填表人：

表 9　康乐部贵宾娱乐记录表

编号：9　　　　　　　　　　名称：会员活动登记表

填写人：服务员　　　　　　用途：记录康乐部会员活动情况

联数：一联

内容 贵宾姓名	卡号	身份证号码	日期	项目	人数	时间		持卡人签名	经办人	备注
						起	止			

表 10　康乐部当日工作情况汇报表

编号：10　　　　　　　　　名称：当日工作情况汇报一览表

填写人：当班服务员　　　　用途：用于记录当日工作情况汇报

联数：一联

月　　日

	项目		内容	
考勤	上班时间	姓名	下班时间	姓名
钥匙物品交样情况	早班		中班	夜班
	交收		交收	交收
	备注：		备注：	备注：
检查情况	设备设施检查			
	电源切断			
	门窗检查			
	消防安全			
	客人活动意见反馈			
	若其他项目有问题请注明			

注：若无任何问题，请写“一切正常”，并由当班人员签字。

当班负责人签字：

表 11　看护婴儿服务委托书

编号：11　　　　　　　　　名称：看护婴儿服务委托书

填写人：康乐部领班或经理　用途：客人委托看护婴儿时须填写此委托书

联数：一式二联（1）客人（2）留存

房号：________________　日期：________________

要求看护时间：从________________　至________________

客人签名：________________________

我们已为您安排了__________小姐作为婴儿保姆，看护时间以 2 小时起算。

收费标准如下：

基价：__________元人民币/小时。

如果看护时间超过午夜 12 时，每小时将加收__________元人民币。

如果您要取消委托，请务必提前 3 小时通知我们，否则，我们将按最低看护时间收取基价。

客房部经理：________________　日期：________________

表12　康乐部客用更衣柜长期租用登记表

编号：12　　　　　　　　名称：客用更衣柜长期租用登记表
填写人：经办人员　　　　用途：记录客用更衣箱长期租用登记情况
联数：一式二联　（1）客户　（2）存根

NO：

宾客姓名		会员（房号）卡号码	
联系地址		联系电话	
活动场地		租用时间	
更衣箱号码		备注：	
批准者			
发放钥匙数量		经办人	
收取押金数额		日期	

表13　康乐部教练、陪练服务通知单

编号：13　　　　　　　　　　名称：教练/陪练服务通知单
填写人：教练员或陪练员工　　用途：记录要求教练/陪练服务通知情况
联数：一式二联　（1）教练员/陪练员　（2）存根

NO：

服务场所		宾客姓名	
联系电话		性　别	
联系地址、房号			
服务时间			
服务要求			
备　注			

教练、陪练员签收：　　　　　经办人：____________

日期：____________

表 14 VIP 免费康乐预订委托书

编号：14　　　　　　　　名称：VIP 免费康乐预订委托书

填写人：康乐部员工　　　用途：记录 VIP 免费康乐预订情况

联数：一式四联（1）客户　（2）预订场所

（3）营销部　（4）康乐部经理

宾客姓名		身　份	
房号/公司		免费活动人数	
免费活动要求		免费活动时间	
免费服务要求：			
接待部门		批准者	
联系人		联系电话	
变更/取消记录		预订销售处批准	
		服务场所签收	
		预订员	
备注		预订日期	
		输入日期	

经办人：

已确认（　　　　）　　　　未确认（　　　　）

表 15 康乐部团体包场预订委托单

编号：15　　　　　　　　名称：康乐团体包场预订委托单

填写人：康乐部员工　　　用途：记录康乐包场预订委托情况

联数：一式四联：（1）客户　（2）预订场所

（3）营销部（4）康乐部经理

NO：

单位：			
预订日期			
联系人		联系电话	
活动时间		参加人数	
活动项目		安排场所	
结算方法		服务要求	
直接付费		茶水饮料	
转账		教练指导	
其他		其他	
收费标准		优惠折扣	
预付定金		批准者	
变更/取消记录 经办人： 日　期：		服务场所签收	
		预订员	
		预订日期	
		输入日期	

经办人：

已确认（　　　　）　　　　未确认（　　　　）

附录 2　饭店康乐部考核表

表 16　康乐部管理者考核表

项目	考核内容	分值	得分	评分标准	备注
管理能力40分	1. 经济指标完成情况	10		（1）对部门分配的经济指标 100%完成或超额完成，10 分。 （2）对部门分配的经济指标完成 90%以上，6～9 分。 （3）对部门分配的经济指标完成 80%～90%，1～5 分。	
	2. 部门纪律情况	10		（1）部门纪律严明，无违纪违法现象，10 分。 （2）部门纪律良好，员工违纪现象月累计不超过 3 次，6～9 分。 （3）部门纪律一般，1～5 分。	
	3. 部门卫生情况	10		（1）卫生优秀，合乎饭店要求，饭店卫生检查无差错，10 分。 （2）卫生良好，基本合乎饭店要求，6～9 分。 （3）卫生一般，1～5 分。	
	4. 部门设施设备维护保养情况	5		（1）使用规范，保养得当，符合饭店设备保养要求，5 分。 （2）基本使用规范，能定期保养设备设施，3 分。 （3）使用基本规范，保养一般，1 分。	
	5. 外语	5		（1）通过×××饭店英语考核 A 级，5 分。 （2）通过×××饭店英语考核 B 级，3 分。 （3）通过×××饭店英语考核 C 级，1 分。	
现实表现40分	1. 出勤率	10		（1）无迟到、早退现象，出勤良好，10 分。 （2）出勤良好，月迟到早退在 1 次以内，8 分。 （3）出勤一般，月迟到早退在 2 次以内，5 分（2 次以上不得分）。	
	2. 表率作用	10		（1）工作积极带头，能主动加班加点完成任务，10 分。 （2）能起到带头作用，能因工作需要加班完成任务，6～9 分。 （3）表现一般，1～5 分。	
	3. 个人纪律性	10		（1）严格要求自己，无违法违纪现象，10 分。 （2）能自律，月违纪在 1 次以内，8 分。 （3）个人要求一般，月违纪在 2 次以内，5 分（2 次以上不得分）。	
	4. 仪容仪表	5		（1）完全合乎饭店《员工手册》要求，5 分。 （2）能按饭店《员工手册》要求着装，基本合格，3 分。 （3）一般，1 分。	
	5. 处理投诉能力	5		（1）客人投诉处理得当，客人满意，饭店满意，5 分。 （2）客人投诉基本得当，客人饭店基本满意，3 分。 （3）一般，1 分。	
沟通与协作20分	1. 团队意识	5		（1）尊重领导，团结同事，保障饭店服务的连续性，5 分。 （2）基本能有饭店服务一盘棋思想，3 分。 （3）意识不足，1 分。	
	2. 与部门沟通与协作情况	5		（1）与饭店其他部门沟通良好，保证工作正常运转，5 分。 （2）与饭店其他部门能做好沟通，能保证工作运转，3 分。 （3）一般，1 分。	
	3. 部门培训组织情况	5		（1）定期组织本部门员工进行业务技能培训，保证培训效果，5 分。 （2）能组织本部门员工进行培训，3 分。 （3）培训组织一般，1 分。	
	4. 饭店培训参加情况	5		（1）积极参加饭店培训，无缺勤，考核全部合格，5 分。 （2）能参加饭店培训，无缺勤，考核基本合格，3 分。 （3）培训参加情况一般，考核一般，1 分。	

考核人：
被考核人：
考核分数：
考核日期：

表 17 康乐部服务员考核表

项目	考核内容	分值	得分	评分标准	备注
业务技能40分	1. 各种设备操作使用情况	10		(1) 熟练操作各种设备，使用规范，能给客人示范讲解，10 分。 (2) 基本掌握各种操作技能，使用合乎规范，6~9 分。 (3) 能操作各种设施设备，使用基本合乎规范，1~5 分。	
	2. 设施设备保养情况	10		(1) 使用规范，定期保养，卫生良好，合乎饭店要求，5 分。 (2) 基本使用规范，能保养，卫生基本合格，3 分。 (3) 使用基本规范，保养一般，1 分。	
	3. 微笑服务	10		(1) 日常工作中及服务中，能保持微笑服务，10 分。 (2) 服务中，基本能保持微笑，使客人满意，8 分。 (3) 服务中，微笑一般，5 分。	
	4. 专业知识掌握情况	5		(1) 精通康乐部各种专业知识，知识面较宽，5 分。 (2) 基本掌握康乐部常用专业知识，能解答客人疑问，3 分。 (3) 掌握一定专业知识，1 分。	
	5. 外语	5		(1) 通过×××饭店英语考核 A 级，5 分。 (2) 通过×××饭店英语考核 B 级，3 分。 (3) 通过×××饭店英语考核 C 级，1 分。	
现实表现40分	1. 出勤率	10		(1) 无迟到、早退现象，出勤良好，10 分。 (2) 出勤良好，月迟到早退在 1 次以内，8 分。 (3) 出勤一般，月迟到早退在 2 次以内，5 分（2 次以上不得分）。	
	2. 劳动纪律	10		(1) 符合《员工手册》中的行为规范及纪律要求，无违纪违法现象，10 分。 (2) 基本符合要求，月违纪在 1 次以内，8 分。 (3) 纪律一般，月违纪在 2 次以内，5 分（2 次以上不得分）。	
	3. 仪容仪表	10		(1) 完全合乎饭店《员工手册》及部门要求，10 分。 (2) 能按饭店《员工手册》及部门要求着装，基本合格，6~9 分。 (3) 一般，1~5 分。	
	4. 卫生情况	5		(1) 每天按要求做好卫生，保证质量，5 分。 (2) 能按要求搞好各种卫生，合乎要求，3 分。 (3) 基本合格，1 分。	
	5. 工作完成情况	5		(1) 每天能完成领导安排的工作保质保量，5 分。 (2) 基本能完成领导交付的工作，基本保质保量，3 分。 (3) 一般能完成领导交付的工作，1 分。	
沟通与协作20分	1. 团队意识	5		(1) 有饭店服务一条龙的思想，保证服务的连续性，5 分。 (2) 能团结同事，保证服务的连续性和整体性，3 分。 (3) 一般，1 分。	
	2. 服从意识	5		(1) 服从领导工作安排，主动加班加点完成工作，5 分。 (2) 基本服从领导工作安排，能加班加点完成工作，3 分。 (3) 一般，1 分。	
	3. 部门培训参加情况	5		(1) 积极参加部门培训，无缺勤，考核全部合格，5 分。 (2) 能参加部门培训，无缺勤，考核基本合格，3 分。 (3) 参加情况一般，有缺勤，考核成绩一般，1 分。	
	4. 饭店培训参加情况	5		(1) 积极参加饭店培训，无缺勤，考核全部合格，5 分。 (2) 能参加饭店培训，无缺勤，考核基本合格，3 分。 (3) 培训参加情况一般，考核一般，1 分。	

考核人：

被考核人：

考核分数：

考核日期：

附录 3　饭店康乐设施设备评分表

表 18　2010 版《旅游酒店星级的划分及评定》规范性评价（摘选康乐部分）

序　号	设施设备评分表	各大项总分	各分项总分	各次分项总分	各小项总分	计分栏	计分栏
1	地理位置、周围环境、建筑结构及功能布局	30					
1.3.4	康乐及会议部位功能设施位置恰当、分隔合理，方便宾客使用（酌情给 1～3 分）			3			
2	共用系统	52					
3	前厅	62					
4	客房	191					
5	餐饮	59					
6	安全设施	16					
7	员工设施	7					
8	特色类别	183					
8.2	休闲度假型旅游酒店设施		65				
8.2.1	温泉浴场		5				
	自用温泉浴场					5	
	邻近温泉浴场（1 km 以内）					2	
	海滨浴场			5			
8.2.2	自用海滨浴场或有租用 5 年以上合同（酒店同一业主投资经营）					5	
	邻近海滨浴场（1 km 以内）					2	
	滑雪场			5			
	自用滑雪场（酒店同一业主投资经营）					5	
8.2.5	邻近滑雪场（5 km 以内）					2	
	高尔夫球场			5			
	18 洞以上的自用高尔夫球场(酒店同一业主投资经营）						5
	邻近 18 洞以上的高尔夫球场（5 km 以内）						2
8.2.5	客房阳台			2			
	不少于 50% 的客房有阳台					2	
	不少于 30% 的客房有阳台					1	

续表 18

序　号	设施设备评分表	各大项总分	各分项总分	各次分项总分	各小项总分	计分栏	计分栏
8.2.6	除必备要求外，有多种风味餐厅			5			
	风味餐厅数量不少于 3 个					5	
	风味餐厅数量不少于 2 个					3	
8.2.7	游泳池			10			
8.2.7.1	室内游泳池面积				3		
	不小于 250 m					3	
	不小于 150 m					2	
	不小于 80 m					1	
8.2.7.2	室外游泳池面积				2		
	不小于 300 m					2	
	不小于 150 m					1	
8.2.7.3	有池水循环过滤系统				1		
8.2.7.4	有消毒池				1		
8.2.7.5	有戏水池				1		
8.2.7.6	有水深、水温和水质的明显指示标志（立式或墙上）				1		
8.2.7.7	有扶手杆、在明显位置悬挂救生设备，有安全说明，并有专业负责现场安全与指导，有应急照明设施				1		
8.2.8	桑拿浴			2			
8.2.8.1	男女分设				1		
8.2.8.2	有呼叫按钮和安全提示				1		
8.2.9	蒸气浴			2			
8.2.9.1	男女分设				1		
8.2.10	专业保健理疗				1		
8.2.11	水疗			7			
8.2.11.1	装修装饰				3		
	专业灯光、音响设计，装修材质高档、工艺精致，气氛浓郁					3	
	装修材料普通，装修工艺一般					1	
8.2.11.2	配有专业水疗技师				2		
8.2.11.3	专业水疗用品商店				1		
8.2.11.4	有室外水疗设施				1		

续表 18

序　号	设施设备评分表	各大项总分	各分项总分	各次分项总分	各小项总分	计分栏	计分栏
8.2.12	壁球室（每个一分，最多2分）			2			
8.2.13	室内网球场（每个1分，最多4分）			4			
8.2.14	室外网球场（每个1分，最多2分）			2			
8.2.15	室外高尔夫练习场			2			
8.2.16	室内电子模拟高尔夫			1			
8.2.17	有儿童活动场所和设施，并有专人看护			1			
8.2.18	其他运动娱乐休闲项目（每类1分，最多4分）			4			
8.3	其他		48				
8.3.1	健身房			18			
8.3.1.1	布局合理，通风良好，照明良好（与客房区域相对隔离）				2		
8.3.1.2	自然采光，光线充足				2		
8.3.1.3	装修装饰				3		
	专业设计，专修材质高档、工艺精致，气氛营造突出					3	
	装修材质较好，工艺较好					2	
	装修材质普通，工艺一般					1	
8.3.1.4	面积				4		
	不小于200平方米					4	
	不小于100平方米					2	
	不小于50平方米					1	
8.3.1.5	器械				2		
	专业健身器械，不少于10种					2	
	不少于5种					1	
8.3.1.6	有音像设施和器械使用说明					1	
8.3.1.7	有专业形体房，并开设一定形体课程				2		
8.3.1.8	配备专业健身教练，提供专业指导				2		
8.3.2	更衣室			7			
8.3.2.1	面积和数量				2		
	面积宽敞，更衣箱数量不少于客房总数的15%，门锁可靠					2	
	面积宽敞，更衣箱数量不少于客房总数的10%，门锁可靠					1	

续表 18

序　号	设施设备评分表	各大项总分	各分项总分	各次分项总分	各小项总分	计分栏	计分栏
8.3.2.2	配备数量适当的座椅				1		
8.3.2.3	有淋浴设施，并有洗浴、洗发用品				2		
8.3.2.4	有化妆台，并备有吹风机和护肤、美发用品				1		
8.3.2.5	有太阳浴设备				1		
8.3.3	专用团队宾客接待台			1			
8.3.4	团队宾客专业出入口			1			
8.3.5	美容美发室			1			
8.3.6	歌舞团或演艺厅或 KTV			2			
8.3.7	影剧场、舞台设施和舞台照明系统能满足一般演出需要			2			
8.3.8	定期歌舞表演			1			
8.3.9	专卖店或商店（对于度假型酒店，应提供当地特色产品或食品）			2			
8.3.10	旅游信息电子查询系统			1			
8.3.11	品牌化、集团化程度			2			
	委托专业酒店管理公司管理					2	
	品牌特许经营方式，国内同一品牌加盟 20 家以上					1	
8.3.12	酒店总经理资质			2			
8.3.12.1	总经理连续五年以上担任同星级酒店高级管理职位				1		
8.3.12.2	总经理接受过全国或省级旅游岗位培训指导机构开展的酒店管理专业教育或培训，取得《全国旅游行业岗位职务培训证书》				1		
8.3.13	员工中通过“酒店职业英语等级测试”的人数比率			2			
	通过率 20% 以上					2	
	通过率 15% 以上					1	
8.3.14	酒店在前期设计或改造工程的决策中			3			
	采纳相应星级评定机构的意见					3	
	征询相应星级评定机构的意见					1	
8.3.15	在商务会议、度假特色类别中集中选项，得分率超过 70%			3			
	总分	600					

参考文献

[1] 袁海霞. 饭店康乐经营与管理[M]. 郑州：河南大学出版社，2013.
[2] 雷石标. 康乐服务与管理[M]. 北京：北京师范大学出版社，2011.
[3] 张智慧，闫晓燕. 康乐服务与管理[M]. 北京：北京理工大学出版社，2011.
[4] 李云霞. 康乐经营与管理[M]. 昆明：云南大学出版社，2005.
[5] 梁颖. 娱乐设施经营管理[M]. 杭州：浙江摄影出版社，2004.
[6] 李玫. 康乐服务与管理[M]. 上海：上海交通大学出版社，2011.
[7] 杜婕. 完全运动时尚手册[M]. 北京：新世界出版社，2008.
[8] 吕宁. 保龄球入门[M]. 上海：世界图书出版公司，2007.
[9] 杜小明. 台球[M]. 北京：人民体育出版社，2009.
[10] 刘哲. 康乐服务与管理[M]. 北京：旅游教育出版社，2009.
[11] 吴克祥. 饭店康乐经营管理[M]. 中国旅游出版社，2004.
[12] 杨海清. 康乐服务与管理[M]. 北京：对外经济贸易大学出版社，2010.
[13] 左剑. 康乐服务与管理[M]. 北京：科学出版社，2008.
[14] 吴克祥，周昕. 饭店康乐经营管理[M]. 北京：中国旅游出版社，2004.
[15] 牛志文，周廷兰. 康乐服务与管理[M]. 北京：中国物资出版社，2010.
[16] 吴克祥. 现代娱乐业经营管理实务[M]. 北京：中国旅游出版社，2005.
[17] 周彬. 现代饭店康乐管理[M]. 上海：上海人民出版社，2001.
[18] 陈明星. 星级饭店康乐部经理案头手册[M]. 北京：中国经济出版社，2008.